XIANDAI
GONGGONG GUANXI

现代公共关系

主　编 ◎ 王晓川　李竹君　康蕊

副主编 ◎ 王曼霖

湖南大学出版社
·长沙·

内 容 简 介

本书共分为十一章：公共关系概述、公共关系的要素与目标、公共关系专题活动、公共关系工作、公共关系的战略分析、公共关系广告、公共关系的运作程序、公共关系的社交与礼仪、公共关系中的人际交往、公共关系的危机管理策略、公共关系的 CIS 策略。全书以现代公共关系基本理论为线索，以公共关系的运作策略为切入点，融知识性与实用性于一体，剖析了各种公共关系活动的作用机制与工作技巧，内容翔实，适用面宽。

本书既可作为高等学校公共关系课程的教材，又可作为公共关系研究者的参考读物。

图书在版编目（CIP）数据

现代公共关系 / 王晓川，李竹君，康蕊主编 .

长沙：湖南大学出版社，2024.7. -- ISBN 978-7-5667-3606-2

Ⅰ．C912.3

中国国家版本馆 CIP 数据核字第 20244XU830 号

现代公共关系
XIANDAI GONGGONG GUANXI

主　　编：	王晓川　李竹君　康　蕊
责任编辑：	全　健
印　　装：	三河市悦鑫印务有限公司

开　　本：787 mm×1092 mm　1/16		印　　张：14.5　字　　数：326 千字	
版　　次：2024 年 7 月第 1 版		印　　次：2024 年 7 月第 1 次印刷	

书　　号：ISBN 978-7-5667-3606-2

定　　价：52.00 元

出 版 人：李文邦

出版发行：湖南大学出版社

社　　址：湖南·长沙·岳麓山　　　　　邮　　编：410082

电　　话：0731-88822559（营销部），88821594（编辑室），88821006（出版部）

传　　真：0731-88822264（总编室）

网　　址：http://press.hnu.edu.cn

电子邮箱：437291590@qq.com

前　言

PREFACE

公共关系作为一门综合性的应用学科，是以传播学和管理学为主要依托的传播管理学或组织传播学学科，既是现代传播学发展的一个应用分支，也是现代管理学的一个构成部分。它是现代传播学在组织行政管理和经营管理中的应用与发展。

党的二十大报告指出，全面建设社会主义现代化国家，必须坚持中国特色社会主义文化发展道路，增强文化自信，围绕举旗帜、聚民心、育新人、兴文化、展形象建设社会主义文化强国，发展面向现代化、面向世界、面向未来的，民族的、科学的、大众的社会主义文化，激发全民族文化创新创造活力，增强实现中华民族伟大复兴的精神力量。

本书共分为十一章，囊括了公共关系概述、公共关系的要素与目标、公共关系专题活动、公共关系工作、公共关系的战略分析、公共关系广告、公共关系的运作程序、公共关系的社交与礼仪、公共关系中的人际交往、公共关系的危机管理策略和公共关系的 CIS 策略。全书以现代公共关系基本理论为线索，以公共关系的运作策略为切入点，融知识性与实用性于一体，剖析了各种公共关系活动的作用机制与工作技巧，具有内容翔实、适用面宽的特点，既适宜作为学校开展公共关系课程的教材，又是公共关系从业者的基础读物。

由于编者的时间和水平所限，书中难免会出现疏漏和不足之处，敬请广大读者批评指正，以便日后修订完善。不胜感激！

编　者

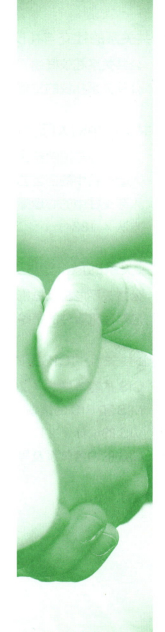

目 录
CONTENTS

目 录 CONTENTS

第一章
公共关系概述

公共关系诞生于20世纪初，是一门现代管理学科。在当今世界，许多国家把公共关系应用于政治、经济、军事、文化等各个方面，指导各类社会组织的实践活动。

学习目标

知识目标

◆理解公共关系的内涵。

◆理解公共关系的基础是社会组织的战略绩效，宗旨是为公众服务。

◆理解公共关系的目标是协调公众关系和塑造品牌形象，建构利益共同体。

◆知晓公共关系包含三个层次的业务工作，是媒介传播与活动传播的有机融合。

◆知晓公共关系的准则是实事求是、坦诚相告。

能力目标

◆熟悉公共关系的基本职责。

素质目标

◆学会团队协作，提高组织协调的能力。

◆提高人际交往的素质和社会适应能力。

◆培养学生理论和实践相结合的能力；使学生了解公共关系在提高个人修养、个人形象方面的作用。

 ## 第一节　公共关系的起源与发展

从人类社会的发展历史观察，公共关系作为一门独立的学科出现在 20 世纪初，距今已有 100 多年。研究公共关系的历史及发展现状，可以了解公共关系产生的背景和条件，透视公共关系在社会发展中的地位和作用，明晰公共关系在不同历史时期的特征与目的，使公共关系的社会价值得到充分挖掘和更好运用。

公共关系的发展可分为四个阶段，如图 1-1 所示。

图 1-1　公共关系的发展历程

一、自发阶段

公共关系作为一种职业和一门科学，最早产生于美国，但作为一种客观的社会现象，作为一种人类朴素的思想意识和自觉的社会活动，其实早已存在。当然，这种萌芽状态的公共关系是自发的、初级的，与现代的公共关系活动有很大的区别。

公共关系和其他学科一样，都是先有社会实践，后有理论，理论又指导实践。在公共关系工作中，常会用到修辞、符号、标语、报纸、广告牌、传单、书籍等手段，其中，有些手段的历史和人类的历史一样久远。因此，有些学者认为，公共关系作为一种社会现象，从人类社会诞生那天起就存在了，贯穿整个人类的历史；但作为一种现代管理职能出现，则是 20 世纪初的事情。

现代公共关系出现以前，人类社会生活中就存在与公共关系观念相似的思想和带有公共关系色彩的活动，但那只是一种客观存在的"原始状态"，还不是现代意义上的公共关系，主要表现为朴素的、自发的公共关系思想与活动。

古希腊有一些富有韵律的诗歌，易于记忆、易于流传。许多王公贵族为了树立自己的形象，常请诗人写赞美诗，颂扬自己的功德。在古希腊，用诗歌操纵舆论的做法很普遍。柏拉图在《理想国》一书中提出："除了为政府写诗歌可以例外，其余的赞美诗均在禁止之列。"柏拉图是第一个试图用政府控制大众媒介的人，也是最早提倡政府公共关系的人。

考古学家发现，公元前1800年，伊拉克就有一种古老的农业公告，内容包括农民怎样耕种土地、怎样灌溉、如何对付老鼠、怎样收获作物等。这就是一种古老的信息传播形式，很像现代社会农业科学组织的公共关系部门的广告。

在古代中国，也不乏具有公共关系性质的观念和活动。例如，民间的酒肆、茶楼的招牌、幌子是最简单明了的广告；店堂里贴上"公平交易""童叟无欺"的横幅，是对正派的经营作风、实诚的服务态度的宣传；门楣上"百年老店""祖传秘方"的匾额，说明店铺历史悠久、质量可靠、信誉良好。

知识链接

中国历史上较早的可信且典型的公共关系案例当属《尚书》记述的盘庚迁殷。为了躲避洪灾、平息权力斗争，盘庚决意将都城从奄（今山东曲阜）迁至殷（今河南省安阳）。一些贵族动以浮言煽动百姓拒迁。盘庚并未专横、粗暴地对待群臣和万民，而是再三动员，软言劝慰，最终得以成行。所谓众怒难犯，专欲难成，盘庚应该是意识到了这一点，采取说服而非压服的动员策略。对此，明代吕坤评价说："虽以至公无私之心，行正大光明之事，亦须调剂人情，发明事理，俾大家信从，然后动有成，事可久。"

自秦统一天下后，中国进入漫长的封建专制循环。在文化上，除了魏晋和盛唐等少数历史时期，再无春秋战国的光景。历史的车轮自然向前碾去，公关活动也在社会发展实践中展开。只是，天下传播格局已然定于一尊，百家争鸣、游说八方的公关活动几无存在的合法空间。来自统治阶级的传播、扬、流、布、宣、通、递、诏、敕、呈、奏、表、议、谏、书、檄等宣传或类公关活动主要服务于永延帝祚和利益集团之间的斗争。至于后世津津乐道的诸葛亮七擒孟获等公关案例，不过是传统时代相对开明、慈悲、迂曲的政治权谋和管理艺术罢了。

在人们的日常交往中，自觉的公共关系意识和思想也有一定程度的体现。孔子说："有朋自远方来，不亦乐乎？"这里的以交友为乐，主要是指从与朋友的交往中获取信息和知识。孟子说："天时不如地利，地利不如人和。"这里的"人和"，是指人与人之间的和谐关系。孟子把追求"人和"，创造良好的人事环境与组织环境放在首要地位，恰恰同现代公共关系活动遵循的基本原则和追求的美好目标相一致。正因为如此，有人把公共关系

称为一种追求"人和"的艺术。

概括来说，人类早期的公共关系具有两个基本特点：第一，从自觉的程度来看，当时人们开展的各种沟通、协调活动带有明显的自发性和盲目性。第二，从发挥作用的社会领域和范围来看，由于当时的社会生产力相对低下，经济落后，人与人之间的经济关系还比较简单，人类早期的公共关系活动主要发生在政治领域，带有强烈的政治色彩和伦理色彩。这是因为在当时的社会历史条件下，只有社会政治组织以及人们的政治关系和人际关系得到了一定程度的发展。此后，随着社会的不断发展，公共关系的思想和活动逐渐得到丰富和发展，公共关系发挥的社会作用也日益显著。

二、萌芽阶段

现代公共关系起源于美国，这已为国内外公共关系学者所公认，但它是什么时候、在什么情况下产生的呢？

美国是一个由移民组成的国家，国民具有很强的竞争意识。"地理大发现"后，17世纪，欧洲殖民者开始向北美洲大量移民。之后，欧、非、亚三大洲不断有移民迁居到这里，他们历经千辛万苦，渴望在新的天地里建立新的家园，过上新的生活，谁也不愿任人宰割、奴役。由于民族不同，语言、风俗习惯不同，很自然地产生了群体观念和竞争意识。

美国是资本主义国家中的后起之秀，本身没有什么传统包袱，可以较好地吸收其他国家的经验。经过独立战争、南北战争（废奴运动），美国逐渐形成了三权分立的政治体制，这种体制至20世纪初在美国确立了比较稳固的地位。

美国的一些公共关系学者认为，早在独立战争前，美国就出现了现代意义上的公共关系的萌芽。塞缪尔·亚当斯和他的助手们利用当时的出版物公布了英国殖民者傲慢自大和实行压迫的证据。1750—1783年，共印刷了1500余种揭露英国殖民者的罪行的小册子，这些小册子便是当时公共关系的基本工具，其中有很多文章都出自亚当斯之手。他通过一系列有组织的传播活动，激起人民的革命热情；还建立了通信委员会，在全美（当时还是英国的殖民地）传播反英意识。亚当斯策划了若干重大事件，最著名的就是"波士顿倾茶事件"。

亚当斯及其合作者托马斯·潘恩、本杰明·富兰克林、亚历山大·汉密尔顿都被认为是美国早期开展公共关系活动并取得一定成果的人。托马斯·潘恩是一位学者，也是一位革命活动家，他在美国独立战争中写成的《美国危机》极大地鼓舞了士气。亚历山大·汉密尔顿在争取批准宪法的运动中，通过编写《联邦党人文集》宣传自己的主张，引导公众舆论，推动制宪会议召开，并代表纽约州签署了美国宪法。因此国外的一些学者称他为"今天公共关系的方法和途径的先驱"，把《联邦党人文集》称为"迄今为止美国公共关系领域取得的最大成果"。

从19世纪初到南北战争结束，美国以空前的速度成长、发展和扩张。在地理扩张的同时，美国在工业、财政及技术方面也突飞猛进。大量铁路被修筑，轮船接连下水，公路陆续开通，蒸汽机的引进使新式工厂如雨后春笋般纷纷建立。与经济发展相适应，美国的政体也在逐步完善和健全，舆论在美国的政治生活中变得举足轻重，形成对统治者的有效牵制。例如，能否获得舆论的支持成为历届美国总统竞选成败的重要因素之一。

上述情况说明，美国最早的公共关系活动完全是出于政治上的需要，且表现在一些重大的政治运动中。对工商企业而言，现代公共关系的萌芽出现在 19 世纪 30 年代，以美国的报刊宣传活动为标志。当时，随着经济的繁荣、技术的发展，大众传播事业获得了长足的进步。1833 年，《纽约太阳报》带头掀起了"便士报运动"，即只用一便士即可购得一份报纸，以通俗、低价为手段增加订户，以便在竞争中处于优势地位。《纽约太阳报》的这一举措得到了其他报纸的跟随，使许多普通民众也买得起报纸，报纸发行量大增，从而进入千家万户。但是，售价的降低造成另一个结果，即报刊广告费的大幅上升。一些大公司为了节省广告费用，便雇用大批人员制造煽动性新闻，在报刊获得报道版面，以此宣传自己的产品或服务，从而扩大影响。有些报纸为了迎合民众的阅读心理，也乐意刊登这类新闻，两相配合，就出现了报刊宣传活动。那些专门为企业制造新闻的人被称为报刊宣传员。

当时许多企业雇用的报刊宣传员编造了大量离奇的新闻，以引起公众的关注。最具代表性的报刊宣传员是受雇于纽约一家马戏团的菲尼斯·泰勒·巴纳姆。他一改常规方式，不直接宣传马戏团的演出有多么精彩，而是说马戏团中的黑人女奴海斯已经 160 多岁，哺育过美国第一任总统华盛顿。报纸上刊登了这一耸人听闻的"新闻"后，他又用不同的笔名向其他报刊寄去许多"读者来信"，有的信里说人不能活 160 岁，巴纳姆是个骗子；有的则说巴纳姆发现海斯是一大功劳。这一"新闻"的热，激发了公众的好奇心，人们纷纷到马戏团一睹海斯的风采，这为马戏团带来了大量的观众。不久，海斯去世了，通过尸体解剖，确定她不超过 80 岁，一时舆论哗然。这一事件被称为"海斯事件"，人们纷纷谴责巴纳姆是个骗子，可他竟厚颜无耻地说，"凡宣传皆是好事"，只要别把他的名字拼错了就行。

从"海斯事件"可以看出，在报刊宣传活动的时代，报刊宣传员在争取公众的关注时不择手段地编造"新闻"，只顾为企业赚钱，完全不顾公众的利益，甚至公开愚弄、嘲笑、谩骂公众。美国铁路大王范德比尔特有一次竟然对记者说："让公众见鬼去吧！"这在很大程度上代表了那个时代的资本家及其代理人的心态。因此，报刊宣传活动还不是真正意义上的公共关系，它并没有认识到公众的作用，也没有以公众的利益为出发点。从思想实质来看，这一时期实际上是一个反公众、反公关的时期。不过，当时巴纳姆等人运用报刊等大众传播媒介宣传组织，已经具备了现代公共关系活动的雏形。

三、职业化阶段

现代意义上的公共关系产生于19世纪末20世纪初的美国，首先在政治竞选活动中出现，再在企业内部走向成熟。公共关系活动出现于美国政界，其源头可追溯到1888年美国总统的竞选活动。当时，面对社会各界对垄断资本的强烈不满，共和党和民主党的候选人都以反对托拉斯为招牌，展开竞争；都利用演说、与选民握手等方式，力求把自己塑造成公众代言人，以赢取选票。自此，美国历届总统候选人的竞选班子无不大张旗鼓地开展公共关系活动，以赢得民心。

20世纪初，随着社会生产力的发展，资本家对工人的剥削更加残酷。在企业内部，劳资矛盾日益尖锐。1903年，美国新闻界掀起一场揭露资本家丑行的运动，在社会上形成了强大的舆论攻势。据统计，在1903—1912年的十年间，揭露资本家丑行的文章有2000多篇，使众多企业处于十分窘迫的境地。这就迫使企业采用各种手段缓和与公众的紧张关系，以摆脱面临的困境。于是，公共关系活动就开始在工商企业中出现。

不过，具有公共关系性质的活动不等于公共关系职业。公共关系作为一种职业，是从美国公共关系的先驱艾维·李开始的。

知识链接

> 艾维·李是美国佐治亚州的一位牧师的儿子，毕业于普林斯顿大学，曾就读于哈佛大学法学院。毕业后，他就职于《纽约时报》和《纽约世界报》。1903年，他辞去了《纽约世界报》的记者工作，投身于公共关系，与资深记者乔治·帕克一起，创立了美国第一家宣传顾问事务所，为一些企业家和政治家提供形象方面的宣传。但是，帕克和李的合作维持了仅仅4年，因为帕克在宣传工作中仍然坚持19世纪中期的做法，不注意广大公众的利益，所以艾维·李与其分道扬镳。艾维·李认为，化解企业形象危机的最好办法是把真相告诉新闻界，采取信息公开的政策，这样不仅可以消除误会，还可以促使企业完善自己。艾维·李坚持自己的信念，积极开展公关工作，他创立的公司成为公共关系公司的前身，公共关系从此进入职业化时期。

1906年，美国无烟煤矿业发生了工人大罢工事件，劳资双方尖锐对立。艾维·李临危受命，负责为煤矿主处理这起严重的事件。他提出了两个先决条件：一是必须有权参加行业最高决策者的相关会议；二是在必要时有权向社会公开全部事实。在这两个条件的基础上，艾维·李发表了《原则宣言》，提出了处理企业与公众关系的"公开管理原则"。他说："这不是一个秘密的新闻处。我们的全部工作都是开诚布公的。我们的目标是提供新闻。我们不是一家广告公司，如果你认为我们的文件资料有任何不准确的地方，请不要用它，我们的文件资料务求准确。我们将尽快提供有关得到处理的主题的进一步细节，而且任何主编在直接核对任何事实的陈述方面都将愉快地得到我们的帮助。简而言之，我们的计划是代表企业和公共机构坦率且公开地向美国的新闻界和公众迅速提供准确的信息，这些信息涉及公众认为值得和有兴趣知晓的有关主题。"这一原则的提出，彻底改变了过去企业宣传愚弄公众、欺骗新闻界的做法，为日后公共关系的进一步发展奠定了良好的基础。艾维·李一改过去企业蔑视公众、回避记者的工作方法，积极地向新闻界提供各种相关的资料，以便公众能够获得和自身利益有关的信息，从而通过沟通改变企业在公众心目中的形象。在无烟煤矿业罢工事件中运用这一新的做法，大大简化了采访这次罢工事件的记者的工作流程，使他们得到了许多正面的报道。《原则宣言》的精神得到了肯定。一些专家认为，《原则宣言》的提出标志着公共关系进入一个新的阶段，是现代公共关系的真正开端。

艾维·李的公共关系思想是"说真话"，他认为一个组织（企业）要获得良好的声誉，不是靠向公众封锁信息或者以欺骗愚弄公众，而是必须把真实情况披露于世，把与公众利益相关的所有情况都告诉公众，以争取公众对组织的信任。一旦披露实情确实对组织不利，那组织就应该调整行为而不是极力掩盖真实情况。因此，组织要想建立良好的公共关系，创造最佳的生存发展环境，最根本的办法就是：说真话！信条就是："公众必须被告知"。

四、科学化阶段

伴随公共关系职业的兴起和实践活动的增多，公共关系理论也有一定的发展。

1913 年，爱德华·伯纳斯（Edward Bernays）被聘为美国福特汽车公司的公共关系部经理。他为该公司策划并实施了一系列旨在发展公众福利及社会服务的计划，大大提高了该公司在公众及社会中的影响力，为促进福特汽车公司的发展起到了重大作用。第一次世界大战期间，伯纳斯曾在威尔逊总统成立的官方公共关系机构公众信息委员会（又称"克里尔委员会"）担任委员，负责向国外新闻机构提供有关美国参战的情况和背景资料。第一次世界大战结束后，他和妻子在纽约开办了一家公共关系公司，开始致力于公共关系的教学和理论研究。

💬 知识链接

1923 年，爱德华·伯纳斯出版了他的第一部著作《舆论的结晶》（*Crystallizing Public Opinion*，有人译为《公众舆论之凝结》），首次提出了"公共关系咨询"的概念，并认为："公共关系咨询有两个作用：一是向工商企业组织推荐其应采纳的政策，这种政策的实施可以保证工商企业组织的行为符合社会利益；二是向社会广泛宣传工商企业组织所执行的合理政策、采取的有益社会的行为，帮助工商企业组织赢得公众的好感、

信任和支持。"同年，他在纽约大学首次开设并主讲公共关系课程。1928 年，他撰写的《舆论》一书出版。1952 年，他出版了教材《公共关系学》。伯纳斯概括与总结了 20 世纪美国的公共关系实践，使公共关系的基本理论和方法形成了一个比较完整的学科体系。

伯纳斯公共关系思想的一个重要组成部分就是他主张的"投公众所好"。他认为，企业不仅要被社会及公众了解，更重要的是必须获得公众的谅解与合作；企业只有获得公众的谅解与合作，方能稳定、持续地发展。为此，他主张，无论一个企业或组织有什么要求或期望，都要在确定公众价值观和态度的基础上，再开展社会组织的宣传工作，以投公众所好。伯纳斯的公共关系思想认为，公共关系工作的出发点就是公众的态度，围绕公众的态度开展有的放矢的工作。

爱德华·伯纳斯的理论探讨和实践活动为公共关系的职业化、科学化以及公共关系教育和学科的发展作出了重要贡献，对公共关系学科的形成和发展具有划时代的意义。

20 世纪 50 年代，公共关系得到了突飞猛进的发展，其中最有代表性的人物有斯科特·卡特李普和弗兰克·杰夫金斯等。

斯科特·卡特李普 1915 年出生于西弗吉尼亚州，1939 年获雪城大学学士学位，1941 年获威斯康星大学哲学硕士学位，1971 年在西弗吉尼亚卫斯理学院获文学博士学位。他做过记者、编辑，1941—1942 年任西弗吉尼亚公路委员会公共关系主任，1946—1975 年历任威斯康星大学副教授、教授、副校长。1952 年，在与艾伦·森特、格伦·布鲁姆合著的《有效的公共关系》一书中，第一次明确提出了双向交流的公共关系原则，创造了公共关系双向对称模式。

卡特李普说："20 世纪初，公共关系经常被用来保护大企业的利益，抵御新闻部门的攻击与政府的管理。虽然这一时期公共关系有许多积极作用，但它的重点是介绍自己的情况，制订对应的策略，影响公众舆论，避免公共政策变化给企业经营活动带来不利影响。在美国卷入第一次世界大战期间，公共关系的概念被说成是一种控制社会舆论和社会局势的单向劝说性传播。为战争服务的公众信息委员会建立，由乔治·克里尔领导的委员会负责通过全国范围内的宣传活动，组织支持战争的公众舆论。在早期的岁月中，人们把公共关系看成影响别人的一种宣传活动。第二次世界大战后的几十年中，公共关系从早期的概念发展到包容双向交流、相互作用和组织行为的概念，在有关公共关系的定义中增加了'相互作用''双方''两者之间'这样的字眼，这表明对公共关系的认识已从单向影响发展到相互作用。"

双向对称模式的含义是以相互理解为手段，强调组织与公众之间的信息传递与反馈，效果大致是均衡的。一次公共关系活动之后，组织和公众行为或多或少都发生了变化，组织和公众同时获利。这是现代公共关系的理论基石和行为准则。《有效的公共关系》一书十分畅销，还被译成意大利文、日文、韩文、西班牙文和中文等，因为此书在世界范围内满足了几代公共关系人员的需要，在理论上和实践上把公共关系推向了一个全新的历史发展阶段。

弗兰克·杰夫金斯是英国公共关系专家，也是现代公共关系中著名的代表人物之一，早年主攻经济学，大学毕业后曾在伦托基尔公司从事公共关系工作，主要负责处理科技公共关系事务。同时，他还是一位出色的公共关系教育家。1968年，他在英国开办了公共关系学校，亲自讲授公共关系学、广告学、市场营销学等课程，还先后到比利时、埃及、肯尼亚、加纳、荷兰、赞比亚等十几个国家讲学。弗兰克·杰夫金斯曾被许多大学授予荣誉学位，也是第一位获得英国传播学、广告学和市场营销教育基金会公共关系学证书，公共关系学和广告学双证书的人。他还是一位多产的公共关系作家，有多部著作，如《公共关系学》《公共关系·广告·市场》《公共关系与成功的企业管理》等，对公共关系的教育和理论发展起到了积极的推进作用。由于出色的公共关系教育实践，尤其是海外公共关系教育及服务实践，他被英国公共关系协会接纳为会员和理事，负责公共关系教育实践方面的工作。

第二节　公共关系的含义与特征

一、公共关系概述

由于分析、审视问题的视角差异，人们对公共关系的内涵的理解不尽相同。公共关系传入我国后，持中间立场的学者把公共关系理解为人际关系，认为公共关系就是有意识地发展和维护人际关系，基本路径就是请客吃饭、送礼；持否定立场的学者认为公共关系是带有负面色彩的行当，以致出现了色情公关、行贿公关、烟酒公关、腐败公关等说法。

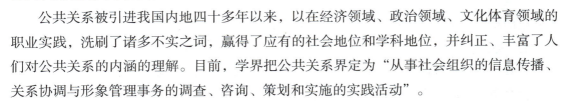

公共关系

公共关系被引进我国内地四十多年以来，以在经济领域、政治领域、文化体育领域的职业实践，洗刷了诸多不实之词，赢得了应有的社会地位和学科地位，并纠正、丰富了人们对公共关系的内涵的理解。目前，学界把公共关系界定为"从事社会组织的信息传播、关系协调与形象管理事务的调查、咨询、策划和实施的实践活动"。

早期公共关系倚重的工具以传播媒介为主。随着公共关系学研究的深入，特别是公共关系实践的发展，公共关系已经由经济领域拓展到政治、文化、军事、外交、宗教等领域，

出现了国家公共关系、政府公共关系、政党公共关系、城市公共关系、宗教公共关系、警察公共关系、学校公共关系等，人们对公共关系的认识、阐发也更加深入，对公共关系有了更为深刻的阐释：公共关系不仅是一种基于功利逻辑而与目标公众构建、发展良好关系的协调策略，也不仅是一种设置话题、选择语词与影像，建构有效文本，以影响和改变公众情感、态度、观念和行为的传播沟通行为，还是一种利益协调机制，是一种形象塑造工作，更是一种社会组织达成目标、提升绩效、践行社会责任的路径，是一种建构公共权力和公共秩序、处理社会事务、制定公共政策的方式方法，是一种公开、公平、公正、共享的制度体系。概括而言，公共关系就是社会组织基于战略绩效，自觉地运用各种传播媒体，有计划、有目标并持续地开展路演活动，使社会组织与公众相互了解、相互适应和互惠互利，以达成塑造良好形象、社会良性互动的管理工作。

知识链接

　　美国学者雷克斯·哈罗：公共关系是一种独特的管理职能。它帮助社会组织建立、维持和完善与公众之间双向的交流、理解、认可与合作；参与各种公众问题的处理；帮助管理者及时掌握公众舆论，并给出相应的反应；明确并强调管理部门为公众服务的职责；帮助管理者及时了解并有效地利用各种社会变化，保持社会组织与社会变动的动态平衡；以健全的、正当的传播技能和研究方法为主要工具。

　　英国学者弗兰克·杰夫金斯：公共关系是社会组织为了实现与公众之间相互了解的目标，而有计划地采用一切向内和向外的传播沟通方式的总和。

　　国际公共关系协会于1978年发表的《墨西哥宣言》：公共关系是一门艺术和社会科学，它分析趋势，预测后果，向组织领导人提供意见，履行一系列有计划的行动，以服务于社会组织与公众的共同利益。

　　美国学者詹姆斯·格鲁尼格：公共关系是社会组织与相关公众之间的传播管理，目的是建立社会组织与公众相互信任的关系。

二、公共关系的特征

　　公共关系是社会关系的一种表现形态，科学形态的公共关系与其他任何关系都不同，有自己的特征。了解这些特征有助于加深对公共关系的概念的理解。

1. 人情性

　　公共关系是一种创造美好形象的艺术，它强调和谐的人与环境的关系和人事氛围、最佳的社会舆论，以赢得社会各界的了解、信任、好感与合作。我国古代认为事业的成功有赖于天时、地利、人和。"人和"是事业成功的重要条件，公共关系就是要追求"人和"

的境界，为组织的生存、发展或个人的活动创造最佳的软环境。离开这一点，任何公共关系都会失去其本身的意义。公共关系期望达到以普遍人性、共同情感为基础的人际关系的新境界；提倡广结善缘，甚至视对手为朋友，处处为公共利益着想，以调节自身的行为规范、满足公众的需要为出发点；强调相互理解、相互信任、相互支持与帮助，共同发展。因此，人情性是公共关系最明显的特征之一。

2. 双向性

公共关系是以真实为基础的双向沟通，而不是单向地向公众传达或调查、监控公众舆论，它是组织与公众之间的双向信息系统。组织一方面要关注人情民意，以调整决策，改善自身；另一方面要对外传播，使公众认识了解自己，达成有效的双向沟通。在公共关系活动中，组织首先应该了解公众喜欢什么，对组织有什么期待或要求，在确定公众的价值理念和态度的基础上，设计自身形象，使自己的方针、政策、产品和服务等更加符合公众的需要，并及时向公众传递有关组织的信息。因此，以双向沟通为特征的传播活动是公共关系最具实质性的方面。

3. 广泛性

公共关系的广泛性包含两层意思。一方面是指公共关系存在于主体的任何行为和过程中，即公共关系无处不在、无时不有，贯穿主体的整个生存和发展过程，因此，公共关系是一个不间断的过程。另一方面是指公众的广泛性，即公共关系的对象可以是任何个人、群体和组织，既可以是已经与主体发生关系的任何公众，也可以是将要或有可能与主体发生关系的任何暂时无关的人。也就是说，公共关系对客体有一种无限扩展的趋势和倾向，广泛地向任何有关或无关的人施加影响。

4. 整体性

一个企业或个人开展公共关系工作的目的是使人们全面地了解自己，从而提高自己的声誉。公共关系工作侧重于塑造企业或个人在社会中的竞争地位和整体形象，使人们对其产生整体性的认识。它并不是单纯地传递信息，宣传企业或个人的地位和社会威望，而是要使人们了解其各个方面。对一家企业来说，公共关系不仅要宣传产品，而且要全方位地介绍企业的服务、员工、机构、管理、历史与现状、设备与工艺水平等各个方面。对个人来说，公共关系不单要宣传自己的成就、财富或社会地位，还要如实地介绍自己的为人、道德水平、对社会活动的关心等诸多情况。通过全面的传播活动，塑造真实的、内容丰富的整体良好形象。

5. 长期性

公共关系的实践告诉人们，不能把公共关系人员当作"消防队员"，而应该是"常备军"。公共关系不是水龙头，想开就开、想关就关，而是一项长期性的工作。如果组织平时就注重公共关系工作，在遇到危机时，就会看到其神奇的效果；反之，如果平时不注重公共关系，则不会轻易在短期内见效。因此，任何组织都应在平时的公共关系工作上下功

夫，这样，组织在发展过程中，不论遇到什么样的困难与险阻，都能在公众的支持下渡过难关。这一任务应该列入组织的战略蓝图，这样组织就能做到时时有公关，处处有公关。

6. 创造性

公共关系面对的是纷繁复杂的社会环境，其对象是层次多样、心态各异的公众，只有不断创新，才能适应变化的环境和公众的要求，才会有生命力。公共关系本质上是一项创造性的工作，缺乏创造意识的公共关系活动是没有生命力的。公共关系活动的创造性特征体现在公共关系部门及公共关系人员在创新意识下标新立异、新颖独特的辛勤劳动之中，要使公共关系发挥出创造性特点，从事公共关系活动的人员就必须具有强烈的创新意识，按照科学精神办事，同时，要善于思考，思维敏锐，富有激情，工作细致踏实。

7. 全员性

公共关系工作在社会组织中是与全员有关的。只有动员和组织全体成员参与公共关系工作，才会有真正有实效性的公共关系。理由有三，第一，任何组织都是由一个个成员组成的有机整体。从静态上看，每一个组织成员都代表着组织，公众对某个员工的印象往往构成对组织的印象，对某个员工的态度也往往成为对组织的态度，公众与员工的关系会影响公众与组织的关系。第二，组织与公众的关系、联系与沟通，都是在组织的活动和运行中实现的。组织的活动和运行就是全体员工的活动和运行。没有员工的工作，就没有组织的活动和运行，也就没有组织的公共关系。员工工作努力、积极，组织的活动和运行就正常，就积极有序，就会有好的公共关系；反之，就不会有。第三，由于组织内的每一位员工都在从事组织在社会分工中的专业活动，在工作中容易体察到组织在公众心目中的地位和情感，体察到组织的公共关系状况，因此，员工可以为组织的公共关系活动提出许多有益的建议，他们的参与会使组织的公共关系活动特别有实效。

 ## 第三节　公共关系的职责与功能

公共关系职业诞生以后，能否被社会认同？能否得到发展？能够发展到哪个程度？如何评估公共关系的绩效？要回答这些问题，就要看公共关系是否担当相应的职责，担当哪些职责。应该说，公共关系基于协调公众关系、塑造品牌形象的目标，担当着明确而特定的职责，即收集信息、辅助决策、传播推广、协调沟通、提供服务和危机管理。

一、收集信息

从宏观层面上讲，确定社会组织的使命，界定经营范围，设计发展规划，确定经营部门的重点与战略阶段，实行资源配置，分析发展机会与威胁，明确竞争优势，确定竞争策略，确定实现赢利目标的战略措施等，都离不开信息。从微观层面上讲，社会组织为了贯彻、实施和支持总体战略而在特定职能管理领域制定短期性、局部性的策略、措施，如产品策略、营销策略、人力资源策略、财务策略、研发策略、广告策略、品牌策略等，也离不开信息。就产品策略而言，社会组织应该在什么时候开发哪些产品和服务？将产品提供给哪些市场？是一次性满足顾客的需求还是逐渐到位以刺激和保持市场需求？解决这些问题，在短缺经济时代，领导依靠个人智慧甚至灵感就可以决策；而在过剩经济时代，只有依靠大数据才能决策。公共关系作为社会组织的耳目，收集信息是其基础性职责。

根据公共关系服务于社会组织经营、管理决策的需要，应该收集宏观环境、微观环境、社会组织和公共关系专题四个层面的信息。就企业而言，收集商品信息是重点，特别需要掌握六个方面的情况：第一，商品历史信息，如商品开发典故、生产历史、生产设备、商品技术革新史、生产过程、生产技术、公众消费典型事例、原料特色与运用、商品生命周期等。第二，商品个性信息，如商品外形特色、基本规格、花色、款式、价格、质感、包装设计、商品属性（属于生产资料还是生活消费资料，如果是生产资料，那它是属于原料、辅助原料还是设备、工具、动力；如果是生活消费品，那它是属于日常品、选购品还是特购品）、商品基本性能及技术指标等。第三，商品相关信息，如商品定位、商品在同类商品中的地位、使用商品的环境要求、顾客从商品消费中获得的利益等。第四，商品服务信息，包括售前服务、售中服务与售后服务及其他服务制度、措施等。第五，商品市场适销信息，如目标市场及其经济发展状况、公众对包装和价格的态度、商品适销的时间与地区、基本促销手段及其效果等。第六，商品形象信息，如商品的质量形象、技术形象、功能形象、心理形象、文化形象、地位形象、高附加值形象，商品的知名度、美誉度、首选度，顾客的忠诚度和依赖度等。

二、辅助决策

决策容易受制于分析问题和解决问题的立场与视角，出现"屁股决定脑袋"的现象。"三个臭皮匠"胜过"一个诸葛亮"的关键是什么？是智商，还是分析问题的角度？显然不是智商，因为个体之间的智商是无法相加的，不存在三个臭皮匠的智商之和能够大于一个诸葛亮的智商的情形。分析问题的角度不同才是"三个臭皮匠"胜过"一个诸葛亮"的根本。视角不同、立场不同，就能发现问题的不同特质，其中某些特质恰好是问题的核心所在，这就是"当局者迷，旁观者清"，是头脑风暴法强调选择不同学科、不同职业、不同经历、不同身份的人士讨论问题的逻辑。

公共关系虽然有内部公共关系与外部公共关系之分，但重点是外部公共关系，工作取向是外向型的。收集外部信息，特别是目标公众的信息，分析外部环境，特别是市场环境，研判社会舆情，特别是行业舆情，从外部视角思考内部的运作之道，是公共关系的常规工

作。因此，公共关系往往能够根据社会组织需要解决的实际问题，从社会和公众的视角分析问题、提出思路，使得社会组织的决策充分照应到公众（特别是目标公众）的需要，实现利益相关者权益平衡的目标，自然容易获得社会的赞许。可以说，公共关系发挥辅助决策作用的程度，在很大程度上决定了社会组织决策的质量。

基于职责分工，社会组织的决策当然主要仰赖于决策者，公共关系应该承担的是辅助决策的职责，具体体现为提供决策信息、提出决策方案、优化决策方案、预判执行结果四个方面。

当社会组织需要分析、讨论某个问题时，公共关系需要向决策者、管理者提供专题信息，发挥提供决策信息的作用。公共关系提供的决策信息应该是基于市场调查和实证研究而得来的资料，主要包括四类：一是属于与讨论问题有直接联系的充分条件或必要条件信息；二是影响讨论问题的因素项目信息，如与问题相关的政治、经济、法律、社会与文化、技术信息，特别是最近变更的信息，行业信息，特别是动态信息，竞争对手情况，特别是近期动态，目标公众的需求及其实现条件，特别是经济条件；三是国内同行的其他社会组织与主题相同及类似的决策方案、经验教训与结果；四是国际同行与主题相同及类似的决策方案、经验教训与结果。公共关系提供各种专题信息，发挥瞭望塔的作用。

当社会组织需要解决某个问题时，公共关系应该秉持社会责任理念与顾客满意理念，立足于效益化原则，基于伦理原则和责权匹配原则，在充分照应人性需求的前提下，提出可操作的整体性决策方案，供决策层参考，发挥智囊参谋作用。

当社会组织的决策者在多个备选方案中选出较为满意的方案即作出决策后，公共关系应该根据对决策方案的执行环境特别是执行对象的理解，在忠于决策精神的基础上，从细节、操作角度优化决策方案的项目内容，优化决策方案的执行流程，优化决策方案的进度安排，发挥管理工匠作用。

执行社会组织的决策方案时，公共关系应该基于项目绩效目标和考核标准，根据对公众心理的把握，预先判断：执行决策方案后，实际情形将会如何？可能遭遇哪些风险？能否解决实际问题？执行结果与决策设想是否存在差距？公众会做出什么反应？能否改善社会组织的舆论情形和形象？公共关系这种未卜先知式的预判，发挥的是超前管理的作用。

三、传播推广

人们在农耕时代往往根据自己的亲身经历判断社会组织，而在信息时代则基于媒介信息判断社会组织。媒介营造的"拟态环境"成为社会共同的记忆与判断，因此，传播成为影响公众对社会组织的印象的关键路径，是社会组织塑造形象的捷径。传播推广职责发挥得好，赢得话语权，社会组织塑造品牌形象将变得轻而易举，否则就会困难重重。

传播推广作为公共关系的基本职责，实现载体主要是媒介和活动。媒介按受众范围分为人际媒介、组织媒介和大众媒介三类，按诞生时间分为传统媒介和新媒介两类。媒介具有"确定议程"和"授予地位"的特殊功效，为公共关系大范围传播信息、影响公众提供了便利。因此，媒介成为公共关系传播推广的基本载体，特别能够创造轰动效应。活动是社会组织基于特定的传播需要，根据内外情形而在公共场合策划、实施的大型社会活动、专题活动，融休闲娱乐与实惠服务于一体，能够有效吸引公众参与，使公众在欢快的氛围中不知不觉地接受社会组织的信息，进入无限沟通状态，最后达成传达、解释或劝服的传播推广目的。

公共关系传播推广职责的具体任务，主要有四个方面：一是告知信息，即借助修辞，创设好的表达，借助语言的准确性、可理解性和感染力，得体而适度地向目标公众陈述相关信息，让公众了解社会组织，知晓品牌优势；二是设置议题，创造舆论，为社会组织，特别是特定项目的发展创造良好的舆论环境；三是创新话语体系，丰富叙事方式，利用传统媒介、新媒介平台和活动，推介社会组织倡导的新理念，为社会组织创新事业与项目的发展创造扎实的社会认知基础；四是公开事件真相，引导舆论走势，争取公众理解，消除公众误解。

四、协调沟通

"协调"的本义是通过调和矛盾，使相关方面配合适当，步调一致。沟通则是通过交换意见，使彼此相通。从静态角度看，社会组织与公众作为利益的博弈双方，自然会滋生矛盾和冲突。有人提出关系就是资源，虽然说得绝对了些，但确实揭示了关系的价值。于是，用正当手段，通过协调沟通为社会组织构建良好的关系生态圈，就成了公共关系的基本职责。无论是协调还是沟通，用意都指向和谐、融洽的关系。

社会组织的关系生态圈决定了事业的成败。根据对社会组织发展的影响，生态关系圈分为良性、中性和恶性三种状态。良性关系生态圈能够促进社会组织健康、

协调沟通

快速发展，而恶性关系生态圈妨碍社会组织的运行。公共关系的首要目标就是协调公众关系，特别需要协调沟通以化解矛盾、强化一致，帮助社会组织扩大良性生态关系的广度，强化良性生态关系圈的深度。公众关系的生成主要有两种模式，即自然生成和有意构建。对个人而言，人际关系的生成主要是自然生成模式，基本形式是血缘关系、地缘关系和各种业缘关系，表现为亲属关系、同乡关系、同学关系、战友关系等。对社会组织而言，公众关系虽然也有自然生成的，如国有企业与政府的关系，可主要还是有意构建而成的，通过服务和传播沟通，让各种公众对社会组织产生良好印象，进而发展为良性公众关系。公

众关系的维护也有两种模式，即利益互惠和沟通管理。利益互惠的核心是社会组织向公众提供具有性价比优势的产品和服务，亮点是积极参与社会公益服务事业，而具有润滑剂效果的做法是礼尚往来，借助"伴手礼"深化公众关系。沟通管理侧重借助各种媒介，包括人际传播媒介，及时提供公众关注的信息，真诚付诸情感，通过"美的语言"和"好话"深化公众关系，促进现代社会互动的有效达成。

五、提供服务

社会组织应向公众提供各种优质服务，以实际行动获得公众的理解和好评。组织开展有利于树立良好形象的公共关系活动就是提供服务这一职能的体现。

对一个组织来说，要想树立良好的社会形象，宣传固然重要，更重要的还在于本身的工作，在于本身为公众服务的程度和水平。所谓"公共关系是90%靠自己做得对"，其含义即在于此。离开了优良的服务，再能干的宣传家也必将一事无成。从服务过程看，提供服务有售前服务、售中服务和售后服务；从服务形式看，有预约服务、上门服务和走访用户；从服务内容看，有信息服务、咨询服务、技术服务等。各类组织向公众提供的服务，其质量直接影响组织在公众心目中的形象。因此，提供优质服务是各类组织一项重要的公共关系工作。

靠最佳服务占领市场是 IBM 成功的秘诀。IBM 认为不能在事后才考虑服务，服务必须成为营销计划的重要组成部分。产品开发时就要认真考虑服务问题，如果没有事前仔细筹划服务和开展服务试点，就不应该推出新产品。因此，在产品的最初规划阶段，就要把设计、制造、销售和服务四个过程集中起来，形成一个链条。在开发设计产品时，要预见到各种服务问题。产品一经售出，IBM 就开始实施预防性维修保养计划，为生产的每一种产品都制定了维修日程表。公司的服务代表经常访问顾客并检查设备。有时，访问是为了启动某项特定的维修程序，或者是想消除某个元件因麻烦的"前科"而埋下的隐患；有时，访问是为了全面检查产品。一旦故障真的出现，IBM 的维修代表就尽一切可能缩短停机时间。甚至，新产品还在生产过程中，维修人员就开始了训练。IBM 在肯塔基州莱克星顿市生产一种新式打字机时，上百名维修服务人员在生产线上协助工作，了解产品的生产情况及可能出现的维修故障。有人说，IBM 每创造一件新产品，就同时创造了一种服务方法。

IBM 为顾客提供服务的"金科玉律"：以顾客、市场为导向，而不是以技术为导向；服务从一点一滴做起。IBM 享有"世界上最讲求以服务为中心的公司"这一美誉。这一声誉不是来自成功的广告宣传，而是来自坚持不懈的努力工作和优秀的企业员工——公司服务人员——实实在在的行为，他们靠一点一滴的小事积累起了 IBM 的声誉，塑造了 IBM 的形象。

六、危机管理

正如乌尔里希·贝克在《风险社会》中所指出的，当今社会是风险社会：工业革命的改造浪潮使得当今社会成为危机四伏的风险社会，风险的诞生往往"与文明程度和不断发展的现代化密切相关"。工业主义对技术神话的膜拜，把人类推向危险的悬崖——化学污染、有毒垃圾、自然灾害、核能破坏等，工业社会制造了环境风险，却不能有效应对环境风险。在风险社会视野下，社会组织在经营、管理过程中面对的环境具有不确定性，公众的需求也具有不确定性，因而难免遭遇危机事件。公共

环境污染危机

关系诞生的时候，主要以化解危机、解决问题为己任，此后，危机应对始终是公共关系的重要工作内容，甚至出现了"危机公关"的专业术语，危机管理因而成为公共关系的特殊领域。

　　起初，危机管理就是危机公关，强调在相信所有公众特别是投诉公众都是好人的前提下，带着友善的态度，采取果断措施应对危机事件，安抚受害公众，切实解决实际问题，诚恳开展危机沟通，尽可能满足公众的需要，尽快、有效地化解危机事件的舆论影响。现在，工商管理学科和公共管理学科均开设有危机管理课程，危机管理已然发展为独立的管理工具，立足不发生危机的目标，强调事前预警管理、事中及时应对、事后修复形象。危机公关成为危机管理中应对环节的一个方面，呈现出诸多不同，见表1-1。

表 1-1　危机管理与危机公关

	危机管理	危机公关
程序	风险管理—预案管理—应对管理—理念革新—机构配置—制度创新—流程再造	舆情预判—安抚公众—发布信息—修复关系
视角	战略视角，强调长远与全局	策略视角，讲究当下与具体情形
目标	建构核心竞争力	恢复形式竞争力
策略	处置事件、赔偿损失、惩处肇事者、舆情管控、流程再造、制度创新	补偿损失、话语应对、修辞劝说、舆情处置

第四节　公共关系的基本范式

　　社会组织、传播载体与公众是公共关系的基本要素，利益协调、传播沟通、心理共识、契约关系、策划管理是公共关系的关键词。围绕基本要素和关键词，形成了观念维度、事

实维度和传播沟通维度。观念维度、事实维度和传播沟通维度的集合，就是公共关系的范式。公共关系范式就是社会组织基于协调公众关系、塑造品牌形象的目标，策划、运作公共关系时需要具备的核心观念、基本事实和传播沟通的总和。公共关系应该从观念维度、事实维度和沟通维度，引领社会组织践行社会责任，追求顾客满意与公民满意，构建和谐的媒体、政府、顾客和社区关系网络，塑造品牌形象。

一、公共关系的范式

关于公共关系的范式，传统的看法是一维模式，即传播沟通维度。认为公共关系就是靠"说"，即说型公共关系，强调妙语连珠、妙趣横生和妙笔生花。遭遇危机时强调妙"语"回春，动动嘴皮子，就能够协调公众关系、塑造品牌形象甚至化解危机事件。说型公共关系有两种类别，即宣传（propaganda）模式和传播（communication）模式。宣传模式就是选择性传播，在公共关系界的母版就是美国 19 世纪中叶的报刊宣传运动；传播模式强调客观传播信息，在公共关系界的母版是艾维·李时代的新闻代理模式。

说型公共关系在中国派生出多种版本，早期版本有中国版的"报刊宣传运动"，虚构故事、编制话术、打亲情牌欺骗公众，特点是"无中生有"；拙劣版本是好事吹破牛皮，坏事沉默是金，特点是"为我所用"；经典版本是炒作概念、假造学术、捏造理论，核心是"忽悠公众"。

在公共关系发展早期，说型公共关系模式具有一定的社会条件。但是，其根基如今正在消解，单纯靠"说"已经不可能协调公众关系、塑造品牌形象了。消解说型公共关系模式根基的因素主要有三个方面，即媒体化社会的到来、公众科学素养的提高、揭丑型学者的涌现。在这种背景下，无论协调公众关系还是塑造品牌形象，都要靠"做"，即需要事实维度，这是公共关系的根本。有些公共关系的传播沟通产生不了实效，并不是"说功"不好，而是实际工作没有做好，表现为产品性能不佳、产品质量不稳定、售后服务没有保障，缺乏性价比优势。在这种情形下，"说功"越强，虚假宣传味道越浓，公众自然不会相信。在现实生活中，有些公共关系的宣传没有实效，是有内在原因的，即充满谎言。公共关系早期经历了一个说谎成本很低但收益很高的时期，出现了大规模的说谎现象，极度夸张，甚至无中生有，策划者生产谎言，公众伪装相信，公共关系的职业形象受到严重损害。

公共关系发展至今，范式需要革新了，必须引入和突出"事实"维度，夯实"做功"。事实维度强调坚守市场的逻辑，拒绝欺骗的逻辑，核心做法是"守正"，即恪守正道、分享利益。对企业来说，就是践行社会责任，满足顾客需求，建设善良的经营机制，先做善良经营的践行者、维护者和监督者，后做善良经营的受益者。对政府来说，就是执政为民。

为了确保公共关系的事实维度不产生偏差、误入歧途，还需要观念维度，以便构筑公共关系的道德信仰和良心底线,保证"心正",即通过真心为公众着想,最终实现自己所愿。当前,有些公共关系活动遭人指责,根本原因在于缺乏公共关系信仰。信仰就是感恩公众、敬畏公众。没有公共关系信仰,缺乏基本的廉耻之心,就会出现"不廉则无所不取,不耻则无所不为"现象。康德曾经说道:"有两种东西,我们越是时常反复地思索,它们就越是给人的心灵灌注永远新鲜、不断增长的赞叹和敬畏:头上的星空和心中的道德法律。"为了从根本上争取公众的支持,塑造品牌形象,社会组织应该培育公共关系信仰,夯实"心正"的基础,使企业组织尽力做到顾客满意,政府部门竭力做到人民满意。

因此,编者认为公共关系的范式是三维的,包含观念维度、事实维度和传播沟通维度。观念维度发挥奠定基石和规范指导作用,侧重解决"看法"问题,旨在构筑经营信仰,培育良好的公众意识、市场意识。事实维度发挥保障作用,侧重解决"做法"问题,强调五个"做好",即做好本职工作、做好产品、做好服务工作、做好管理工作和做好公共关系活动。在此基础上,公共关系还需要传播沟通维度。传播沟通维度侧重解决"说法"问题,旨在通过面对面的沟通和面向大众的媒体传播,扩大社会组织善良事件的影响,缩小不良事件,特别是危机事件的危害。公共关系的观念维度、事实维度和传播沟通维度有机整合,使社会组织与公众之间在理念上相互认同、事实上互利互惠、信息上相互沟通、活动上互动参与,创造共享价值,进而优化社会关系状态和社会舆论状态。这个整合、联动的过程就是公共关系三维范式,如图1-2所示。

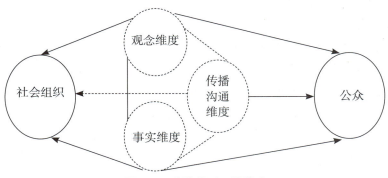

图1-2 公共关系三维范式

二、企业公共关系的范式构建

为了深入理解公共关系三维范式,笔者从企业和政府角度分别加以构建,以期从实际操作方面掌握其运作精要。

企业有效协调公众关系、塑造品牌形象,只靠传播、沟通显然是不够的。单纯依靠传播、沟通策略塑造的品牌形象,在市场上一般只会是昙花一现,存留的时间相当短暂,喧嚣过后,市场上再也看不到品牌的身影。协调公众关系、塑造品牌形象的基础是企业为公众做了什么,即提供了什么样的商品和服务,这是事实维度。协调公众关系、塑造品牌形象的前提是企业真心为公众提供优质产品和服务,这是观念维度。在企业公共关系的三维

范式中，观念维度主要奠定企业的经营理念，培育企业的社会责任感，强调守正精神和服务客户的理念，解决"怎么看"的问题。事实维度主要规范企业的制度建设，把观念维度界定的企业精神落到实处，强调践行社会责任和"善良作业规范"，解决"怎么做"的问题。传播沟通维度构筑企业的传播、沟通机制，提升企业的传播力和沟通力，扩大企业品牌的影响力，强调创意和语言艺术，解决"怎么说"的问题。

（一）观念维度

企业善良的经营行为分自觉作为和被迫作为两种。被迫作为是由于外在的法律法规、行政制度的管制，出于远离惩治的目的而趋于善良、合法合规的经营行为，可因为缺乏内在的精神自觉，心中有邪恶念想，一旦觉得有机可乘，便容易走向不良经营。企业的自觉作为则不同，是出于内在正确的经营信仰和科学的管理理念而实施的，能够达到"坐怀不乱"的境界。

企业家是企业的灵魂。为了固化企业善良的经营行为，公共关系的观念维度侧重培育企业家的"守正"精神。守正就是要做到：第一，守住人类良知，用良知使自己道德有下限、欲望有上限，经营有原则，走正道、讲正气，力求做真人。第二，守护企业利益，努力回报股东。第三，守望社会责任。社会责任不关乎财富、荣誉和地位，而关注人的精神和品质，有高尚的要求，更有很普通、很简单的要求，即尽责。具体而言，守正就是要求企业家致富有说法，谋求勤劳致富、智慧致富、合法致富，不做窃国夺民者，不断提升人格素养和专业思维。良好的人格素养引导企业家端正自己的"看法"，解决经营之道，培育经营"良心"，谋求科学精神与人文精神的有机融合，正确看待财富与功名、自我（包括自我的智商、情商、能力和社会背景）与公众（包括公众的智商、情商、科学素养、维权意识和能力）、效率与公平、谋略与品格，以及不尽成熟的中国市场（特别是农村市场）、尚有漏洞的社会管理制度、立足于招商引资的市场监管、境外市场的风险。良好的专业思维引导企业家正确看待企业产品的性能定位（即商品有什么用处）、产品的品质保障（即商品质量怎么样，能否满足顾客日益高涨的商品品质期待和政府日益严格的产品质量监管要求）、企业品牌的定位与广告宣传的诉求（即说什么）、企业的赢利模式（怎样符合法律且有信仰地赚钱）、危机的双刃功能（既要看到危机事件的破坏性功能，近期与长期的破坏、有形与无形的破坏，使顾客和企业双双受损，又要看到危机事件的建设性功能，充分利用发现问题的机遇期，使危机事件成为企业提升管理与产品品质的压力、深化公众关系的动力）。总的来说，在守正精神的支配下，人格素养和专业思维引导企业家树立正确的财富观、市场观、经营观、谋略观、政治观、员工观、公众观和能力观，不断反思市场理念、财富理念、价值观念、生活观念，重倡公共精神，重育服务精神，再构双赢信念，再建和谐信念，进而践行家园精神，做到六个"强调"，即强调发展的永续性、强调对股东和员工负责、强调量力而行与适可而止、强调谦和的素养、强调善良的品质、强调保护环境，最终实现企业家自我价值：创新经营理念，引领文化发展；奉献优质产品，获得正义财富；展示人文素养，赢得社会尊重。

　　企业展示守正精神的基本路径是经营理念，养成顾客满意的意识，推行顾客满意的策略。松下幸之助曾经说过，促使销售成功的秘诀是什么呢？最重要的是知道如何使顾客感到高兴，以何种方法接待才能使顾客感到满足。如果内心有这样的诚意，此人在言语、态度上自然会出现某种感人的东西，销售能力也才会随之增强。日本的和田加津也说道："真正了不起的商人不是有本事会赚钱的商人，也不是店铺装潢阔气、雇员多的商人。即使门脸儿不大的小店，只要顾客愿意来买，这次来买的顾客觉得这个店给人的感觉好，店员服务热心，态度和蔼，物美价廉，心情舒畅，下次还会高高兴兴地来。做这样买卖的人才是真正的商人。因此，真正的商人的价值不在于店的规模大小、盈利多少、效益高低，而是取决于顾客满意的程度。"美国一家咨询公司调查顾客不满意的危害，得出结论：客户离开——2/3 的客户离开供应商是因其对客户的关怀不够；不良消息传播——1 位不满意的客户会告诉 25 个人，1 位满意的客户只会告诉 8 个人；成本上升——开发 1 个新客户的成本是维持一个老客户的 6 倍；企业利润减少——客户满意度每提高 5%，企业的利润加倍；口碑差——口碑效应是任何促销方式都难以达到的。

　　顾客满意就是顾客对产品可感知的效果与期望值比较后形成的愉悦或失望的感觉，主要包括五个方面：第一，产品品质满意，即对产品性能、适用性、使用寿命、可靠性、安全性、美观性感到满意；第二，产品功能满意，即对产品的主导功能、辅助功能和兼容功能保持满意的感觉；第三，产品价格满意，即对价位、性价比和价格弹性方面感到满意，把顾客利益放在第一位，努力提供低成本的产品；第四，产品服务满意，包括售前服务、售中服务、售后服务和公益服务满意；第五，产品品牌满意，即公众对品牌性格、品牌广告诸方面感到满意。实现顾客满意的核心路径是推行全面质量管理，必须做到五点：第一，时刻关注顾客；第二，注重持续改善，养成"很好"不是终点的观念；第三，关注流程整体；第四，精确测量，找出问题和产生问题的原因；第五，授权给员工。

（二）事实维度

　　公共关系的观念维度解决的是企业"怎么看"的问题，而公众更加关注的是企业"怎么做"的问题，即事实维度。事实维度，即如何经营、如何管理、如何服务，是企业协调公众关系、塑造品牌形象的基石。事实维度的根本做法是践行企业社会责任，有效开展生产管理。

　　企业社会责任（corporate social responsibility）是指企业在不断创造利润、积极对股东负责的同时，还要主动承担对员工、消费者、社区和环境的责任，即三个强调：强调超越视利润为唯一目标的传统经营理念，强调在生产过程中关注人的价值，强调对消费者、环境、社会和社区作贡献，主要表现为员工责任、产品责任、经济责任、教育责任、慈善责

任和环境责任。员工责任要求企业切实保障职工的尊严和福利待遇，提供符合人权要求的劳动环境，有效保护职工的生命、健康；产品责任要求企业确保产品货真价实，具有性价比优势；经济责任要求企业及时足额纳税；教育责任要求企业教育职工在行为上符合社会公德；慈善责任要求企业主动参与和发展公益事业；环境责任则是要求企业承担可持续发展责任，追求既满足当代人的需要又不对后代人满足其需要的能力构成危害的发展。企业社会责任的底线要求不侵犯公众的健康权、安全权，即提供无害产品；不违反市场的逻辑，追求性价比优势，即提供更有用的产品；不抱残守缺、安于现状，即提供更好的产品；尊重公众，即不愚弄公众和误导公众；尊重文化，即不违反善良习俗和政策法规。

开展生产管理，是企业践行社会责任的基本路径。有效开展生产管理的基础是推行7SEA管理法，制定并落实善良作业规范。

7SEA管理法是生产现场管理法，由素养（sentiment）、整理（sort）、整顿（straighten）、清扫（sweep）、清洁（sanitary）、安全（safety）、节约（save）、环保（environmental protection）和活动（activity）构成。"素养"强调的是提高人员素质，养成严格遵守规章制度的习惯和作风。"整理"强调的是彻底清理生产现场的各种物品，清除无效物品。"整顿"强调的是合理布置、摆放和标识有用物品，做到定位、定品和定量，推行标准化，尽可能实行目视管理。"清扫"强调的是随时打扫干净工作环境，检查维修设备等日常化；"清洁"强调的是认真维护经整理、整顿、清扫之后的工作成果，使现场保持完美和最佳状态。"安全"强调的是建立并遵守安全管理制度，以预防为主，消除安全隐患，全员参与，确保人身与财产不受侵害，创造零伤害、无意外事故发生的工作场所。"节约"强调的是要秉承三个观念，即能用的东西尽可能利用；以主人心态对待企业的资源；切勿随意丢弃企业物品，丢弃前要思考其剩余的使用价值。"环保"强调的是要坚持清洁生产，事前预防和全过程控制污染，向社会提供环保产品。"活动"强调生产现场必须开展班组管理活动。

善良作业规范（good manufacturing practice，GMP）是一种特别注重在生产过程中对产品质量与卫生安全实施管理的自主性制度，基本做法是对企业生产过程的合理性、生产设备的适用性和生产操作的精确性、规范性提出强制性要求，强调从原料、人员、设施设备、生产过程、包装运输到质量控制等各个方面符合国家法律法规规定的卫生要求和质量要求，形成一套可操作的作业规范，帮助企业改善卫生环境，及时发现并改善生产过程中存在的问题。在善良作业规范的指导下，不仅解决质量控制与提升技术等表面问题，而且积极开展技术创新、科学管理和员工培训，解决企业核心竞争力的根本问题，从而不断提高产品质量。

美国公共关系专家亨德利·怀特（Handly Wright）提出了一个被业界高度认同的公式：公共关系＝90%做对＋10%传播。强调公共关系首先应该促使社会组织做好生产、管理、服务等实际工作，向公众提供优质产品，然后才是开展传播沟通。这说明了事实维度的极端重要性，品牌形象一定是"做"出来的。

（三）传播沟通维度

相对企业提升品牌影响的需要而言，公众的注意力是稀缺的。为了争夺公众眼球，企业高度重视传播沟通，力图以传播力增强企业形象（特别是品牌形象）的市场竞争力。

企业开展传播的载体分为两类，即媒介和活动。前者主要表现为广告传播和新闻传播，其中，广告传播又可细分为商品广告传播、公益广告传播和整体形象广告传播。后者主要立足于各种活动，特别是公共关系专题活动、服务活动、危机管理等，构建活动平台，借助活动载体传递信息，扩大辐射力。传播沟通维度要求企业不仅重视商品广告创意与传播，积极开展公益广告传播，融新闻故事、新闻特写与广告于一体，而且自觉策划与组织开展活动，主动策划新闻事件，召开新闻发布会，创造新闻价值，把企业、品牌或产品背后的故事讲得富有戏剧性，争取广告传播与新闻传播的有机整合，实现传统大众媒体与新媒体"线上传播""线下传播"的有效整合，提高传播的可信度和吸引力，借助传播与沟通，达到信息互通、意见互通，进而创造企业与公众之间的共享价值。

三、政府公共关系的范式构建

政府公共关系范式的观念维度重点明确执政的核心价值取向，强调善意从政和执政为民；事实维度明确政府形象是政府执政的逻辑结果，强调为民谋利和务实施政；传播沟通维度明确传播沟通是协调政府与民众关系的保障，强调共享信息和透明执政。只有这三个维度都达到最佳境界，政府形象才能避免跌入"塔西佗陷阱"，才能不断强化政府执政的合法性。

政府公共关系是政府组织立足于执政为民的宗旨，在科学施政的基础上，通过媒体宣传和开展便民服务活动，塑造政府形象、强化执政合法性的管理工作。政府公共关系范式是指政府开展公共关系管理时应该考虑的基本路径和必须遵循的核心理念。政府公共关系职能既是管理职能，又是传播沟通行为，更是利益协调机制。政府公共关系表现为政府组织与民众之间的关系，但终究是人与人之间的关系，而人与人之间的关系本质上是利益关系。协调利益关系既需要科学的价值观念和职业理念做指导，也需要实实在在的惠民利民举措做基础，还需要良好的沟通做保障。

（一）观念维度——善意从政、执政为民

观念维度引导官员正确看待政府与公众之间的利益关系、客观事实与公众舆论之间的信息关系。政府公共关系的目标是协调民众关系、塑造政府形象。实现政府公共关系目标，需要明确政府管理领域、整合施政业务流程、优化执政措施，其中既有立场问题，又有如何摆正利益的问题，离不开科学观念的指导。具体而言，政府官员需要具备两个层次的观念系统，即良好的人格修养和专业意识。

人格修养的根本是存好心。从政府公共关系视角来看，存好心有两项基本要求。一是政府官员必须牢记人民利益高于一切。利益不是抽象的，表现为具体的诉求。习近平总书记说："我们的人民热爱生活，期盼有更好的教育、更稳定的工作、更满意的收入、更可靠的社会保障、更高水平的医疗卫生服务、更舒适的居住条件、更优美的环境，期盼孩子们能成长得更好、工作得更好、生活得更好。人民对美好生活的向往，就是我们的奋斗目标。"这些期盼就是百姓现实的利益诉求。政府官员存好心，就是要立足岗位工作，把百姓的期盼视为政府施政的目标，把百姓的抱怨视为官员工作改进的方向，千方百计地实现百姓的具体期盼，以政府工作的不断进步增添百姓的信任感。二是政府官员应该率先内化并自觉践行社会主义核心价值观（特别是荣辱观），以自己良好的人格修养引领社会聚集积极向上的力量，培育合作的价值观念，进而凝聚社会共识，构建社会信念，推动社会发展。

专业意识的出发点就是立足政府公共关系的特色，培养正确看待相关问题的理念。具体来说，就是既要养成立足正义看待各种社会问题的思维，又要养成立足信仰看待各种发展问题的思维，追求政治信念，讲究社会责任担当；既要养成公正客观地看待民众诉求的思维，又要养成充满爱心地看待民众的思维，执政追求人民满意而非利益集团满意，讲究悲天悯地，同情普通百姓；既要养成充满希望地看待发展难题的思维，又要养成客观审视问题的思维，做到正视问题，且有信心、有办法地解决问题；既要养成信任民众的思维，又要养成敬畏民众的思维，做到乐于倾听民众呼声，相信民众的"蚂蚁军团"效应；既要养成民族性思维，又要养成国际化思维，立足国家民族的核心利益需要，遵循国际准则，构建和谐的国际环境。总之，就是要"常修为政之德，常思贪欲之害，常怀律己之心"，坚定执政为民的信念，自觉做到权为民所用、情为民所系、利为民所谋。

官员如果缺乏善意从政、勤政为民的施政观念，其主持的政府组织就会沦为由自利主导的政府。由自利主导的政府，天然地具有贪婪的占有欲望。无论官员自身还是政府机构，在占有欲的支配下，就会侵占、控制、鲸吞公共财物，并通过设租、寻租等途径追求政府利益特别是地方、部门、集团的利益以及官员的个人利益，导致公共政策偏离公正、公平的价值取向，或者公共政策被扭曲执行，引发腐败风气，促使政府机构滋长出体制惰性，使政府在制度创新方面受到内部力量的掣肘，从而行动迟缓。结果是政府的制度供给总是赶不上社会对制度的需求，改革遭遇来自政府内部的阻力。这种现象如果长期得不到缓解，政府便会陷入"塔西佗陷阱"，与民众的关系会迅速恶化，政府组织的自身形象也会恶化，最终可能导致丧失执政的合法性。

　　塔西佗是古罗马历史学家，先后做过保民官、营造官、财务官、行政长官、外省总督，也出任过古罗马最高领导人，即执政官。他总结自己执政感受时谈到一种现象：当政府不受欢迎的时候，好的政策与坏的政策同样都会得罪人民。这个现象后被称为"塔西佗陷阱"，即当政府官员、政府部门以及政府公信力不够时，无论说真话还是说假话，做好事还是做坏事，都会被认为是在说假话、做坏事。"塔西佗陷阱"的实质是形象危机，表现为某些民众不再信赖执政党，不再信任政府，对社会制度没有信心，极端情形下还会出现群体性事件。

（二）事实维度——为民谋利、务实施政

　　政府与百姓的关系是政府组织自身做出来的，也就是说，关键在于政府组织为民众做了什么，怎么做，是否为民谋利、务实创新。

　　政府组织赢得公众的根本在于为民谋利，积极为百姓做好事，让民众能够切实享受到改革开放的丰盛果实，分享社会利益。中国共产党历来强调要多谋民生之利、多解民生之忧，解决好人民最关心、最直接、最现实的利益问题，在学有所教、劳有所得、病有所医、老有所养、住有所居上持续取得新进展，努力让人民过上更好的生活，努力实现居民收入增长和经济发展同步、劳动报酬增长和劳动生产率提高同步，使发展成果更多、更公平地惠及全体人民，实现更高质量的就业，全面建成覆盖城乡居民的社会保障体系，为群众提供安全有效、方便价廉的公共卫生和基本医疗服务。当这些施政主张落到实处时，无疑将进一步密切党和政府与人民群众的关系。

　　政府公共关系的作用机制是利益的协调而不是信息的传播沟通。信息的传播沟通是政府公共关系的表现形式，而不是实质，实质在于协调社会利益关系。在政府公共关系中，必须坚持公共逻辑和市场逻辑，根据公正统筹、兼顾多方利益的原则，积极寻找各种社会公众的利益共同点，使各方均能从中受益，互为利益前提，形成良性的利益互动格局，从根本上强化执政的有效性。当前，许多社会矛盾的根源在于没有处理好群众的利益问题，在于个别社会组织从为民谋利坠落到与民争利甚至谋财害命。因此，政府公共关系实现协调关系、塑造形象目标的基本点在于事实维度，为民众谋取更大的利益，为群众创造更多的价值。只有保护了百姓的利益，才能化解关系演变中具有根本作用的利益矛盾，政府与民众之间的关系才不会再是油水关系，更不会是水火关系，而是融洽的鱼水关系。事实证明，百姓不仅在乎政府说了什么，更在乎做了什么。因此，政府组织在施政过程中，面对百姓的诉求应先做"有理推定"，面对百姓需要解决的问题应先做"有解推定"，面对百

姓对政府工作的批评应先对自己的工作做"有过推定"，坚决不出台与民争利的政策，才能在根本上取信于民。

政府公共关系事实维度的核心在于"做"，而"做"的精要之处在于务实施政。务实施政的基本要求是正视社会现实问题，从制度层面开展顶层设计，提供化解之道，并加以落实。在当前形势下，务实施政应做到八个方面的要求：第一，奋发有为、兢兢业业地履职，踏踏实实、尽心尽责地做好本职工作。政府部门既要切实解决民众共同面临的宏观问题，如严酷的人口问题、严重的资源问题和严峻的环境问题，又要化解民众共同面临的民生问题，特别是社会保障问题、收入分配不公问题、食品安全问题、医疗问题、教育问题、房价问题以及物价问题，卓有成效地担当公共责任。第二，积极探索具有中国特色的合作治理模式，让政府权力尽可能地退出没有必要存在的领域，引导企业组织和各种社会组织介入公共事务的供给与管理，提高政府治理社会和服务民众的效率。第三，大胆地应对难题，善于摘刺，即使认准的事再难，只要立足于人民根本利益和社会发展需要，就要义无反顾、毫不懈怠地做好，做改革开放的积极推进者。第四，解决政府组织发展的周期律问题，不断优化、整合施政和为民服务的业务流程，让人民直接感受到服务型政府的存在，对政府组织持续产生满意感。第五，严防死守细节性的施政缺陷。当今民众已经从追求温饱发展为谋取富足，需求由粗放变为精致。政府组织为使民众满意，在果敢决断大是大非问题的基础上，还要提供灵活、细致、周密的制度安排，追求便民服务无遗漏、惠民措施无缺陷，以细致周到的施政举措展现政府的诚意和水平。第六，有效解决官员的显性腐败和隐性腐败问题，形成"不敢腐、不能腐、不想腐的体制机制"，"把权力关进制度的笼子"，坚决遏制官员腐败。第七，在公共突发事件中既要应急解困、补偿损失，又要革故鼎新，尽快消除公共突发事件的各种诱因，推动社会和谐健康发展。第八，持续创新，坚持终身学习，积极构建学习型政府组织，努力建设学习型政党，让党和政府的机能永不僵化，让政府官员永不停滞。自觉养成问题意识和创新品质，敢于发现问题、正视问题，锐意改革，满怀信心地迎接各种困难和风险。既能高瞻远瞩地化解源于社会各阶层立场的观念性争议，又能持续有效地消解引发争议、阻碍社会发展的事实问题，特别是百姓的各种急事、难事、愁事和盼事，切实推进政治建设、经济建设、文化建设、社会建设和生态文明建设的进程。

（三）传播沟通维度——共享信息、透明执政

目前已经进入信息化社会，主流媒体锐意革新，新媒体则异军突起，加上民主意识深入民心，民主政治蓬勃发展，公民的权利意识觉醒，因而当代民众的知情诉求、参与诉求、监督诉求特别强烈。如果缺乏畅通的沟通渠道，政府与民众之间就会产生隔阂，甚至导致"隔阂产生误解、误解产生冲突"。政府公共关系的第三个维度就是传播沟通，在政府与民众之间实现信息共享和知识共享，健全社会相互信任的机制。

政府公共关系传播沟通维度的价值取向是建立阳光政府，强调以公开为原则，以不公

开为例外，推进透明施政进程。为此，需要夯实传播沟通的基础平台，做好建立和完善新闻发言人制度，建立首长发言人制度，新闻分析综合、例行新闻发布，保持政府信息畅通，随时回答新闻界的咨询，适度、合理安排专访，拓宽社会沟通渠道，吸引公众参政议政等工作。

传播沟通维度工作做好，前提是官员养成"说好话"的品质，具体要求体现在两个方面，即好事说好和坏事好好说。

1. 好事说好

好事说好，就是对政府组织的施政成就，应该敢于宣传、善于宣传，借助各种机会、利用各种平台充分传播，尽可能地提高政府组织的美誉度。宣传是一种选择性传播、沟通，强调的是立足于营造中国共产党好、社会主义好、改革开放好的浓厚氛围，倡导执政合法性，唱响主旋律，引导全社会聚精会神搞建设，一心一意谋发展。

在党领导的持续的改革开放与发展历程中，人民群众既是参与者，又是受益者，党和人民共同的奋斗故事都是倡导执政合法性的素材。以习近平同志为核心的党中央，团结和带领全国人民以中国式现代化全面推进中华民族伟大复兴，追求创新发展、协调发展、绿色发展、开放发展、共享发展，更是倡导执政合法性的话语素材。政府公共关系应该在改革开放、实现中国梦的宏伟实践中，提炼新颖的主题与话语，设计新鲜的叙事范式，收集来自百姓自身的叙事材料，创造和掌握新时代的话语权，讲好或宏伟壮阔或小而美好的中国故事，传播好中国声音，使马克思主义中国化的最新成果融入百姓的生活情景，激起大家的共鸣，进而使人们体验到意识形态的亲切感和说服力，在主题内容上实现政府公共关系意识形态取向的目标。政府公共关系讲好中国故事，当前重点要讲好马克思主义经典作家关心人类命运与人民生活，总结历史经验教训、吸收人类优秀文明成果，把握历史规律、追求真理的信仰故事；要深入宣讲党中央历届领导集体，特别是以习近平同志为核心的新一届领导集体的光辉历程。他们始终秉持亲民爱民的执政理念，展现出睿智的决策能力，将马克思主义普遍真理与中国革命与建设实践紧密结合，创立了毛泽东思想、中国特色社会主义理论体系。在他们的坚强领导下，中国人民团结一致，经历了新民主主义革命、社会主义革命和建设，以及改革开放的伟大实践，最终成功实现了全面建成小康社会的奋斗目标。讲好党坚持为人民服务、把民心所望作为工作方向，接地气、察实情，全心全意为群众办实事、做好事、解难事，维护人民群众的根本利益；讲好党忠于人民、忠于事业、忠于职守，应对重大挑战、抵御重大风险、克服重大阻力、解决重大矛盾，为书写中国梦的时代篇章努力拼搏的奋斗故事；讲好政府围绕"四个全面"战略布局，坚持创新、协调、绿色、开放、共享发展理念，以抓铁有痕、踏石留印的良好作风，努力破解瓶颈，促进改革发展的进取故事；讲好党员严守政治纪律和政治规矩，树立政治意识、大局意识、核心意识、看齐意识，坚守政治底线的政治生活故事；讲好党员自觉践行"三严三实"要求，廉洁从政、踏实工作，争做好公仆的道德生活故事；讲好中华民族尊道贵德、律己修身、

厚德载物、公而忘私、仁爱孝悌，已所不欲勿施于人，自强不息艰苦奋斗、奋不顾身舍生取义的传统文化故事；等等。用马克思主义的真理力量，用中国特色社会主义的实践力量，用五千年历史传承的文化力量，引导公众增强对中国道路、理论、制度和文化的信心和自信。

当然，在"好事说好"的宣传过程中，也要实事求是，不可无限拔高、吹嘘。

2. 坏事好好说

坏事好好说，就是当政府遭遇突发公共事件时，要善于传播、沟通，先说话、敢说话、说真话，不要捂、躲、瞒、防、堵、压。属于政府组织造成的问题要承认，不是政府组织造成的问题要讲好，特别是讲富有人情味的话，力戒以新的错误掩饰已有的错误，制造出次生危机，特别是舆论危机。自觉做到按照新闻传播规律办事，不断完善新闻发布制度，健全突发公共事件新闻报道机制，第一时间发布权威信息，提高时效性，增加透明度，牢牢掌握新闻宣传工作的主动性。从传播学角度看，群体性事件的一个基本矛盾是政府组织提供的信息在质和量两个方面不能解决日益高涨公众的信息饥渴，存在较大的"需求缺口"，表现为信息公开的程序不尽规范，信息公开的速度比舆论质疑慢，信息公开的内容与公众的关心点不能对接等。因此，在群体性事件中，政府官员必须说好六种话：第一时间的话；沉着冷静、克制情绪的话；真实的话，力求充分告知真相；富有人情味的话，让语言具有悲悯关爱的特质；顺应性的话，务必顺应社会和弱势群体的要求；鼓劲的话，给予积极心理暗示，转换对抗思维，汇聚向上力量，增强民众信心，引导重建信任。

思政之窗

公共关系学教育，从某种意义上说是一种终身教育，对提高人的素质具有重要意义。公共关系学对人的心理健康、精神气质和应对、处理社会关系技能方面素质的提高具有特别的作用，它使人们认清事物的复杂性，形成包容、宽容和从容应对复杂情况的健康心理，并提高其在精神气质和形象方面的素质，赢得他人的好感并感染他人、影响他人，有利于社会组织形象的良性化。

案例思考

时间相隔一年，同为公关题材的两部电视剧，2021年春节档的《紧急公关》和2020年的《完美关系》引起的反响是截然不同的。《完美关系》刚播出几集就引发连番吐槽，甚至招致一批公关从业者的联合抵制。主要原因除了剧情严重脱离公关专业实务，过于娱乐化，更重要的是缺乏从社会视角对公关事件、现象的深度剖析与审视。《紧急公关》显然大大拉近了与专业化公关的距离，剧中的每一个事件、企业、人物，基本上都能在现实中找到对应的原型。即便有不少艺术加工的痕迹，其专业性仍值得肯定。具体来说，笔者对《紧急公关》有几点比较突出的感受，供大家交流讨论。

感受之一，该剧再现了多个现象级公关事件，在利他与利己的冲突中多维度揭示了公关思维的价值。

剧情用林中硕和方励这两个正反派角色分别作为利他精神和利己驱动的化身，展现了多场景的交锋。前者每一次都在以敬畏之心，小心翼翼地尽可能维护、争取更多人的认同，后者却为了满足私心和追逐私利而无所顾忌，不惜利用、出卖身边最信任他的人，行走在违背专业操守的灰色地带，以至于突破道德底线和法律准则。

感受之二，该剧真实具体地呈现了专业公关的实操方法。

像遭遇公关危机后启动舆情监测与分析、统一发言口径、发布声明、召开新闻发布会等，剧中都有较多的着墨，专业的程度是落实到细节的。例如，迪云酒店遭遇竞争对手设局，"女顾客"半夜遭遇陌生异性入室、险遭性侵引发的严重安全危机，林中硕团队为企业提供应对策略，建议酒店方由一名女性高管出席新闻发布会道歉，这一情节就是剧中诸多专业细节的缩影。

感受之三，公关与法律同台竞技是贯穿全剧的主线之一。

表面看，公关和法律似乎是两种存在巨大反差甚至相互排斥的危机处置手段，尤其是危机公关专家林中硕和律师袁未这一对冤家角色演绎的多场公关和法律的对手戏，可能更加重了一些人的误解。其实，如果仔细思考，不难发现，公关与法律有多种统一性，包括公关与法律都服从和服务于公司的整体经营发展，公关行为应以合法合规为底线，法律行为也可以适当兼顾情理，公关和法律都应遵循不违背事实的原则等，这是该剧传递出的对公关和法律更深层次的理解。

感受之四，该剧对公关人员职业生涯的展现具有较强的现实启发作用。

剧中有两个公关新人形象，分别是就职于两家互为对手公司的夏茉和吴芳。二人是闺蜜，也具有鲜明的符号特征，都是怀揣梦想、青涩入行，都在实践中快速成长。不同的是，一个守住了职业底线，经历风雨，迈向更高阶梯；另一个急于求成，背离初心，几度迷失，黯然离场。剧情对两个角色结局的不同安排，是现实公关职场中行业新人两种不同成长路径的写照。

感受之五，该剧积极呼吁"人人皆媒"时代的价值导向，既有公关专业态度和立场上的体现，更有媒体公共责任和个体舆论担当的深思。

林中硕在对白中说："解决危机事件的最好办法，就是要正视和承认自己的错误。"这句话体现出了公关人员的专业态度与坚定立场。关于媒体公共责任和个体舆论担当的深思，则是在大结局中将立意升华到每个人的媒介素养的高度："在这个全民皆是自媒体的

时代里面，我们每个人手里都有一把无形的刀，可以伤害任何一个人。不利用这把刀作恶，应该是我们每一个人的底线。"

思考：

1. 公关人员应具备怎样的素质？

2. 你如何看待公关从业人员？

第二章
公共关系的要素与目标

　　公共关系的目标是协调公众关系、塑造品牌形象。通过公众关系的协调与维护，为社会组织创造良好的生存与发展环境，为塑造组织形象夯实基础。政府、政党、企业和学校等各种社会组织都存在塑造形象的问题。对企业来说，塑造组织形象主要是通过公共关系策划与宣传，让企业品牌成为地区名牌、国家名牌、国际名牌。协调公众关系和塑造品牌形象，都是企业实现可持续发展和突破性扩张的基础。本章引导学生掌握构建与维护各种公众关系的技能，理解品牌管理工作包括打造实体形象和塑造品牌形象两个方面，缺一不可，初步掌握策划企业形象的基本技能。

学习目标

知识目标

◆认识搞好公众关系的重要性。

◆了解不同社会组织公共关系活动的侧重点。

◆理解协调公众关系的关键点。

◆掌握塑造品牌形象的基本方法。

◆掌握协调内部公众关系的技能。

能力目标

◆能够区分广义与狭义的公共关系主体。

素质目标

◆培养理性判断与灵活应变的能力。

◆培养较强的全局统筹能力和抗压能力。

 思政目标

◆通过学习增强学生的公关意识，引导学生从塑造自身形象做起，充分认识并体会，良好形象对提高学生的心理健康、精神气质和应对、处理社会关系技能方面素质具有特别的作用。

第一节　公共关系的要素

一、公共关系的主体

公共关系活动的发动机是公共关系主体。公共关系主体的性质不同、需要不同，公共关系活动的基本模式就不同。理解公共关系主体的含义与类型，对提高公共关系活动的策划水平具有重要的意义。

公共关系主体

（一）广义的公共关系主体

广义的公共关系主体是社会组织。经济组织、政治组织、文化组织、群众组织、宗教组织等都属于社会组织。

1. 社会组织的含义

社会组织就是由两人或者两人以上围绕特定使命组建的，具有特定运行结构和权力责任制度、经过分工与合作达成特定目标的人群集合体。

（1）社会组织必须具有明确的目标

目标是组建社会组织的前提。任何社会组织的诞生都有其特定的使命，追求特定的社会效益、经济效益或其他效益。企业的目标就是实现投资利益的最大化，学校的目标就是为社会培养合格人才。从宏观上讲，根据美国知名学者帕森斯的理解，社会组织的目标导向分为四种：以经济生产为目标导向，通过向社会提供物质产品和服务获得利益，扩大组织的经济生产能力，如企业、公司、银行等；以政治为目标导向，目的是谋求权力分配，实现某种政治意图；以协调社会冲突为目标导向，维持社会秩序，如政府机构；以社会运转为导向，为社会培养符合特定文化要求的接班人，维持社会的持续发展，如学校。

（2）社会组织必须建立分工与协作机制

如果某项活动依靠个人就能够完成，就无须组建社会组织。组建社会组织就是要整合集体的力量，共同完成个人无法完成的使命。为此，社会组织要建立科学的分工与协作机制。分工是借助专业化提高劳动力和其他资源的使用效率；协作是借助集体力量提高组织的效益，放大组织的力量。应该说，社会组织是建立在部门分工基础上的整合组织。

（3）社会组织必须建立权力与责任制度

权力和责任是社会组织实现目标的基本保障。社会组织的正常运行离不开科学的权力和责任制度。赋予有关部门特定的权力，是为使有关员工能够在合理的范围内围绕目标自主地配置各种资源。明确有关部门的责任，是为了引导员工的工作行为服务于社会组织总体目标的实现，防止滥用权力，进而破坏社会组织的正常运行。

（4）社会组织必须具有健全的组织活动

没有健全的组织活动，社会组织仅仅是一个"外壳"而已，不可能产生实质作用。社会组织的活动是为了实现职能目标、围绕社会组织的运行而形成的，主要包括五个方面：①设计组织的机构，包括根据组织结构理论设立实施专业化管理的职能部门，根据适度管理幅度确定管理层次；②适度分权和授权，明确职务责任；③实施人力资源开发与管理；④开展组织文化建设；⑤推动组织变革，强化社会组织整体的创新能力。

2. 社会组织的类型

社会组织分为哪些类型？各种类型的社会组织公共关系的侧重点是什么？

从利益上讲，社会组织分为公益性组织、服务性组织、赢利性组织和互益性组织。

公益性组织是为社会各界公众服务的组织，如军队、警察机关、政府。这类社会组织需要塑造勤政、廉洁、高效、为民的形象，侧重开展公益服务型公共关系活动。

服务性组织是为社会大众服务、让大众获益的组织，如福利机构、学校、医院等。这类社会组织需要树立公益服务、精通业务、热情周到的形象，侧重开展公益服务型、实力展示型的公共关系活动。

赢利性组织是通过提供物质产品、精神产品或者服务项目，谋求赢利的组织，一般指企业组织，如制造企业、服务类企业、酒店、广告公司、公共关系公司等。这类社会组织强调塑造质优价廉、诚实守信、反应敏捷、富有宽容精神的商业形象，侧重开展促销型公共关系活动。

互益性组织是保障成员利益与权益的组织，如互助团体、政党组织、宗教组织等。这类社会组织立足于塑造精诚团结、遵纪守法、关注社会的形象，侧重开展内部沟通型、社会公益型公共关系活动。

（1）公益性组织侧重开展公益服务型公共关系活动。

（2）服务性组织侧重开展公益服务型、实力展示型的公共关系活动。

（3）营业性组织侧重开展促销型公共关系活动。

（4）互益性组织侧重开展内部沟通型、社会公益型公共关系活动。

（二）狭义的公共关系主体

狭义的公共关系主体是公共关系机构与公共关系人员，是履行公共关系职能的部门和工作人员。

1. 公共关系机构

公共关系机构主要有三种，即公共关系部、公共关系公司和公共关系协会。

公共关系部也称公共事务部，是社会组织内部设置的专门策划、组织公共关系活动的传播性、沟通性职能部门。公共关系部对内而言主要是发挥上情下达、下情上传和部门协调的作用，对外而言主要是发挥传递信息、协调关系网络的作用。相对于公共关系公司而言，公共关系部具有熟悉情况、便于沟通的优点，却难以客观公正，职业优势也不明显，有时工作效率也不高。

公共关系公司是专门为其他各种社会组织提供公共关系业务服务，并从中获取商业利益的法人组织，市场调查、项目策划与运作、礼宾服务、新闻代理、广告代理、会议服务、宣传作品设计与制作等都是公共关系公司的经营范围。相对于公共关系部而言，公共关系公司具有客观公正、社会关系网络广、业务精通、效率较高的优势，但不尽熟悉社会组织的详细情况。

公共关系协会是公共关系人员基于推动公共关系事业发展、开展业务交流、提高公共关系策划运作技能而组建的群众性民间团体组织。1948 年，美国全国公共关系协会成立；1955 年，国际公共关系联合会在英国伦敦成立；1986 年，我国第一个公共关系协会在上海成立；1987 年，中国公共关系协会在北京成立；1991 年，中国国际公共关系协会在北京成立。公共关系协会的成立对规范公共关系职业标准、提高公共关系策划运作水准起到积极作用。

2. 公共关系人员

公共关系人员是从事公共关系职业的专业人员，是公共关系活动的策划者、组织者和执行者。由于公共关系职业的特殊性，公共关系人员应该具备科学的职业观念、合理的能力结构和良好的职业道德。

（1）公共关系人员应有的公共关系观念

在观念方面，公共关系人员应该树立科学的信息意识、形象意识、公众意识、双赢意识、传播意识、协调意识、服务意识、创新意识、情感意识、文化意识等，在公共关系中高度重视收集与开发信息，自觉维护和发展形象，尊重公众人格与需求，追求社会组织与公众之间的互利互惠，重视传播宣传，注重协调各种关系网络，主动提供各种服务，不断推动公共关系事业的发展。

（2）公共关系人员应具备的能力结构

在能力方面，公共关系人员应该具备良好的观察能力、谋划分析能力、法规政策理解执行能力、文字与口头表达能力、指挥组织能力、随机应变能力和社交能力。

（3）公共关系人员应有的道德品质

在职业道德方面，公共关系人员应该养成诚实、守法、公正、正派和责任品质，尤为重要的是诚实品质。美国出版的《百万富翁的智慧》披露，美国1300名接受调查的百万富翁认为，经营成功的因素依次是诚实、自我约束力、善于与人相处、勤奋。诚实被这些富翁公认为是首要因素。然而，我国有些公共关系策划人员明显缺乏诚实精神，在宣传和营销中信口开河、随心所欲、夸大其词，经常误导公众。这种蔑视公众智慧、对社会极端不负责任的做法，损害了公众的利益，最终必然自食恶果。

3. 全员公共关系

塑造和维护组织形象，仅仅依靠公共关系人员是不够的，社会组织必须动员所有员工，开展全员公共关系。全员公共关系的实质就是人人爱护形象、人人参与公共关系。全员公共关系的具体要求包括三个方面：一是决策者时时重视形象，经常支持公共关系工作；二是管理者从形象战略的高度搞好部门之间的配合，协助公共关系活动；三是普通员工在自己的岗位按质按量地做好本职工作，在日常生活中注意个人形象。这样，就可以借助社会组织集体的力量，从不同的角度塑造、维护组织的良好形象。当然，在全员公共关系中，公共关系人员作为职业人员，应该始终发挥主导作用。

二、公共关系的客体

（一）公众的含义

"公众"是公共关系学中的一个基本概念。随着公共关系学在西方国家的兴起，"公众"一词也日益引起人们的注意。"公众"的英文为"public"，泛指公众、民众，也指具有"合群意识"的社会群体。公共关系学中的"公众"，与人民、群众、人群等概念相近，但区别还是比较明显的。"人民"属于政治哲学及社会历史范畴，指以劳动群众为基础的社会基本成员，包括各个历史阶段推动社会发展的阶级、阶层或集团；"群众"泛指人民中从事物质资料和精神资料生产的劳动者；"人群"作为社会学用语，与人民、群众有比较大的区别，它指成群的人，但不一定需要合群的整体意识和相互联结的牢固纽带。

公共关系学中的"公众"，并不是广泛意义上的公众、民众，而是针对公共关系主体

社会组织而言的公众，即与社会组织的运行发生一定关系的社会群体。就某一社会组织来说，它的公众既包括与它有关系（涵盖组织内部和组织外部）的个人，也包括与它有关系的其他社会组织。任何一个社会组织，它的公众都会是一个社会群体。公众，对社会组织确定目标、实现目标、扩展目标，以至对社会组织的生存和发展，都具有实际的或潜在的利益关系和影响力。因此，公众是公共关系的客体，是社会组织开展公共关系，实现信息传播与沟通的对象。

（二）公众的特性

公共关系的工作对象统称为公众，公众这个概念在公共关系学中有特定的含义。本书中的公众必须是与某一组织具有现实或潜在的利益关系，且对组织的目标与政策具有相当影响力的个人和团体。

1. 群体性

（1）法人群体。即依法成立的社会实体，拥有一定的财产和生存空间，依法行使权利和承担义务，如工厂、机关、学校、医院等。

（2）任务群体。即在一定的时间内暂时汇集到一定地点，从事类似活动，在一定程度上达到共同目标的社会成员集合体，如图书馆里的读者、商店的顾客、风景区的游客等。

（3）角色群体。指具备某一共同身份或从事某一共同职业的社会成员集合体，如学生、工人、教师、医生等。

2. 同质性

一家商店进进出出的顾客本来素不相识没有直接联系，由于去购买商品而都成为商店的公众。

美国在印度的一家化工厂，由于有毒物质泄漏，造成大量当地居民伤亡。原来这些伤亡者及其亲属彼此之间可能毫无联系，但因为这次毒物污染事件，其态度和行为产生了内在的联系，他们不约而同地或者有组织地对这家化工厂形成一定的公众压力、舆论压力，甚至采取一致的行动，因而就成为该公司的公众了。

3. 变化性

世界上没有一成不变的东西。一个人的角色也会因为时间地点的改变而改变。对商店而言，你是顾客；对学校而言，你是学生；对工厂而言，你是员工。不管你的角色如何变，组织的目的都是使你成为它的伙伴、朋友，让公众向有利于组织的方面变化。

4. 相关性

公众与公众之间、公众与组织之间都是有共同的目的或者利益才会走在一起。

（三）公众的类型

公众分为内部公众和外部公众，其中，外部公众根据不同的标准，又可以细分出不同的类型。

1. 内部公众

内部公众主要指社会组织的成员和投资者，包括决策者、管理者、普通员工和股东。他们既是内部公共关系的对象，又是社会组织开展对外公共关系活动的基本依靠力量。

从总体上讲，搞好内部公众关系的实质就是人力资源的开发与管理问题，包括选人、育人、用人和留人。选人就是建立行之有效的招聘制度，选择人才。育人的实质是发展人才，包括能力的培养和职位的晋升。用人则是把人才安排到合适的岗位上，并加以激励、奖励和鞭策，充分调动员工的积极性。留人的内容则更加丰富，包括：承认每个人的价值，尊重员工个人的权利；把员工放在合适的岗位上，满足人才升迁的愿望；创造有序、宽松的环境；给人才充分流动的机会，尊重员工去留的选择；推行员工持股计划即员工所有制，让员工有权分享自己的劳动成果，参与企业管理；推行考核＋奖金制度，借助严格的考核制度，通过奖金让员工分享企业利润；除工资、股份和奖金外，主动关心员工的福利待遇，并给予情感上的关爱；等等。搞好人力资源开发与管理，做好选人、育人、用人、留人工作，是搞好员工关系的根本。

2. 外部公众

社会组织面临的外部公众种类繁杂、数量庞大，是公共关系的主要对象。策划公共关系活动，必须明确公众对象的类型和具体特性，这是前提。

（1）以公众发展过程为分类标准

按公众发展过程，公众可分为非公众、潜在公众、知晓公众和行动公众。

非公众就是不可能向社会组织提出要求、不可能与社会组织发生联系的公众。对上海大众汽车公司来说，70岁以上的老人一般属于非公众。潜在公众是目前没有，但在将来某一时间内可能向社会组织提出要求、与社会组织发生联系的公众。幼儿园小朋友和中小学生就是上海大众汽车公司的潜在公众。知晓公众是意识到某个问题的存在且知道该问题与某个社会组织有关的公众，是由潜在公众发展而来的公共关系活动的重点对象。已经考取驾照但还没有购车的"本本族"就属于上海大众汽车公司的知晓公众。行动公众是即将或者已经采取行为的公众，具有明确消费意图的人、已经购买商品的公众均属于行为公众，由知晓公众发展而来。

必须说明的是，面对不同的问题，公众的类型归属是不同的。相对消费行为来说，购买公众属于行为公众；而相对商品存在的质量问题来说，开始没有发现质量问题时属于潜在公众，发现质量问题时属于知晓公众，决定投诉或者已经投诉时属于行动公众。

公众的类型不同，公共关系的基本对策也不相同。对企业来说，一般无须针对非公众策划公共关系活动。针对潜在公众，企业应该策划、组织宣传品牌形象、提高企业知晓度的公共关系活动，引导潜在公众向知晓公众发展。针对知晓公众，企业要策划、组织宣传商品信息、提高商品美誉度和首选度的公共关系活动，如售前服务、促销宣传，引导其发展为行动公众。针对行动公众，企业应该策划、组织巩固美誉度的服务型公共关系活动，

包括售中服务和售后服务，提高公众的品牌忠诚度。

（2）以公众角色为分类标准

按公众角色，公众可分为社区公众、政府公众、顾客公众、媒体公众和国际公众。

社区公众就是社会组织所在地的相关区域内的公众，包括附近的居民、民间机构和其他社会组织，具有"准自家人"的特点。俗话说，远亲不如近邻。搞好社区公众关系，对社会组织具有特殊意义。协调社区关系的目的主要是争取社区公众的支持，塑造良好的生存形象。

政府公众是指各级政府机构及其工作人员（主要是公务员）。政府拥有制定社会管理政策的权力，是各种外部公众中最具有权威性的公众。争取政府公众的支持、谋取良好的政策环境，是社会组织协调政府关系的基本意图。

顾客公众是指购买、消费企业提供的物质商品、精神商品和服务业务的公众，与企业的利益关系最明显。企业的生命线是顾客公众。拥有广泛的顾客公众，就意味着企业拥有巨大的市场。因此，顾客公众成为企业外部公共关系最重要的工作对象。搞好顾客关系的目标就是在顾客心目中塑造良好的品牌形象，提高品牌知晓度、美誉度和首选度，引导顾客反复购买商品，并主动向其他顾客宣传。

媒体公众是指新闻传播机构、新闻业的工作人员，报社、电视台、电台、网站的记者、编辑等均属于媒体公众。他们的身份具有双重性，既是公共关系工作的客体，同时又是传播企业信息、影响其他公众的主体。媒体公众是公共关系的重要对象。社会组织遭遇危机事件时，媒体公众一般都是目标公众。搞好媒体公众关系的目的是争取新闻媒体给予正面报道、反复报道，借助大众传播媒体创造良好的舆论环境，扩大社会组织的影响。

国际公众是企业的产品、人员进入国际市场后面临的公众。加入 WTO 后，我国企业大量参与国际市场竞争，面临的国际公众越来越多。策划国际公共关系活动，既要考虑目标市场国的经济发展水平，又要注意各国的文化特性，切实搞好跨文化传播与沟通，根据市场目标国的经济水平和文化特性，开展国际公共关系活动，塑造良好的国际形象。

（3）以公众态度为分类标准

按公众角度，公众可分为顺意公众、逆意公众和中立公众。

顺意公众是指倾向于称赞、支持社会组织政策的公众，这是公共关系可以信赖的基本队伍。逆意公众是指倾向于否定、指责、批评社会组织政策的公众，这种公众虽然数量较少，但负面影响力比较大，能够引发危机事件，是公共关系的重点工作对象。中立公众就是持中立态度、不明确表态的公众。公共关系的任务就是转变逆意公众的立场，使其成为中立公众，再发展成顺意公众，从而扩大顺意公众的队伍。

三、公共关系的传播

（一）公共关系传播的含义

1. 传播

传播是自人类产生以来就有的社会现象，是指社会信息的传递或社会信息系统的运行。信息（information）是传播的内容。传播是人与人之间、人与社会之间，通过有意义的符号传递，接受或反馈信息的活动的总称。

2. 公共关系传播

公共关系传播是一个有计划、有目的的完整过程。"有计划、有目的"指的是公共关系传播是按照组织目标，分步骤开展的；"完整"说明组织在开展传播活动时必须遵守哈罗德·拉斯韦尔"5W"系统传播模式，"5W"模式是：谁（Who）→说什么（Says what）→通过什么渠道（In which channel）→对谁（To whom）→取得什么效果（With what effects）。

公共关系传播是一种共享活动。在传播过程中，主传播者（组织）和受传播者（公众）在信息的传递、交流、共享和反馈等方面双向沟通，共享共用，达到双方利益的最大化。

（二）公共关系传播的特点

1. 传播的目的性

社会组织如果想研究和了解公众心理、社会心理以及与组织之间的有机关系，必须设计目的性强的传播内容。另外，如果拥有了一项发明创造或者新的创新性的项目需要公之于世，组织此时就必须有目的地寻找适合的公众，在适宜的时间传播这个"信息"。

2. 信息的可信性

要求组织实事求是地向公众传达组织信息。夸大宣传、虚假宣传、"炒作"等传播方式，都会被信息分辨能力越来越强的公众分析、鉴别出来，进而影响组织的公信力。

3. 内容的新颖性

公共关系传播内容的新颖性，体现在组织总是不断地向社会提供新情况、新产品、新信息，给社会或公众一些意外之喜，多数"新情况""新信息"带有一定的新闻价值。

4. 过程的双向性

公共关系传播是社会组织与公众之间双向交流、沟通信息的一个过程。一方面，组织为了塑造良好社会形象和构建舆论环境，必须通过有效的传播，向公众传递有关信息；另一方面，组织为了使传播方案具有针对性，必须及时收集有关公众接收信息后的信息反馈。如图 2-1 所示。

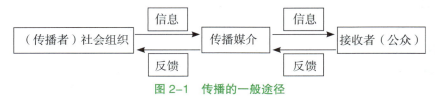

图 2-1 传播的一般途径

（三）公共关系传播的要素

1. 公共关系传播者

公共关系传播者也被称为公共关系信息发布者、信源，传播者是信息产生的源头。在公共关系活动中，如果由组织首先发出信息，那么组织就是传播者；如果由组织搜集公众的相关信息，则社会公众就是传播者。

无论传播者在哪一方，传递信息的质量都将直接影响公共关系目标是否能够顺利实现。传播者的权威性和公众信赖程度也会影响传播效果。

2. 公共关系传播内容

传播者发出的有关组织或个人的信息，主要是一些新知识、新内容，如态度、理念、行为等。组织传播的信息主要有组织的目标、宗旨、方针、经营理念、产品和服务质量、对公众号召性的决议等。

3. 公共关系传播媒介

公共关系传播媒介也称公共关系传播渠道、传播工具，是用以记录和保存信息并引起公众重视的信息载体。在公共关系活动中，信息和媒介密不可分，离开了传播媒介，信息只能停留在传播者那里，很难实现信息的交流与沟通。广义的传播媒介有大众传播、人际传播和组织传播，狭义的传播媒介仅指新闻媒介。

4. 目标公众

目标公众是公共关系传播的对象，也是公共关系传播内容的接收者。由于目标公众范围有限，组织在开展公共关系工作时，应该对公众进行详细的分类，以便确定具体活动针对的目标公众。

5. 公共关系传播效果

目标公众对信息传播的反应，可以衡量公共关系人员对传播对象的影响程度。公共关系人员不能把传播媒介作为唯一的手段，而应当将它与其他传播形式相结合。

（四）公共关系传播的媒介

公共关系传播的媒介是公共关系信息传播的主要渠道、手段和方法，在公共关系传播中起着非常重要的作用。

1. 报纸

报纸发布的信息一般是公布性和告知性的，时间性较强。报纸发行量大、涉及面广，便于携带、保存，经济实惠，不受时空限制。

报纸的局限性在于，它属于文字和图形的印刷物，受文化水平的限制；同时属于静止媒介，没有动感和变化，所以生动性和及时性不如广播和电视。

报纸

2. 杂志

杂志即期刊，指以文字形式表达、以刊载各类文章为主的定期连续印刷的出版物。其内容含量大，分类清晰，专门性强；也可以专门传播，目标性和指向性突出；解释性和学术性比一般的媒介更强，更有史料价值。

杂志的局限性有二，一是发行周期长，新闻性弱，时效性差；二是对读者的文化水平要求高，价格相对也高。

3. 传单、图片和招贴

印刷类的传播媒介，具有不定期、不专业、偶然性强和针对性强的特点。

（1）传单。单张性的宣传印刷品，内容单一，传播目标集中的内容，如企业简介、产品说明、产品目录、经营特色、促销宣传和邮递广告等。

杂志　　　　　　　　　　　　　　　传单

（2）图片。通过平面构图传递形象信息的印刷品，具有准确、客观、逼真的特点，适合于直观、快速、醒目地传递公关信息。

（3）招贴。印刷后的图文单页资料在公共场所公开悬挂或张贴，是其他主要媒介的辅助手段，有醒目、明确的特点。

4. 广播

广播指通过无线电波或导线传送声音符号的传播媒介，是最先普及的大众电子传播媒介。广播以声音为传送媒介，作用于人的听觉器官。

广播有以下优势：传播迅速、覆盖面广；通过口语、音响传播，较生动，有现场感；机动性强，鼓动性大；成本低，普及率高。要追求短期内的轰动效应，优先选择的媒介应当是广播。

但是，广播只闻其声，不见其人；稍纵即逝，不便保存；无法选择，检索性差；顺序播出，无法捕捉重点。

广播

5. 电视

电视是用电子技术传递声音和活动图像的传播媒介，具有除网络外其他媒介无法比拟的优点：真实感强，结合了图、文、声、色四种因素；娱乐性强，同步传送，使人有身临其境的参与感；传播快速且真切，有直观的艺术性。

电视的不足之处是传播的内容稍纵即逝，无法保存，顺序传输，无法选择；更大的局限在于它制作设备复杂，制作成本高，尤其是不能依靠个人或少数人完成。

6. 多媒体计算机和计算机互联网络

多媒体计算机是指通过增加配置而集印刷媒介和电子媒介功能于一身的计算机，具有计算机、文字处理机和报纸、广播、电视、电话、录音、录像、传真等多种媒介功能。

电视　　　　　　　　　　　　　　　　计算机

计算机互联网络是继报刊、广播、电视之后的"第四媒体"，是国际电子计算机互联网络的简称。它把一台台孤立的计算机联成网络，实现了全球信息高速传递和共享。包括多媒体计算机在内的计算机只是提高了人类处理、存储信息的能力，而计算机的网络化大大提高了人类交流信息的能力，使人与人之间实现了真正意义上的交流，而不仅仅是信息的传播。国际互联网是传播媒介的最终方向。

7. 音像出版物

在公共关系的传播活动中，也常使用如电影、录音、录像、幻灯等音像出版物的传播媒介。

（1）电影

电影是使用摄影机摄制影像，利用化学冲印手段将影像固定在胶片上且利用电子放像设备传送的传播手段。制作手法比较复杂，在公关工作中较少选用。要求制作艺术内涵深刻的公关节目，或者要求传递清晰度高、意境强的信息内容时，才考虑使用电影手段。

电影的优势在于取材广泛，无所不包；内容形象、生动、具体；表现手法多样，可虚可实，老少皆宜，雅俗共赏。不足在于成本高，程序多，周期长，不便普及。

电影拍摄

（2）录音和录像

录音和录像是利用电子录制设备保留声音和声像。录音机录制声音后，可反复播放；录像机也是一种重复播放的传播媒介，既复制声音也复制图像，在公关实务中常用于实录和重复性内容的传输。

录像带用途广泛，使用灵活，声情并茂，可以用于现场采集信息，接待参观时做资料介绍；也可以用于闭路电视系统、内部培训业务，给客户提供展示等。录音带携带方便、操作简单，可反复使用，经济普及，广泛用于会议重要内容的重复播放，庆典活动和展览活动，以及在销售宣传中制造背景音乐、渲染气氛、播放口号。

（3）幻灯片

幻灯片是将摄影底片制作成底片，用投射仪播放的一种传播媒介，是会议演讲、专题报告、展览说明的辅助手段。在公关活动中，一般不用作主要的传播工具。

📢 **知识链接**

公共关系构成要素之间的关系如图 2-2 所示。

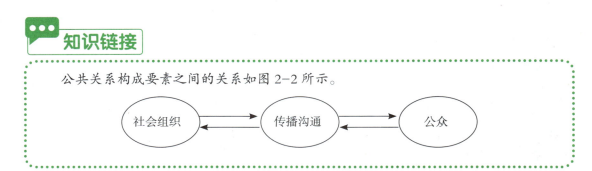

 第二节　公共关系的目标

一、协调公众关系

公众关系包括内部公众关系（即员工关系）和外部公众关系两个方面，构建积极向上、团结友善的内部公众关系，建立共同满意、合作和谐的外部公众关系，为社会组织创造良好的公众环境，是公共关系的核心目标之一。

（一）协调公众关系的理论基础

协调公众关系的理论依据是利益相关者理论。利益相关者理论产生于20世纪60年代，而引起社会关注是在20世纪80年代。1984年，爱德华·弗里曼在《战略管理：利益相关者方法》中，提出了系统的利益相关者理论。

1. 利益相关者的含义

关于利益相关者的内涵，起初是从法律角度界定的，认为"利益相关者是指在企业生产活动中投放了一定的专用性投资并承担了一定风险的个体和群体"。现在更倾向于从影响角度界定，代表性的定义就是弗里曼的观点，他认为"利益相关者是能够影响社会组织目标的实现，或者受到社会组织实现其目标过程的影响的所有个体和群体"。也就是说，只要与企业的职能活动有关联的公众都是利益相关者，因而利益相关者的外延很广，既包括股东、债权人、雇员、消费者、供应商等交易伙伴，也包括政府部门、社区居民、媒体、环保主义者等制约性公众，还包括自然环境、人类后代等受到企业经营活动直接或间接影响的客体。

2. 利益相关者理论的基本内容

利益相关者理论的基本内容是：企业是一种智力和管理专业化投资的制度安排，不完全由股东所有；随着社会不断发展，物质资本所有者在公司中的地位将逐渐弱化；企业的生存和发展依赖于企业对利益相关者的利益要求的回应质量，而不仅仅取决于股东。因此，企业不仅要追求经济目标，还要承担社会、政治上的责任；要综合平衡各利益相关者的利益要求，追求利益相关者的整体利益，而不仅仅是股东的利益。

具体而言，利益相关者理论要求处理与利益相关者的关系时，应该做到：①培育顾客至上的意识，让每个员工都认同产品是为人制造的，而不是为了利润，利润是企业服务顾客的副产品；②遵循互利互惠理念，与利益相关者相互依存，利益交融，努力建构利益共同体；③寻求与利益相关者的密切合作，共同推动企业持续、健康发展；④自觉为利益相关者维护权益提供制度保障；⑤相互信任，主动向客户、债权人、供应商等交易伙伴提供必要的财务和经营信息，以便其做出判断和决策；⑥倡导人际交往，鼓励职工直接与企业领导管理层沟通、交流，提出建议与意见；⑦自觉造福社会，在推动企业持续发展、实现股东利益的同时，高度关注社区公共事务、环境保护和公益事业等问题，重视企业的社会责任。

（二）内部公众关系的协调

内部公众关系主要是指员工关系，包含三个方面，即同事关系、上下级关系和部门关系。从理性角度看，内部公众不仅存在共同的利益追求，而且长期共处、彼此相识，员工关系的协调工作应该相对容易。但是，也正由于利益相同、彼此相识，员工关系也比较敏感，协调工作更加需要讲究策略。

1. 协调员工关系的价值取向

作为一种特殊的公共关系，协调员工关系的价值取向是为了增强社会组织的凝聚力和向心力。社会组织的凝聚力和向心力，如果不施加积极影响，在坐标上的发展轨迹会呈现倒 Z 形，如图 2-3 所示。这个轨迹图可以概括为"五同"：决定创业时"同心同德"；制订发展规划时"同舟共济"；取得初步成功时"同床异梦"；遇到分歧时"同室操戈"；最后"同归于尽"。

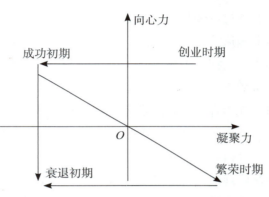

图 2-3　社会组织的凝聚力和向心力的变化轨迹

在创业期间，所有成员的奋斗目标明确，事业心极强，而且精诚团结、相互协作，凝聚力和向心力都强，内部公共关系的立足点是强化凝聚力和向心力，维护良好的组织心理状态。

当事业取得初步成功后，围绕社会组织的发展方向和战略目标、战略措施的制订，"有功之臣"各抒己见，而且均有一定的合理性，于是发生争论，并发展为个人恩怨。社会组织的心理状况虽有向心力，但无凝聚力，占有优势地位的决策者为了推行自己的决策，往往清除"异己"。社会组织遭遇人事震荡，可能出现两种结局：一是基于创业期间形成的发展惯性和决策者的英明，进入繁荣局面；二是直接坠入衰退局面。在成功初期，社会组织应该策划维持向心力、恢复凝聚力的公共关系活动，使出现裂痕的组织心态回归到创业时期。

在繁荣时期，员工都是经过人事震荡之后留下来的拥护者，或者是新招募的职工，特别敬佩决策者，乐于服从领导，凝聚力得以回归。但是，这些员工或者迷信决策者，或者"打工意识"强烈，事业心比较弱，所以社会组织此时的心理状态是凝聚力高，向心力低。公共关系活动的对策应该是恢复向心力，维持凝聚力，争取回归到创业时期良好的组织心理。

当社会组织进入衰退期时，往往是凝聚力和向心力均低，内部公共关系的目标是全面恢复凝聚力和向心力。

2. 协调员工关系的路径

根据公共关系三维范式，协调员工关系不仅要重视传播沟通维度，更要重视事实维度和观念维度。因此，员工关系的协调是一项综合工程。

从观念维度看，协调员工关系需要培育利益共同体的理念。利益共同体最初是用来引导职业经理人关心公司长期战略价值的理念，基本做法是让职业经理人在一定时期内持有公司股权，享受股权的增值收益，同时承担相应风险，以股权激励的方式，使职业经理人与公司所有人的利益追求尽可能趋于一致，成为利益共同体。现在利益共同体的指向拓宽，旨在通过各种契约、制度、行为机制等，使企业所有者、经营管理者和生产者等利益相关者共担风险、共享利益，结成同呼吸、共命运的利益整体。培育利益共同体理念，需要转换观念，把员工视为分享利益的合作者，而不是生产要素，认识到企业是股东与员工共同投资的合作体。股东投资财务与物质资本，员工投资人力资本，都是投资者，双方缺一不可，互为合作对象，相互依存、利益交融。

从事实维度看，协调员工关系需要夯实团结的基石，通过"做"促进员工团结。具体有九大措施：第一，立足人本管理思想，兼顾公平与效率，建立科学、公正的管理制度，依法依规地化解员工之间的矛盾，保持健康的组织心理氛围；第二，加强企业文化建设，明确企业的核心价值追求，开展企业文化展示、演示活动，利用组织内部媒体宣传企业文化理念，唱响企业文化主旋律，创造积极向上的企业文化氛围，有意识地引导所有员工认同企业倡导的核心价值观念，奠定团结的思想基础，提高员工对企业的认同感和归属感；第三，建立良性的利益分享机制，确保员工获得相对较高的薪酬福利待遇，条件成熟时还应推行员工持股制，提高员工的职业幸福感；第四，适度授权给员工，推行民主管理，培养员工的主人翁意识，为员工实现自我价值创造平台；第五，积极开展沟通管理，建立信息沟通制度和信息共享制度，满足员工的知情权；第六，搞好员工日常工作和生活涉及的实事工程，如食堂、澡堂、停车场、子女上学接送等，解决员工的后顾之忧；第七，指导员工设计自己的职业生涯，提供培养机会，引领员工职场发展，提高员工的满意度；第八，领导自觉做团结的表率，做员工团结的榜样；第九，搞好内部公共关系活动，社会节假日和员工生日时应及时送上组织的祝贺，员工遇到困难时应及时送上组织的温暖。

从传播沟通维度看，协调员工关系需要设计沟通的平台，利用"说"促进员工团结。具体有八大措施：第一，提倡团队精神，开展团队体验活动，有效培育员工的团队合作意识；第二，开展职场心理辅导，设置"宣泄室"，帮助员工化解职场压力和人际关系困惑；第三，在企业网页网站上或者借助微信、微博等渠道，设置员工沟通平台，引导员工相互倾听，解决员工的隔阂问题，减少员工之间的误解；第四，倡导员工沟通时多说赞美的话、鼓励的话，彼此照应尊严感；第五，巧妙运用企业非正式组织的红娘作用和意见领袖的权威作用，促进团结；第六，重视单位聚会、聚餐、旅游活动的策划，安排座位座次，充分挖掘这些活动的情谊深化作用和矛盾排解作用；第七，及时化解员工的怨气，让员工不讲有损团结的话；第八，提倡换位思考，弘扬宽容精神，提倡互谅互敬，倡导诚信友善，引导员工宽待他人、善待同事，在同事交往中自觉做到存好心、做好事、说好话。

（三）外部公众关系的构建与维护

相对内部公众关系，协调外部公众关系面临的问题是公众队伍庞大、利益诉求复杂，因而更需要讲究艺术性。协调外部公众关系的根本是企业践行社会责任。社会责任要求企业在履行法律义务和经济义务的前提下，自觉追求对社会有利的长期目标，积极承担一定的社会责任，如保护自然环境、公平对待顾客、参与社区公益事业、赞助慈善事业等。企业践行了社会责任，不仅能够满足越来越高的公众期望，获取稳定的长期利润，而且能够塑造良好的社会形象，创造良好的社会环境，减少外部对正常经营行为的干扰，上市企业的股票也容易被公众视为风险低、透明度高，这样构建和维护外部公众关系便具有扎实的基础。

1. 顾客关系的构建与维护

"顾客是上帝"这句话形象地说明了顾客对企业的重要性，明确了企业对待顾客的应有态度。顾客关系是企业的生命线，其宽度和深度决定了企业财富的高度。构建和维护顾客关系，是企业公共关系的第一要务。

协调顾客关系的逻辑起点是推行顾客满意理念。具体路径主要有十个方面：第一，提供安全的产品；第二，准确了解顾客的需求，提供比竞争对手更有性价比优势的产品；第三，提供真实、详细的产品信息，不弄虚作假，不欺骗顾客；第四，加强品牌广告宣传，讲好品牌故事，提高品牌知晓度，提升顾客拥有品牌产品的地位感、身份感和满足感；第五，提供良好的售前、售中和售后服务，注重服务细节的改善，推行精细化管理，主动提供品牌体验机会，自觉践行对顾客的承诺和责任，尽可能为顾客提供培训或指导，帮助顾客正确使用产品；第六，建立畅通的顾客沟通渠道，如设立意见箱、提供客服电话等，收集并及时处理顾客的抱怨；第七，妥善处理顾客投诉等危机事件，及时解决顾客在使用企业产品时遇到的问题和困难；第八，经常参与目标公众热衷的文化体育活动和顾客关注的公益慈善事业，强化公众对企业品牌的认同意识；第九，立足品牌设置顾客交流平台，如品牌俱乐部，开展品牌顾客交际活动，满足顾客的交往需要；第十，秉持"没有最好只有更好"的设计理念，不断创新产品设计，持续满足顾客不断提高的对产品品质的要求。

2. 社区关系的构建与维护

企业不仅是经济实体，还是社会实体，在为社区提供就业机会和创造财富的基础上，还要尽可能参与社区活动，为社区发展作出应有的贡献。

协调社区关系的逻辑起点是做合格的社区公民，承担公民责任。具体路径有八个方面：第一，刻意保护社区环境，不排放有毒有害气体等，做社区环保卫士；第二，赞助社

区文化体育活动，协助社区开展读书演讲活动、全民健康运动，塑造企业健康守护者的形象；第三，主动参与社区发展问题的排解工作，如基础设施问题、停车问题、绿化问题，甚至治安问题，塑造企业对社区负责任的形象；第四，设立社区帮困基金，策划、开展爱心1+1活动，组织部分员工定期向社区需要关爱的困难家庭和居民提供爱心服务，展示企业的人格形象；第五，定期开展社区联谊活动，强化企业员工与社区居民的情感关系；第六，定期开展居民座谈会，及时了解社区公众对企业的期望，并尽力提供服务；第七，经常联络社区基层组织和意见领袖；第八，当社区居民遭遇困难时，及时给予慰问，组织员工献爱心，帮助居民渡过难关。

3. 媒体关系的构建与维护

企业构建和维护良好媒体关系的前提是企业领导和业务主管具备良好的媒体素养。媒体素养是指人们面对媒体信息而呈现出的选择能力、理解能力、质疑能力、评估能力、创造和生产能力，以及思辨的反应能力。

企业构建和维护媒体关系的逻辑起点是当好媒体的信息消费者和消息发源地的角色。具体有十条路径：第一，根据行业特性和企业发展战略，明确企业需要关注的核心媒体、一般媒体和边缘媒体，准确理解核心媒体的社会属性和社会地位，客观判断媒体的社会影响面和影响力；第二，经常接触核心媒体，了解各种媒体的议题方向、报道风格和基本倾向，掌握核心媒体关于本行业、本企业的报道素材、主题预设、报道原因和走向，体现出较高的媒体信息判断能力、媒体内容反思能力和质疑能力；第三，培养良好的媒体意识，善于从政治、法律、道德和民生角度分析媒体报道，理解媒体的报道意图，及时整改媒体曝光的问题，并提供反馈信息；第四，培育良好的媒体批判性思考能力，能够意识到媒体信息是构建的，媒体可能压缩真实、选择真实、遗漏真实，可能对事实缺乏深度揭示，才能客观冷静地对待媒体报道，谅解媒体；第五，立足企业品牌，与核心媒体共同筹建"品牌媒体俱乐部"，开展"品牌—媒体"联谊活动，与媒体工作者建立良好的人际关系，甚至是友情关系；第六，主动到核心媒体投放广告，构建必要的利益纽带；第七，主动资助媒体界的研讨、聚会等活动，经常安排专人接触媒体人员；第八，欣然接受采访，冷静理性地应对记者提问，主动提供新闻稿件，积极策划新闻事件，不断提高企业参与媒体和利用媒体的能力；第九，善待媒体，企业不仅愿意听取媒体的不同声音，而且善待媒体的不同意见，做到不捂信息、不压信息、不打棍子；第十，接待媒体采访时，态度平等，对所有媒体一视同仁。

4. 政府关系的构建与维护

企业的发展需要各式各样的资源，如原材料、能源、信息、人力资源等，而政府是社会各种资源最主要的管理者和提供方，同时也是市场上各种商品最主要的采购者和消费者。古今中外发展得好的企业，都是善于处理政府关系的企业，即官商合作、共同发展。企业无论怎样发展和维护政府关系，都不为过。

企业构建与维护政府关系的逻辑起点是做遵规守法的好公民。具体有五条路径：第一，及时、足额地缴纳税款，这是构建政府关系的根本；第二，遵守政府法规，特别是劳动保护法和环境保护法，自觉履行企业的社会责任，及时、足额地发放工资，不破坏环境，不与周边社区居民争利，不制造社会矛盾，为政府做好维护社会稳定工作奠定扎实的基础；第三，积极响应政府号召，主动承担企业应尽的社会义务，如协助完成对口援建任务、年度征兵任务，以及搞好企业及周边的绿化建设和文明卫生工作等；第四，政府考虑解决与企业相关的行业性问题时，企业主动提供信息、提出建议，供政府官员决策参考；第五，在不违法的前提下，企业领导和业务主管主动与政府官员发展良好的个人关系，加强人际交往。

此外，企业还应该立足于战略发展的需要，充分考虑合作者、竞争者以及国际公众的要求，本着双赢理念，有意识地协调、维护和发展合作关系、竞争关系及国际公众关系，最终为企业创造良好的经营生态环境。

（四）协调公众关系的关键

协调公众关系的关键在于满足目标公众的具体需要。需要是公众行为的动力，是公众评价社会组织运营理念和经营行为的根本标准。满足公众需要的公共关系活动，才能够有效协调公众关系。因此，鉴别公众，特别是目标公众的具体需要，在策划公共关系中具有极其重要的意义。

公众的具体需要是多方面的。公共关系人员既要能够全面把握人类的总体需要，又要能够辨析公众的具体要求。掌握人类总体需要，可以借鉴马斯洛的需要层次理论。马斯洛认为，人类需要由低到高依次分为五个层次：食物、饮料、性、住所等生理的需要；自身安全、身体健康的需要；归属团体、满足情爱的需要；得到尊重、地位和名誉的需要；自我实现、自我满足的需要。人们当前没有得到满足的需要是优势需要，支配着人的行为。当前一层次的需要得到满足后，后一层次的需要升格为优势需要。虽然马斯洛需要层次理论还有一定的缺陷，但目前仍然是了解公众需要最权威的方法论。辨析公众的具体要求，可以参考国外公共关系学者关于公众权利需求的界定，见表2-1。

表2-1　公众权利需求结构

公众类型	公众对社会组织的期望和需求
员工	就业安全，且有适当的工作条件；合理的工资和福利；拥有培训进修和升迁的机会；了解社会组织的内情；尊重员工的社会地位、人格和心理需求；上级不专横地对待员工；领导优秀且富有效率；具有和谐的同事关系；工会活动自由；拥有参与社会组织管理的机会
股东	参与利润分配；增股报价；资产清理；拥有合同明确的附加权利；拥有股份表决权；了解社会组织的发展动态；优先试用新产品；有权转让股权；有权检查社会组织的账目；参与董事会选举
顾客公众	产品质量有保证，且有适当的保证期；价格公平、公正；服务态度诚恳，准确解释疑难，妥善处理投诉；提供完善的售后服务；提供产品技术资料服务；主动提供附加服务，积极建立顾客关系；开展消费操作教育；接受顾客的意见和建议

公众类型	公众对社会组织的期望和需求
社会公众	向社区提供持续性的就业机会；招聘事项要公正、公平、公开；保护社区环境和社会秩序；关心和支持社区各项工作；支持社区文化、体育、慈善事业；赞助社区公益活动；主动扶持社区小企业的发展，采购社区小企业生产的相关原材料、配件
政府公众	及时缴纳各项税收；遵守法律和政策；承担社会义务；公平参与竞争；确保生产安全
媒体公众	公平提供信息来源；尊重新闻工作者和新闻单位；邀请采访社会组织的庆典等重大事件；提供采访需要的条件；确保不泄露独家新闻
合作公众	遵守合同；平等互利；提供技术信息和援助；提供各种优惠和方便；共同承担风险
竞争公众	遵守竞争准则；享有公平的竞争机会和条件；在竞争中相互协作

企业开展促销类公共关系活动，特别需要了解顾客的消费心理和动机。自 21 世纪以来，顾客的消费心理和动机发生了新的变化，具体见表 2-2、表 2-3。

表 2-2　现代顾客的消费需要心理特征

项目	期望指标	项目	期望指标
健康、安全方面的需要	身心健康 回归大自然 远离公害 保护家室 爱护物品 安心消费	嗜好方面的需要	喜欢好吃的食物 重视时髦的服饰 模仿流行性产品 喜欢标新立异 有意改变生活习惯 喜欢改变生活空间
环境改善方面的需要	个性化生活 具有社会地位感 适当的休闲 生活的意义 丰衣足食 良好、舒适的环境 天然材料的使用	自我提高方面的需要	拥有更多的游乐时间 有超人一等的优越感 参加创造性的活动 提高自身的学识、涵养 企图探究自己的根 希望参加社会公益服务
情绪方面的需要	和谐的社会关系 尊重感情 坦诚 爱护珍稀动植物 具有冒险性 生活充实	价廉物美方面的需要	开源节流 价格公正合理 物品经久耐用 喜欢使用高科技商品 避免浪费 物品使用简单、便利

表 2-3　顾客的消费动机心理特征

种类	心理特征	种类	心理特征
求实动机	追求商品的实际使用价值	求廉动机	追求商品的价格低
求新动机	追求商品的新潮、奇异	求简动机	追求商品使用方法简单、购物过程简便
求优动机	追求商品质量优良、性能可靠	嗜好动机	满足个人的特殊爱好或需要
求名动机	追求商品的品牌价值	习惯动机	满足传统文化、风俗习惯的需要
求美动机	追求商品的美学欣赏价值	攀比动机	争强好胜，讲究社会地位感

二、塑造品牌形象

任何社会组织都存在形象问题，政府、政党、学校、医院和企业等，都需要借助公共关系塑造良好形象。本书出于叙述考虑，把社会组织锁定于企业。企业形象是企业实际状况和经营管理行为在公众中获得的认知和评价，集中表现为品牌。一般意义上，人类的品牌意识早已有之，但是现代意义上的品牌战略开始于第二次世界大战以后，是资本开拓全球市场的产物。经过半个多世纪的培育，现在已经有许多世界驰名品牌，但90%为发达国家和地区所拥有，尤其集中于美国、日本、英国、法国、德国、意大利和加拿大。其中，美国和日本拥有的品牌产品均占全球名牌产品的20%左右。联合国工业计划署调查表明，名牌在所有产品品牌中所占比例不足3%，但其占有的市场份额高达40%以上，销售额占50%左右，由此可见名牌的魅力和塑造品牌形象的意义。

（一）企业形象的基本结构

塑造企业形象，必须了解形象的基本结构。企业形象是一个整体，包括实体形象与品牌形象两个方面，是两者函数值的结果。用公式表示为

$$X=f(O) \cdot f(P) \tag{2-1}$$

式（2-1）中：X——形象值；$f(O)$——实体形象函数值；$f(P)$——品牌形象函数值。其中：

$f(O)$ = 管理形象函数值 × 人员形象函数值 × 科技形象函数值 × 资本形象函数值 × 实力形象函数值 × 产品形象函数值 　　　　　　　　　　　　(2-2)

$$f(P)=\text{知晓度} \times \text{美誉度} \times \text{首选度} \times \text{忠诚度} \times \text{依赖度} \tag{2-3}$$

在公式（2-1）至公式（2-3）中，任何一个要素（如管理形象），又由若干个具体指标构成。这些指标的函数值，就是该要素的形象得分。这个公式表明，企业形象的任何一个具体指标出现负状态，如某个员工行为举止不检点而遭人指责，得分数值为"0"，那么人员形象函数值也为"0"，进而$f(O)$也为"0"，最后企业的总体形象分数值也为"0"[$X=f(O) \cdot f(P)=0 \cdot f(P)=0$]，这就是所谓的"一粒老鼠屎搞坏一锅粥"的现象。因此，塑造企业形象时应该具备系统整体思维，立足于企业工作的每个细节，做好每一项工作，从实体与品牌两个方面共同打造企业形象。

（二）企业实体形象的塑造

1. 实体形象的构成

企业实体形象由管理形象、人员形象、科技形象、资本形象、实力形象和产品形象六个方面构成。其中，管理形象是基础，产品形象是根本。

（1）管理形象

管理形象的好坏，不仅影响公众对企业的评价，而且直接影响企业的运作与活力。塑造企业的管理形象，可以从十个方面入手。

第一，设计科学的组织结构。组织结构的形态应该是扁平型而不是高耸型，管理层次和管理幅度比较合理。

第二，设置合理的职位、职责和职权。通过科学的集权、分权和授权，建立良好的权力运行机制。

第三，强化部门与部门之间的信息运行效应。以高效的信息管理机制，促进企业内部协调一致。

第四，创造科学、有效，符合本单位实际情况的管理哲学体系，以指导各项管理工作的开展。例如，海尔电器公司把自己的管理哲学概括为"日本管理（团队意识和吃苦精神）＋美国管理（个性舒展和创新竞争）＋中国传统文化中的管理精髓"，就颇有特色。

第五，创建管理模式特色，形成自己独特的管理风格和方式。

第六，探索科学的管理决策模式、计划模式、领导模式、激励模式、控制模式、创新模式。

第七，健全科研、生产、管理、保管、卫生、保安诸方面的岗位规范制度。

第八，健全民主管理制度。疏通上下沟通的渠道，培养员工的参与意识，在振奋员工主人翁精神的同时，充分调动员工的工作积极性与主动性。

第九，建立新型的关系管理机制。以富于人情味的内部公共关系活动，强化企业的凝聚力和向心力。

第十，积极推进管理工作的现代化。以现代化的管理模式、管理设备，强化企业的管理形象。

（2）人员形象

在企业内部，人是最活跃、最关键的因素，不仅直接决定了企业的生产、管理工作，而且影响企业的整体形象。人员形象的具体内容包括四个方面。

第一，领导者（决策者）的形象，包括资历、才干、业绩、胸襟、胆识、知识、作风、政策水平、工作荣誉等。领导者是企业的当然代表，领导者的形象总是代表着企业的形象。

第二，经营管理、公共关系人员的形象，包括品德、个性、机智、才干、能力等。作为企业的特定代表，他们频繁接触内外公众，直接影响企业的形象。

第三，典型员工的形象，包括先进典型员工和落后典型员工的形象。作为企业的"知名"人士，他们容易引起公众的"晕轮效应"，在以偏概全的意识支配下，让企业形成某种印象。

第四，普通员工的形象，包括学历状况、相互关系、主人翁意识、工作积极性、社交礼仪素养等。他们人数众多，社会交往范围广泛、影响面广，决定着企业的整体形象。

（3）科技形象

21世纪是新经济时代，新经济的核心是高科技。企业的科技形象直接决定着企业的竞争力和市场影响力，加大科技投入、高举科技大旗、提高经营的科技含量、树立良好的科技形象，成为企业 21 世纪的必然选择。企业的科技形象表现在八个方面。

第一，决策者良好的科技观和人才观，具有科技是第一生产力的意识，积极推行人才高地战略。英特尔提出"以聪明人吸引聪明人"，微软信奉"寻找比我们更优秀的人"，有了这种人才理念，公司的人才就容易达到高层次化境界。

第二，乐于加大科技投入，能够根据销售额比例抽成法不断增加企业的研发资金。国外企业技术开发的投入一般占销售额的 5%～10%，而国内企业平均不足 1%。特别是在高科技领域，没有投资，只想"空麻袋背米"是不可能的。高新技术产品开发的成本一般要高于传统产品 10～20 倍，其研发费用占销售额的比重一般为 5%～15%。进入世界 500 强的跨国公司能够控制全球技术贸易的 60%～70%、研究与开发成果的 80%～90%，与其在科技上的高投入是分不开的。

第三，拥有较多的技术开发成果和专利技术，有些成果获得专家赞同或者市场认同。美国学者 E. 曼斯菲尔德调查发现，世界技术创新中 70% 以上的成果由世界 500 强垄断；另外，80% 的国际技术贸易集中于发达资本主义国家。

第四，企业的科技成果在国际、国内不同级别的评比中获得较好的奖项。

第五，企业研发队伍的人数适宜、人员结构合理，拥有一定数量的院士或者享受国家和省市级政府津贴，具有突出贡献的专家。

第六，实验室的级别、规模和设备。

第七，企业研发的可持续发展能力、产业战略创新能力。

第八，技术开发的速度。这决定着企业能否占领高科技发展的制高点，同时也决定着其能否获得高新技术产品的超额利润。据专家计算，高新技术产品开发时间缩短一天，可增加 0.2% 的商业利润；缩短 10 天，可增加 3.5% 的商业利润。

（4）资本形象

企业运作的基础是资本，没有雄厚的资本，再优秀的管理者、科技人员也难有作为。良好的资本形象不仅可以帮助企业获得充足的生产、科研资金，而且可以增强企业的被信任感。资本形象的主要内容包括八个方面。

第一，资本总额、资产数量、企业注册资金的数量及性质。

第二，企业有形资产的价值。

第三，企业的股权结构与规模。

第四，企业无形资产的价值。

第五，企业的融资渠道与能力。企业筹措资本的方式主要有企业自有资金，银行贷款，发行股票和债券，吸引外资，企业的兼并、收购、联合、租赁、项目融资，补偿贸易等。方式不同，资本成本也是不同的。

第六，企业流动资金的数量及未来走势。

第七，企业的金融信用等级。

第八，企业的资本盈利率。

（5）实力形象

实力形象是企业的基本形象。所谓实力，一般是指企业拥有的物质基础和市场地位。具体而言，它主要包括四个方面。

第一，企业的不动产，包括企业占地的面积大小、所在城市与地段、建筑物的合理布置、环境的综合开发（尤其是房地产的开发）等。这是企业的物质基础，在一定程度上体现着企业的实力。

第二，员工的福利待遇。

第三，软性实力，主要指企业的凝聚力和向心力，具体包括领导者的事业心、经营管理者的进取心和普通员工的责任心三个方面。"三个心"都到位，就可以齐心协力克服任何困难，促进企业的发展。软性实力是实力形象的基石。

第四，市场实力，即企业拥有的市场规模、商品的市场占有率、消费者对商品的欢迎程度、公众购买商品时的选购比率、市场销售额、利润额等。这些方面是企业实力形象的重要外现部分，其核心是销售额和利润额。世界500强企业都是市场实力强劲的企业。《财富》杂志在评选世界500强时共采用了五个指标，即销售额、利润、资产、股东权益和雇员人数。其中，入围指标是销售额，凡是年销售额超过当年设定标准（如100亿美元）的企业均可申请参评，依次排序，其他是参考指标。能进入世界500强，意味着拥有了强大的市场实力，进入了全球企业界的精英阶层。

（6）产品形象

公众与企业发生联系的中介物就是产品，公众评价企业形象的基本依据主要是产品形象，产品形象是公众感受最直接的企业形象。由于它直观实在地影响公众的生活，容易为公众所判别，故成为企业整体形象的基础。

产品形象是一个整体，主要包括三个方面，即核心产品形象、形式产品形象和附加产品形象，具体如图2-4所示。

第一，核心产品形象。所谓核心产品，就是指企业提供给公众的基本效用和利益，也就是产品的使用价值和功能。公众购买产品，是为了利用产品解决某个问题。因此，核心产品形象也就是产品的基本功能与用途，是公众最为关心的问题。核心产品形象具体表现为产品的功能形象与利益形象两个方面。

第二，形式产品形象。形式产品是指产品呈现在公众面前的具体物质形态，如产品的工艺、质量、外观、特征、商标、包装等。当产品的功能趋于一致的时候，公众就比较注重形式产品形象了，比如喜欢购买造型美观的产品。为了吸引公众，企业在设计产品形象时，应该高度重视产品的形象设计与包装。形式产品形象可以细分出质量形象、工艺形象、技术形象、外观形象、价格形象等。世界500强企业对质量的追求均是完美无缺和超群的，这从根本上奠定了企业形象的基础，值得我国企业学习和借鉴。

第三，附加产品形象。附加产品指公众在购买产品时得到的附加服务或利益，如操作教育、调试安装、"三修"（包修、保修、维修）服务、零配件的供应等。附加产品形象通常表现为品位形象、文化形象、心理形象、地位形象、服务形象、道德形象等。

产品形象是一个整体，主要包括三个方面，即核心产品形象、形式产品形象和附加产品形象，具体如图 2-4 所示。

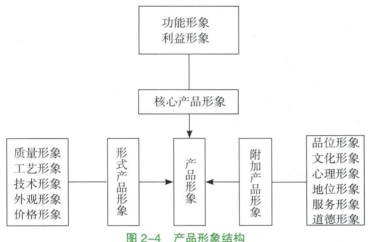

图 2-4　产品形象结构

2. 企业形象的塑造

既然企业形象包括实体形象和品牌形象两个方面，那么纯粹的宣传就不可能真正塑造企业形象。企业形象的塑造依赖两个方面，即"做"和"传"。"做"就是扎扎实实地做好企业质量工作、经营工作、管理工作，侧重塑造企业的实体形象，占形象塑造工程 90% 的份额，也是根本。"传"就是通过公共关系活动和传播媒体向公众传递相关信息，侧重塑造品牌形象，起画龙点睛的作用，占形象塑造工程 10% 的份额。在塑造形象问题上要有辩证思维，既要造实（"做"）又要造名（"传"），造实先于造名，造实重于造名，造名不能急于求成。塑造企业形象重中之重的工作是夯实形象基础。

总体而言，塑造企业形象的途径主要有六个方面。

（1）推行规模化、集团化、国际化、多角化的经营战略

企业形象的塑造需要内在的实力，这就是规模化、集团化、国际化、多角化的经营。在塑造企业形象的过程中，应该利用自身积累的资金，积极开发企业形象的"聚合效应、磁场效应和扩散效应"的价值，同时大胆运用资本经营策略、负债经营策略、并购策略等，组建集团化公司，经营多种但体系化的业务，主动开拓国际市场，实现规模化营运，以有效地创造出规模经济效应，为企业形象的塑造奠定良好的基础。

（2）加强科学管理

严格来看，企业形象不是"包装"出来的，而是"管理"出来的。从以往的调查中可知，公众对良好企业形象的期待是多方面的。美国企业形象专家马克斯教授经过大量调查研究

后，指出公众期望的企业形象有 22 个特征：①有革新表现；②企业正在发展，成长性好；③具有现代感；④在产品研究和开发方面表现突出；⑤深受顾客欢迎；⑥盈利丰厚；⑦经营管理有方；⑧开展多角化经营；⑨有效满足消费者的需要；⑩有良好的社区环境，邻居关系融洽；⑪与原料供应商的关系良好；⑫光明正大地竞争；⑬主动为解决社会问题尽心尽力；⑭培养出效率高、有才能的经营管理人员；⑮关心合并问题；⑯坚守独立；⑰没有劳资纠纷，员工关系融洽；⑱拥有优秀的雇佣者；⑲积极资助文化、教育、艺术事业；⑳重视营销与贸易；㉑在重大的诉讼中取胜；㉒制造优异的产品。后来，日本一家广告公司通过对日本公众的调查，指出公众心目中的良好企业形象一般具有 20 个特征：①技术精湛；②热心开发新产品；③历史悠久，有传统性；④和蔼可亲，公众乐于接近；⑤宣传广告有效；⑥可靠性强，可信赖程度高；⑦行业有发展前途；⑧企业稳定性强；⑨能够顺应潮流；⑩形象整洁；⑪研究、开发的力量强大；⑫有国际市场竞争力；⑬积极进取；⑭风气良好；⑮有现代感；⑯经营管理者优秀；⑰对顾客服务细致、周到、热情；⑱认真对待顾客提出的问题；⑲企业规模大；⑳销售网络健全。公众对企业形象的期待和评价指标，任何一个方面都离不开科学而严格的管理。好的管理是良好企业形象的根本。

（3）推行科技创新战略

技术是企业形象的支柱。企业形象的好与坏，取决于产品的水平和质量的高低。因此，企业形象的本源是产品形象。塑造企业形象，最根本的措施就是塑造产品形象。为此，企业应该积极推进科技创新战略，引进高科技人才和现代经营管理人才，全力推进产品的科研、开发，用新材料、新技术设计新产品，以款式新颖、性能先进的产品满足公众的需要。高新技术是现代企业发展的制高点，同时也是企业竞争的焦点。掌握了高新技术，企业就能够不断推出新产品，为公众提供优质产品，这是独享创新利润、提高产品质量、延长产品寿命、永葆竞争活力的关键。

（4）构建企业质量保证体系

公众购买商品时，讲究性价比，不仅关注商品的价格，而且关注商品的功能、造型和质量。质量在公众心目中具有至高无上的意义，所以质量是企业的生命线，是企业形象的根本。公众出于保护自己的利益，在消费活动中逐渐形成了强烈的以偏概全思维倾向。在公众看来，商品质量上 1% 的失误，就是 100% 的问题，这将严重影响企业形象。因此，塑造企业形象必须重视质量管理，推行全面的质量管理模式。

（5）重视品牌的定位策划

根据企业的产品特性和目标公众的心理特征，应该确定企业品牌的商业方位，选择好自己的品牌定位。优秀的企业形象宣传都有自己特定的核心定位。

在品牌定位的过程中，应该重视公众的需求。对公众而言，定位是公众能够切身感受到的，也就是说，定位要切合公众的实际需要和个性特点。对企业而言，定位要以产品的真正优点为基础，以突出企业的技术优势和竞争优势。另外，企业定位应该清楚、明白，使公众能够在繁杂的商品中迅速分辨出企业和企业形象。

在实际工作中，品牌定位的方式有优势定位、跟随定位、是非定位、逆向定位、进攻性定位、空隙定位、感性定位和理性定位等。优势定位就是企业找出产品在价格、性能、质量方面的绝对优势，以及在企业文化、产品社会地位、消费者身份方面的相对优势，以优势作为区别于竞争者的特性，形成自己的商业地位。跟随定位就是在市场选择、广告宣传、产品设计以及公共关系活动方面，采取与竞争对手相似或相同的策略方式，跟随他人，坐收市场利润。是非定位则是企业在宣传中，有意人为地区分消费市场或公众群体，使企业在产品种类、技术创新、品牌定位、客户服务等经营要素上区别于其他企业，不断拓展和发现新的细分市场。由于这个市场是全新的，因而具有特别的意义，能够有效地保证企业的市场利润。逆向定位是按照公众市场一般的发展趋势，逆向策划，找出怀旧性的发展机会，使企业的产品带有明显的传统化、回归性色彩，以传统和回归为手段创造出自己的顾客群体。企业品牌的定位方式多种多样，在策划过程中应该组合运用，全方位地设计出自己的企业形象。

（6）积极参与市场竞争

品牌是在市场竞争中成长起来的，通过竞争的优胜劣汰机制，品牌得到了公众的认同，成为名牌。因此，在塑造企业形象的过程中，应该选择权威性、具有辐射效应的市场，积极推介企业的商品，并根据公众的消费意见及时革新产品设计，使企业在竞争对手中脱颖而出，最终确立起自己的企业形象。

（三）企业品牌形象的推介

1. 企业品牌形象的构成要素

国内外企业凭借自己的销售额、利润、资产、股东权益和雇员人数进入世界 500 强并寻找位次，这是企业实体形象的问题；同时又都把进入世界 500 强及其位次作为企业形象的重要宣传项目，这涉及的就是企业品牌形象问题。品牌形象就是指公众对企业商品品牌和服务品牌的认知和评价状况，即企业品牌为多大范围内的公众所知晓和喜爱，由知晓度、美誉度、首选度、忠诚度和依赖度组成。

如果企业只有良好的实体形象，没有品牌形象，从市场角度看，还是不完善的。例如，一个企业内部管理井然有序，员工素质都很高，整体实力也很雄厚，产品质量也很好，但是公众不知道有这样一个企业，即知晓度为"0"分，那么，这个企业在短时间内是很难获得市场认可的。企业只有在建设实体形象的同时，通过公共关系、广告宣传树立良好的品牌形象，才能赢得公众，开拓市场。

（1）知晓度

知晓度是指公众对社会组织名称、地理位置、行业归属、商品类别、经营业绩（特别是经典业绩）、规模状况、发展历史（特别是典故）、组织领导、组织文化等方面的知晓程度和记忆状况。知晓度表现为目标公众中知晓公众人数的比率。其测算公式是：

$$知晓度 = \frac{知晓公众人数}{目标公众人数} \times 100\% \qquad (2-4)$$

一般而言，知晓度大于50%属于高知名度，小于50%则属于低知名度。在公众市场上，知晓度本身就意味着良好的形象指标与市场占有率。这是因为公众倾向于购买自己熟悉的商品，只要某品牌为公众所知晓，就容易成为公众的消费对象。社会组织策划和实施新奇的品牌推介活动，刺激公众的认知心理，能够在较短时间内让品牌给公众留下鲜明的印象，提高知晓度。保持知晓度则需要持续的广告传播、新闻传播和公共关系活动。

（2）美誉度

美誉度是社会组织获得公众赞美、信任、好感、接纳和欢迎的程度，是公众基于满意体验而对社会组织及其产品与品牌的褒奖、赞誉情况，是评价社会组织声誉好坏的社会指标。一般表现为顺意公众人数在知晓公众人数中的比重。其测算公式是：

$$美誉度 = \frac{顺意公众人数}{知晓公众人数} \times 100\% \qquad (2-5)$$

美誉度大于50%属于高美誉度，低于50%则属于低美誉度。美誉度是评价指标，主观性更强。市场经济初期，影响美誉度的因素往往是产品的质量状况；后来，在质量的基础上，商业服务成为新的指标；现在则进一步增加了企业社会责任行为。企业要想提高美誉度，就要在不断革新产品、革新管理以及确保商品与服务质量的基础上，加强商业服务，积极参加公益资助、慈善赞助和社会服务等活动。

（3）首选度

首选度是指公众把社会组织的产品和服务项目纳为消费首选对象的状况和程度，表现为首选消费公众人数在知晓公众数中的比重。其测算公式是

$$首选度 = \frac{首选消费公众人数}{知晓公众人数} \times 100\% \qquad (2-6)$$

经过调查测试后，首选度大于50%属于高首选度，低于50%则属于低首选度。社会组织的产品或服务项目能够成为公众购买时的第一考虑对象，拥有大批消费公众，说明社会组织具有较高的首选度。首选度主要取决于产品或服务项目的性价比优势，即恰好满足目标公众的需求，恰好与目标公众愿意支付的消费成本保持一致。

（4）忠诚度

忠诚度是顾客对某一品牌的产品或服务产生好感而重复购买并主动推介的一种趋向，是顾客购买决策时多次表现出的对某个品牌存在偏向性的购买行为，表现为情感忠诚、行为忠诚和意识忠诚。情感忠诚就是对社会组织的CIS（企业识别系统），特别是logo怀有持续的满意度与荣耀感；行为忠诚表现为重复消费和主动推介；意识忠诚表现为对企业及其品牌的未来充满信任。忠诚度表现为忠诚顾客总数在顾客总数中所占的比率。其测算公式是：

$$忠诚度 = \frac{忠诚顾客人数}{顾客人数} \times 100\% \qquad （2-7）$$

判断是否为忠诚顾客的指标主要有三个方面：一是愿意重复购买、消费同一品牌的商品或服务，选购时间短暂，价格敏感度低，宽容产品质量，并排斥品牌竞争对手的商品；二是乐意购买某个品牌的延伸产品或服务；三是会向自己的亲朋好友推荐品牌的商品或服务。影响忠诚度的因素主要有产品质量与服务质量、客户关系维护水平、使用商品的增值感受。当顾客高度认同品牌的物质意义（表现为精致与性价比）与文化意义（表现为消费商品带来的身份感和地位感）时，忠诚度就会增高。

（5）依赖度

依赖度是目标公众基于身份消费需要而对某个品牌产生依附性偏好的状况。当公众认为某个品牌的商品是自己某种生活，特别是社交生活必需的基本配置，不可或缺时，表明该品牌成为公众依赖的对象。出于显示、维持社会身份而消费的顾客就是身份消费顾客，其消费决策依据的不是商品的实用性能与性价比，而是商品品牌附带的社会地位价值。依赖度表现为身份消费顾客人数在消费顾客人数中的比率。其测算公式是：

$$依赖度 = \frac{身份消费顾客人数}{顾客人数} \times 100\% \qquad （2-8）$$

现代社会的某些市场，特别是高端市场，受控于消费主义，认为商品具有社会地位和炫耀作用，拥有商品便拥有地位。正如法国学者波德里亚在《消费社会》中所言："需求瞄准的不是物，而是价值，需求的满足首先具有附着这些价值的意义。"由此呈现出鲜明的身份消费现象，即通过消费获得社会地位。在这种背景下，塑造品牌的身份价值便具有了特殊的意义。提高品牌的依赖度，需要企业在客观审视商品使用价值的前提下，有意识地为品牌附加社会价值，与身份消费顾客的需求保持一致。

2. 品牌形象的诊断

推介品牌形象，表现为提高知晓度、美誉度、首选度、忠诚度和依赖度，其前提就是准确地判断品牌形象差距。所谓品牌形象差距，就是企业品牌实际形象与期望形象之间的差距。品牌实际形象是企业品牌在公众中获得的认知和评价，期望形象就是企业员工、领导等内部成员期望获得的认知和评价。通过差距分析，能够明确公共关系的工作目标。

品牌形象差距的诊断过程，包括五个环节：第一，设计两张由品牌形象构成的具体要素调查表，一张用于向公众收集形象判断信息，另一张用于向员工收集形象期望信息，调查后整理统计；第二，根据调查表的项目，制作形象要素分析表，分析表的构成项目主要是把调查项目转换为肯定陈述句和否定陈述句，分别置于一个长方形的左右侧，长方形设置三个及以上的差距档次，再将员工调查和公众调查的统计结果置入相应位置；第三，确定长方形中差距档次的权重系数，一般最低层次的权重系数定为1，其他依次递增；第四，根据"纵向相乘、横向相加"的规则，计算形象要素项目的平均值；第五，制作形象差距

图，即找出企业实际形象与期望形象之间的差距，差距较大的项目就是公共关系工作的主要目标。

上述诊断操作过程及其注意事项，以一实例加以演示和具体说明。

第一步，设计员工调查表，开展调查并统计调查结果，见表2-4。要说明的是，调查问卷中商标和经营项目的认知属于形象的知晓度分析要素，服务态度和服务水平属于美誉度分析要素，购买频率和首选列位属于首选度分析要素。另外，用于形象分析的调查表一般采用封闭式问卷，而且答案设置采用语义差别形式，即由"非常高"逐渐过渡到"非常低"，间隔为一个等级，共分三个等级。

表2-4　员工调查表及统计结果

1．你期望公众对企业商标的认知程度		
A．非常知晓（60%）	B．一般知晓（20%）	C．不知晓（20%）
2．你期望公众对企业经营项目的认知程度		
A．非常知晓（70%）	B．一般知晓（20%）	C．不知晓（10%）
3．你期望公众对企业服务态度的评价		
A．非常高（80%）	B．一般（10%）	C．非常低（10%）
4．你期望公众对企业服务水平的评价		
A．非常高（70%）	B．一般（10%）	C．非常低（20%）
5．你期望公众购买企业商品的频率		
A．非常高（80%）	B．一般（20%）	C．非常低（0）
6．你期望公众在同类消费对象中把企业商品列为		
A．第一位（60%）	B．第二位（10%）	C．第三位及以下（30%）

第二步，设计公众调查表，开展调查并统计调查结果，见表2-5。公众调查表的项目应该与员工调查表的项目相同，否则就无法比较分析了。

表2-5　公众调查表及统计结果

1．你对我企业商标的认知程度		
A．非常知晓（80%）	B．一般知晓（10%）	C．不知晓（10%）
2．你对我企业经营项目的认知程度		
A．非常知晓（80%）	B．一般知晓（20%）	C．不知晓（0）
3．你对我企业服务态度的评价		
A．非常高（30%）	B．一般（50%）	C．非常低（20%）
4．你对我企业服务水平的评价		
A．非常高（40%）	B．一般（30%）	C．非常低（30%）
5．你购买我企业商品的频率		
A．非常高（10%）	B．一般（30%）	C．非常低（60%）
6．你在同类消费对象中把我企业商品列为		
A．第一位（10%）	B．第二位（20%）	C．第三位及以下（70%）

第三步，制作期望形象要素分析表。期望形象要素分析表实际上就是把调查问卷的每个项目改为正面陈述句式和反面陈述句式，置于统计框的两侧，并将调查结果置入统计框，见表2-6。

表 2-6　期望形象要素分析表

项目肯定陈述	非常（3）	一般（2）	非常（1）	项目否定陈述
知晓公司商标	60%	20%	20%	不知晓公司商标
了解企业经营项目	70%	20%	10%	不了解企业经营项目
服务态度好	80%	10%	10%	服务态度差
服务水平高	70%	10%	20%	服务水平低
经常购买	80%	20%	0	很少购买
商品列为首选对象	60%	10%	30%	商品未列为首选对象

第四步，确定差距档次的权重系数，由低到高依次为 1、2、3。根据"纵向相乘、横向相加"的法则，即调查统计结果与权重系数相乘，同一项目得分相加，计算项目平均值。例如，"公司商标"一项的计算方法是（60%×3+20%×2+20%×1），该项目平均值应为2.4。根据同样的计算方法，期望形象另外五个项目的平均值分别是 2.6、2.7、2.5、2.8、2.3。

第五步，按照第三步、第四步的步骤，计算出企业实际形象的六个项目平均值分别是2.7、2.8、2.1、2.1、1.5、1.4。

第六步，制作形象差距曲线。在形象要素分析表中把期望形象和实际形象的项目平均值根据设置的坐标刻度标入统计框，分别用虚线和实线绘制。要说明的是，坐标纵向刻度与横向刻度是不同等距的，为便于分析，横向刻度设置的等距要稍长些。纵向刻度只要按照形象要素的项目数量（n）分为（$n+1$）个等份即可；横向刻度实际上就是权重系数，在本案例中，其最低值应为 1，最高值则为 3，见表 2-7。

表 2-7　形象差距曲线

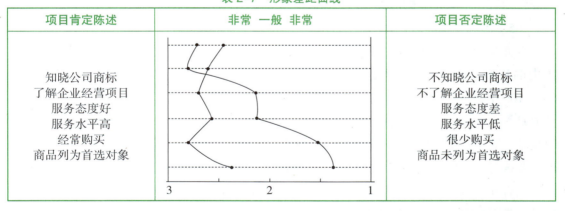

项目肯定陈述	非常　一般　非常	项目否定陈述
知晓公司商标 了解企业经营项目 服务态度好 服务水平高 经常购买 商品列为首选对象		不知晓公司商标 不了解企业经营项目 服务态度差 服务水平低 很少购买 商品未列为首选对象

第七步，分析形象差距曲线，明确公共关系的目标。从形象差距曲线可以看出，在实际形象和期望形象之间，知晓度的两个项目差距较小，而美誉度和首选度的两个项目差距较大，因而公共关系的目标应该定位于提高美誉度和首选度，巩固知晓度。

3. 品牌形象的策划

品牌形象的策划是一项艺术性很强的工作，具有特殊的操作规范，必须遵循基本的策划要求。

（1）品牌管理的科学化

企业形象的塑造，离不开品牌管理。品牌管理的具体内容主要有：在时间上，注重企业形象持续性与稳定性；在空间上，不断开拓市场领域，提高市场占有率，以赢得具有优势的市场地位；在经济上，注意谋求经济效益，提高品牌的价值效应；在社会形象上，积极参与公益事业的宣传、社会问题的解决，不断提高品牌的社会声望。

（2）形象规划的战略化

品牌形象的塑造是一项时间跨度比较大的工程。塑造企业品牌形象，不是一朝一夕就能完成的任务。规划品牌形象时，要注意战略性，立足长远目标，开展长期规划，谋求长期效应，使之永葆活力。

（3）形象差异的特色化

品牌是企业的一种"身份证"，是接近公众的"通行证"。为了发挥企业形象的客观效应，形象的设计应讲究差异性，让公众轻而易举地从形象之中发现行业与行业之间、同行业内企业与企业之间的不同。策划企业形象时，要充分注意它与其他企业形象的关系，在符合行业形象的基础上，强调个性化、差异化，切忌雷同，这样就可以在鲜明的对比之中提高企业形象的竞争力。

（4）形象定位的高科技化

社会的进步，依赖于科学技术的发展。对企业而言，形象的塑造同样依赖于先进的技术和科学的工艺。没有相应的技术含量，形象指标设计得再好，失去基本的依据，也不可能形成市场冲击力。因此，定位形象时，应强调高科技化要求，使公众从根本上信赖企业的经营内容，信赖企业的形象。

（5）形象变革的时代化

企业形象应该具有继往开来、与时俱进的品质。"继往开来"就是说企业形象需要历史的积累。据调查，世界前100家知名企业，企业历史在100年以上的约占30%。80～100年的占25%，50～80年的占30%，50年以下的占15%。《中国企业家》调查表明，《财富》全球500强企业的平均寿命是40～50年，跨国公司是11～12年，我国集团公司是7～8年，我国中小型企业仅为3～4年。"与时俱进"就是说，企业形象要不断发展，要推行持续创新战略。资料显示，现代国际品牌的成长平均只有100年的历程，有的甚至只有几十年。而"中华老字号"品牌都有160年以上的历史，有的甚至有300～400年。但是，我国老字号的品牌价值不尽如人意，说明"继往开来"的特性有余，而"与时俱进"的品性不够。世界知名的"长寿企业"具有四种品质，即感觉敏锐、员工有归属感、管理宽容和财务谨慎。其中，感觉敏锐是最重要的品质，能够对周围环境具有快速、敏锐的反应，不断学习、调整，适应环境新的要求。品牌形象是在特定时代条件下塑造出的，随着社会的进步与时代的发展，品牌形象原有的内容、形式可能会丧失吸引力，甚至成为企业开拓公众市场的障碍。因此，应该根据时代特点和公众在新时期的需要，及时变革企业形象，才能永久性保持企业形象的影响力。在市场开放初期，企业为了迎合公众的民族振兴心理，高举"振兴民族企业"的旗帜，强调民族形象是有益的。但是，面对全球化的形势，企业形象应该做出相应的调整，把企业的民族化形象发展为国际化形象，以便巩固国内市场、开拓国际市场。

（6）形象诉求的有效性

脱离公众认同的形象是乌托邦式的形象，虽然美好，却没有实际作用。策划品牌形象时，应注意诉求上的有效性，无论是内容还是形式，都应力求符合公众的心理需求，应认真调查公众的基本情况，分析公众的心理特点。

（7）形象口号的大众化

品牌形象要能广泛地影响公众，就必须具有可传性，能借助符号形式宣传。为此，在策划品牌形象时，还要善于设计准确表达形象意境的品牌名称与宣传口号。根据现代公众追求感性的特点，设计的企业品牌和宣传口号不能追求字面意义上的深邃，而应大众化，以便公众记诵、流传。

（8）形象标志的美学化

标志是品牌形象相对稳定的标识符号，是企业接近公众、影响公众的主要途径。策划品牌形象时，要善于借助标志、图案、图形等象征性符号展示特别的意境。设计品牌标志时，要遵循审美原则，以美的形式表现美的形象，以美的标识给公众美的感受，以美的联想影响公众的审美化消费心理。

（9）形象宣传的立体化

品牌形象的策划离不开宣传战略的制定。开展形象宣传，应该充分调动员工，运用各种媒介，实行全员化、全方位的宣传，创造出企业宣传上的规模效应，以宣传的规模效应和气势强化企业品牌形象的冲击力和感染力。

4. 企业品牌形象的推广

塑造企业实体形象旨在发展企业的竞争实力，特别是核心竞争力，起到夯实品牌基础的作用；策划品牌形象旨在让企业拥有独特的品牌系统，起到规划与设计品牌的作用；推广品牌形象则定位于提高品牌的知晓度、美誉度、首选度、忠诚度和依赖度，起到向目标公众传播品牌形象的作用。推广品牌形象主要有八个路径。

（1）宣传品牌识别系统

品牌识别系统包括品牌标准字、标准色和标准图三个基本方面，集合表现为品牌名称和商标。面对海量信息，公众注意力显得相对稀缺。因此，宣传品牌识别系统，提高品牌知晓度，是推广品牌形象的基础活动。宣传品牌识别系统的方法主要有广告宣传、品牌征集、企业自媒体传播三种形式。广告宣传主要指在主流媒体（如电视、报纸、广播、杂志等）、互联网平台（如网站网页、客户端、App、公众号、小程序）、户外媒体刊载以品牌名称、商标为创意素材的广告，起到广而告之的作用。品牌征集则是围绕品牌名称和商标向

社会举办征集活动，如 Logo 征集、品牌名称征集、品牌代言人征集、品牌故事征集、品牌征文、品牌谐音征集等，以强化公众的品牌记忆度。企业自媒体传播就是企业在自身的网站网页、产品包装盒（袋）、办公用品、交通工具、公司制服、厂房办公楼等各种媒体上刊载企业的品牌名称与商标，以唤醒公众的品牌记忆。

（2）建构并传播品牌故事

品牌只有借助故事才能流传于社会。立足时代和社会背景，挖掘企业历史资料蕴含的文化底蕴与精神内核，创作并传播企业的创业故事、管理故事、革新故事、商业故事、竞争故事、危机应对故事、服务于重大社会事件的故事等，以彰显企业的家国情怀、人文精神、科学精神，提高企业的社会影响力。海尔砸冰箱、零缺陷管理、国际星级服务等故事，不仅提高了品牌的知晓度，而且提高了美誉度。

（3）传播品牌的生活主张

品牌传播强调创新，而美国的保罗·康纳顿说道："所有的开头都包含回忆因素……绝对的新是不可想象的。"任何品牌的商品都是用于生活的，向目标公众推介品牌形象，需要基于商品在目标公众生活场景中的实际作用，概括品牌的生活品质，提取品牌的生活主张，使品牌呈现出鲜明的生活乐趣，贴近目标公众生活。

为了引起目标公众的心理共鸣，增加目标公众对品牌与商品的熟悉程度，传播品牌的生活主张时，必须遵守接近性规则。接近性是指传播涉及的话题、情感属性和新闻细节，与受众在年龄、地理、性别、阅历、心理、利益关系等方面的关联和接近程度。接近性能够使目标公众感受到品牌与自己的切身利益存在直接、密切的关系，进而产生阅读欲、观看欲和亲切感。与目标公众生活越接近、关系越密切的事，就越容易为目标公众所关注，传播价值也就越大。基于接近性而创作的品牌传播作品，更加贴近目标公众的生活，更加真实可感，可以突破目标公众的认知防线，达成共识。传播信息蕴含了接近性，就更具号召力，更能打通目标公众的情感隔阂，更能拨动目标公众的心弦，目标公众因此而惊奇、兴奋或感动，自愿安静地沉醉于传播"游戏"，融入各种媒体"链接"与"联结"之中，欣赏品牌传播的主题内容，领会传播作品的身份消费意蕴，实现"品牌传播蝶化游戏"的目的。

（4）建构品牌公共话语

常言道：追势不如乘势。品牌推广需要应势而谋、因势而动、顺势而为，把企业的经营管理巧妙地嵌入社会重大事件，立足公共精神，建构品牌话语，讨论公共事务，以凸显企业的社会责任感。话语是多维的，如英国的诺曼·费尔克拉夫所说，"既是一种表现形式，也是一种行为形式"。话语不仅呈现为话语文本，还显现为话语建构和话语实践。据此，建构品牌公共话语，不仅要考虑怎么说，建构和维护话语权，而且要考虑怎么做，以行动巩固话语权。具体做法有：企业领导人就社会重大事件理性发表意见，为重大社会事件捐资、捐物，提供专业服务，参与社会重大事件的动员活动等。

（5）建构品牌情景语境

情景语境（context of situation）是传播作品叙事张力的关键因素。情景语境概念是马林诺夫斯基于 1923 年提出的，当时被界定为与语言交际活动直接相关的客观环境，现在则被解读为由语言交际的所有当事人、话题牵涉的人或物、时间处所、社会背景和体态语言交际手段（如表情、姿态、手势、服饰等）组成的统一体，涉及作品的语词风格、体裁类型、叙事结构和呈现形象。迈克尔·格里高利和苏珊·卡罗尔指出，情景语境由话语范围、话语基调和话语方式三个要素构成。情景语境具有人情味浓、定位精准、权威性高、影响广泛的特点，能够现场式呈现与思考重要社会现象，表现出鲜明的"在场"和"行动"特质。品牌推广时，要善于剪裁真实而形象的文献影像建构情景语境，用有人性、有温度的品牌故事表达传播的主题与内容，把抽象的宣传主题融入人性化的故事，借助故事性话语转换叙事，从人物、时间、场域、事件和情感维度谋篇布局，表现奋斗、积极、向上、向善、公平、和谐、诚信、友善的企业景象，构建温馨、平和、知足、快乐、健康的企业氛围，缔造情节，形象化再现品牌事件、人物与情景，突显情景语境的传播旨趣。

（6）策划品牌营销

品牌营销是指暂时放弃企业利益，旨在提升品牌知晓度、巩固美誉度的营销活动，不追求眼前的利益回报，而是用营销的方法，把品牌符号嵌入目标公众的心里，使顾客对商品留下特殊印象，商品因此成为顾客往后消费的首选对象，最终提高商品的市场销售量。品牌营销常用的策略有赞助营销、零成本营销、捐送营销等。当年养生堂公司推出的"喝农夫山泉，为北京申奥捐一分钱"，就是典型的赞助营销。从表面上看，这是一个公益赞助活动，搭乘的是当年的社会热点事件，也是公益活动，颇具社会影响力，巧妙地激发了公众的参与欲望：公众喝了一瓶水后，公司才能捐出一分钱；人人多喝农夫山泉，聚沙成塔，北京申奥就多一分成功的希望。这次活动不仅成功地提高了品牌知晓度，而且增加了商品的销售量。

（7）策划品牌展览

品牌展览是通过集中展示企业文化，特别是核心产品向公众传播品牌形象的一种载体。在品牌展览会，公众不仅可以接触商品，实实在在地感受商品的品质，而且可以接触企业员工，直观体验企业文化。所以说，品牌展览是传播品牌性格、彰显品牌文化的有效途径。企业参与品牌展览的途径主要有三种，即企业独自筹办、联合筹办和参与专业大型展览会。为了取得品牌推介的效果，策划品牌展览时，应该注重主题和表现形式的创新，把企业品牌、商品外观特征与使用性能、企业文化等内容，极富诚意地呈现给目标公众。

（8）及时应对品牌危机

竞技比赛中有句名言：防守是最好的进攻。品牌是一件难塑却易碎的艺术品，历经千

辛万苦，说尽千言万语，走遍千山万水，想尽千方百计，好不容易塑造的品牌形象，在危机事件中极易瞬间崩塌。从这个角度看，及时应对品牌危机，就是最经济的品牌推广。

思政之窗

公共关系学强调职业道德、职业礼仪，强调公共关系以满足公众需要为原则，强调全员公关，强调组织的良好形象依靠每一个组织成员维护与爱惜。因此，学习公共关系学，有利于和谐人际关系。

案例思考

OPPO 手机"1000 万人深夜陪伴行动"

OPPO 手机作为至美科技的探索者及引领者，致力于打造万物互融时代的多智能终端及服务，为人们创造美好生活。经过了大量用户调查，OPPO 手机发现年轻群体白天的时间基本上都被工作占据，只有夜色降临过后的夜生活时间才属于自己，所以对手机夜间拍照的需求十分明显。

为了宣传强大的夜拍功能，2018 年 9 月 20 日，OPPO 手机运营企业联合新世相微信公众号发起了"夜的故事"征集活动。用户只需在新世相微信公众号上发布与"夜"有关的照片，并讲述一个令自己不想睡的故事，就可参加"1000 万人深夜陪伴行动"。

活动宣传页面的设计简洁直接，却颇具煽情效果："你在哪座城市？你在夜晚见过什么故事？""这是新世相和 OPPO 共同发起的 1000 万人深夜陪伴行动，每个睡不着的夜晚，你都可以把深夜的城市拍下来，发给一个陌生人。OPPO 的深夜故事线下影展也可能出现你的照片。""深夜不睡的人聚在一起，总能杀死你的孤独。"同时宣布：OPPO 手机运营商将从参与者当中挑出 50 个人，每人送出 OPPO R17 手机一部。

用户每上传一张照片，屏幕就会生成三项内容：照片占屏幕 3/4 面积，居中心位；照片上端的文字，第一行是"1000 万人"（本行居中，黑体加粗，较小字号），第二行是"深夜陪伴行动"（本行居中，黑体加粗，特大字号），第三行是"已有□□□□□□人在陪伴"（本行居中，黑体淡化，字号与"1000 万人"相同）；照片下端的右侧显示所在的城市。在上传的文字结束处，生成"扫描二维码/杀死你的深夜孤独"等字以及一张二维码图。

这样，人们只要打开手机，拍下并上传一张夜拍的照片，记录下自己的深夜思绪，便能与人分享自己的夜晚故事，就会有众多人陪伴自己度过不眠的深夜，让自己的夜晚不再孤独。

　　"深夜陪伴行动"符合年轻人群体展现自我、抒发情感和虚拟交流的需要，活动推出后，就受到年轻用户的欢迎。大家纷纷上传夜色照片和故事话语，在成就年轻用户深夜虚拟社交的过程中，也成就了 OPPO 手机功能形象的传播。

　　思考：

1. OPPO 手机应用了哪些公共关系媒介？
2. OPPO 手机为什么能够让用户"深夜陪伴"？

第三章
公共关系专题活动

章前导读

公共关系专题活动是以一个明确的主题为中心开展的与公众某一方面的交流活动，具有操作性强、应用面广等特点，目的是引起社会各界的广泛关注，扩大组织的知名度和美誉度。公共关系专题活动的形式多种多样，内容十分丰富。

学习目标

知识目标

◆了解主要公共关系专题活动的作用和特点。

◆掌握开展公共关系专题活动的方法。

◆掌握策划公益、社会活动的要领。

能力目标

◆能够制订一个社会公益计划。

素质目标

◆培养自主学习、独立思考的能力。

◆培养较强的职业和社会责任感。

思政目标

◆学生需要积极参与活动，多与他人交流，掌握更多的公关技能，以便在日后开展公共关系活动时能够游刃有余，减少差错。同时，通过公共的学习，学生能够树立自信，提升气质与谈吐。

 # 第一节 公共关系专题活动及其作用

一、公共关系专题活动的目的与模式

社会组织会根据自身需要，采取措施为组织创造良好的公共关系状态。这种为树立组织良好形象、创造良好的公共关系状态而采用的各种传播方式和手段，如庆典、展览、展销、开放参观、联谊活动、赞助活动等，就是公关专题活动。具体而言，公共关系专题活动是指所有以树立企业自身形象、引起公众关注、扩大社会影响为明确目的的专门活动。

公共关系专题活动是组织整体公共关系工作中具有特殊作用的一环。作为提高组织知名度和争取社会公众的重要手段，已越来越受到重视，在组织整体公共关系工作中具有极为重要的意义和作用。

二、公共关系专题活动的特征

公共关系专题活动是社会组织为了实现组织特定的公共关系目标，围绕某一特定主题开展的专题性的传播活动。公共关系专题活动具有三个方面的特征。

（1）主题明确、单一

公共关系专题活动一般是专门为实现某一具体目的而举行的，因而具有明确、单一的主题和围绕这一主题的特殊活动方式，如举办职工联欢会，是组织内部的公关服务，让员工更加热爱企业，增强主人翁精神。

（2）感染力强

公关专题活动可以同时利用各种传播媒介和传播手段，通过诸如声、像、现场、实物、纪念品，以及演讲、咨询等达到综合效果，具有很强的感染力。

（3）时效性强

公关专题活动常常能引起新闻界的关注和报道，可以在较短的时间内有较大的信息覆盖面，迅速扩大影响。专题活动的时效性越强，其公共关系效果也就越明显。

三、公共关系专题活动的目的

策划公共关系专题活动的目的主要有五个。

（1）制造新闻

制造新闻，是指社会组织以组织中发生的真实事件为基础，有计划地推动事件进程，以吸引新闻媒体报道，从而把组织信息或组织形象传播出去的活动。

对一个组织来说，可以成为新闻的事件是很多的。如：大型奠基典礼开幕仪式或纪念日活动；产品生产和技术改造的新成就；经济效益等方面的大幅度提高；有关职员的重大成就；有关重大问题的新举措；国内外市场的开拓；员工的学习、娱乐、保健等福利活动；高级人员的人事变动；重要价格的更改、产品的获奖及展览等。

（2）为促销服务

通过公共关系专题活动营造有利的营销气氛，淡化推销的色彩，使社会公众从感情上接受一种新产品、新服务，从而为进一步的销售活动开拓道路。

例如，某酒店位于市郊，交通不是很方便。尽管景色、服务不错，但游客很少。这个酒店的公关部经理想出了一个主意，即开办"健身旅游"活动。针对中外游客对气功、太极拳的广泛兴趣，聘请专家办了辅导班；同时，利用酒店周围的土地建了一个鱼塘，既美化环境，为游客提供了钓鱼的场所，又满足了酒店的需要。由于这一活动构思奇妙，富有情趣，吸引了大批的游客。

（3）营造喜庆气氛

利用社会传统的重大节日或有意义的纪念日，举办公关专题活动，表达组织对社会公众的善意，改变组织的社会舆论和关系环境。

我国主要的传统节日有：

春节，农历正月初一是汉族和其他少数民族共同的最盛大、最热闹的传统节日，又称过年。春节可以互相寄赠贺年片，互相走访拜年。

元宵节，农历正月十五，又叫"上元节"或"灯节"。民间风俗有扎彩灯、猜灯谜、舞狮子、踩高跷、划旱船、吃元宵、放风筝等。

清明节，每年公历4月5日前后，是祭祖、扫墓的日子。

端午节，农历五月初五，又叫端阳节，是纪念伟大爱国诗人屈原的日子。

中秋节，农历八月十五，又叫团圆节。民间有祭月、拜月、赏月、吃月饼、饮桂花酒之风，以示祝福，喜庆团圆。

（4）联络感情

通过策划和举办公关专题活动，与社会各界广泛联络交往，达到"争取有用的朋友"的目的。

（5）挽回影响

当组织形象受到损害时，巧妙的设计和有效的公关专题活动可以改善公众原有的印象，恢复受到损害的组织形象。

第二节　新闻发布会与庆典活动

一、新闻发布会

（一）新闻发布会的含义和特点

新闻发布会又称记者招待会，是指一种以某一社会组织的名义邀请新闻机构的有关记者参加，由专人宣布有关的重要信息，并接受记者采访的具有传播性质的特殊会议。通过新闻发布会，组织可以将有关信息迅速传播扩散到公众中去。在新闻发布会上，不仅可以公布本组织的一些重大新闻，如新的方针、政策、措施等，加强公众对组织的了解，而且可以利用新闻发布会的影响力妥善处理一些棘手的问题，以达到澄清事实、说明原委、减少误会、求得谅解等目的。新闻发布会是一种二级传播：首先将信息告知记者，再由记者以大众传播的方式将消息告知社会公众。在这种形势下，实现了社会组织和新闻媒介的沟通以及社会组织和广大公众之间的沟通。

新闻发布会

新闻发布会具有四个特点。

（1）以新闻发布会发布消息，形式比较正规、隆重，而且规格较高，容易引起社会的广泛关注。

（2）在新闻发布会上，记者可根据自己感兴趣的方面及所侧重的角度提问，可更好地发掘信息。这种形式的信息沟通无论是在深度还是广度上，都比其他形式更胜一筹。

（3）新闻发布会往往要占用记者和组织者较多的时间，必要时还要组织记者实地采访、参观或安排一些沟通活动，如酒会、招待会、进餐等，因而会有较多的经费支出，成本较高。

（4）新闻发布会对组织的发言人和会议的主持人要求较高，具备机敏、善于应对、反应迅速、幽默从容等特点。

（二）新闻发布会的组织和安排

要想使新闻发布会组织成功，通过新闻发布会给记者留下好的印象，从而对组织产生

好感，会议的组织和安排工作是非常重要的，这就需要公共关系人员在会前周密地计划，做好充分准备。

1. 准备工作

（1）把握时机

一般应选择在组织开展重大活动或发生重大事件时举行新闻发布会。只有在必要和可能的情况下召开新闻发布会，才会收到良好的效果，也就是说，新闻发布会是一项郑重的公共关系活动。一般来说，组织举行新闻发布会的原因有以下方面：出现了紧急情况，如工厂发生了爆炸；发生了严重的灾害；出台可能对社会产生重大影响的新政策；企业新技术开发和新产品投产；宣传组织对社会作出的重大贡献或将影响社会的新措施；企业的开张、关闭、兼并或组织的重大庆典；等等。应注意，新闻发布会不要与重大节日或重大社会活动冲突。

（2）确定主持人和发言人

记者出于职业要求和职业素养，常常会在新闻发布会上抛出一些敏感的话题，提出一些尖锐的问题，这对会议的主持人和发言人提出了很高的要求。主持人和发言人必须对将要发布的信息的重要性和社会价值有清醒的认识。此外，还必须思维敏捷、反应快、表达能力强、具有权威性，且具有较高的文化修养和专业水平。会议的主持人一般可由有较强公共关系能力的人担任，他应对被邀的记者和新闻单位有相当程度的了解，与记者有较好的工作关系和私人关系；不仅要宣布开会、散会，而且能清楚、简洁地说明会议宗旨；在会议中能通过插话、补充说明、提出反问引导会议开展；能根据对新闻单位和记者的了解，恰当地决定记者提问的先后顺序。选择主持人，首先要看能力。会议的发言人应是组织的高层领导，除了对本次会议主题涉及的问题有较为深刻的专业性把握，还应很熟悉本组织的整体情况和有关的社会环境、方针、政策，发言和回答应该具有权威性。

（3）准备宣传辅助材料

宣传辅助材料要围绕发布的信息内容，要尽量准备得全面、详细、具体、形象和形式多样，要有口头的、文字的材料以及实物的照片或模型等。这些材料的准备要根据会议的中心内容和具体要求而定，摆放或分发在会议举行现场，以增强发言人的讲话效果。

（4）选择地点，布置任务

新闻发布会地点的选择不同于一般的会议，首要的是为记者创造方便的采访条件，如准备电源、录像、拍摄的辅助灯光、视听辅助工具、幻灯片和电视播放设备。其次，要考虑会场的对外通信联系条件，如电话和专线电话的设置。另外，还应考虑会场既要安静舒适，不受干扰，又要交通便利，停车方便。会场座次安排应主次分明，特别是在有贵宾到场的情况下；会场内的桌椅设置要方便记者提问和记录。此外，会场应设有记者或来宾签到处，最好在入口处或入口通道处；记者席上应准备有关资料，使记者能深入细致地了解发布信息的全部内容。

（5）确定时间，及时邀请

新闻发布会的时间一般选在上午10点或下午3点为佳。一般发布会的正式发言时间不超过1小时，应留有让记者提问的时间。发布会之后，为记者准备工作餐，最好的形式是自助餐。搞自助工作餐的目的在于给记者提供与参会人员交流和深入采访组织的领导者的机会。确定具体时间后，要提前3～5天向记者发出邀请，让记者充分安排好时间。需要注意的是，记者是大忙人，有时不一定都能到会，为使发布会能圆满成功，最好让记者提供回执。另外，要针对发布新闻的性质邀请相关新闻媒介的相关记者。

（6）做好费用预算

举办新闻发布会要有财务计划，要视财力、物力、人力举办规模恰当的发布会，不要为追求规模或形式而不顾一切，否则会适得其反。费用预算一般包括印刷、通信、场地、交通、租用器材、摄影、嘉宾签到簿、礼品、胸牌、会场布置、嘉宾食宿等费用。

2. 会中注意事项

新闻发布会在举行过程中应做好五项工作。

（1）发布的信息必须准确无误，若发现错误应及时更正。

（2）会议议程要紧凑、不拖沓、有条不紊，要避免出现冷场和混乱的局面，应有正式的开场和结尾。

（3）会议主持人应善于控制场面，以言谈和感染力活跃会场气氛，引导记者踊跃提问。当记者提问偏离主题时，要善于巧妙地将话题引回主题。如果会议中出现紧张气氛，应该及时调节、缓和。不要随意延长预定的会议时间。

（4）发言人应注意答问的方式和程度，随机应变，不与记者争论，不回避问题。对不能发表和透露的内容，应婉转地向记者作出解释，不能简单地说"不清楚""不知道""无可奉告"等。不要随便打断记者的提问，也不要以各种动作、表情和语言表示对记者的不满，即使记者的提问带有很大的偏见或挑衅性，也不能激动或发怒，应以良好的涵养、平静的话语、确凿的事理纠正和反驳。

（5）详尽记录和录音新闻发布会的全过程，有条件的应录像，作为资料保存。

3. 会后工作

为使新闻发布会这一公共关系专题活动取得预期的效果，在会议结束后，组织还应做好四个方面的工作。

（1）整理记录，总结经验，且以书面形式存档。尽快整理出新闻发布会的记录材料，总结组织、布置、主持和回答问题等方面的工作，从中认真吸取经验教训，并将总结材料归档备查。

（2）收集舆论反应，检测活动效果。收集到会记者在报刊、电台、电视台上的报道和评论，并归类分析，把握公众的反应和舆论走势，检查是否达到了举行发布会的预定目标，是否由于失误而造成了误会等，以此检测发布会的效果。

（3）对照新闻发布会签到簿，检查与会记者是否都发了稿件，并分析记者所发稿件的内容及倾向性，以了解新闻机构和记者所持的意见、态度及其原因，便于以后有针对性地沟通，或以此作为以后举办新闻发布会邀请记者的参考依据。

（4）对于不利于本组织的报道，应采取良好的应对策略。如果是不正确或歪曲事实的报道，应主动采取行动，说明真相，并向报道机构提出更正要求；如果是反映了事实却不利于本组织的负面报道，则应通过有关媒体向公众表示歉意，并制定改进措施，以挽回组织声誉。

二、庆典活动

（一）庆典活动的类型

庆典活动总的要求是有喜庆的气氛、隆重的场面、高昂的情绪、灵活的形式，还应该有较高的规范性和礼仪要求。庆典活动在形式上一般分为开幕庆典、闭幕庆典、周年庆典、特别庆典和节庆活动五种。

庆典活动

1. 开幕庆典

开幕庆典，即开幕（开张、开业等）仪式，是指第一次与公众见面、展现组织新风貌的庆典活动，包括：各种博览会、展览会、运动会和各种文化节日的开幕典礼；企业的开业典礼或企业推出的重要服务项目第一次向公众开放的庆祝活动；重要工程的开工典礼或奠基典礼；重要设备及工程首次运行或运营的庆祝活动，如通邮、通车、通航等典礼活动；学校的开学典礼；部队的迎新典礼；等等。举办一场热烈、隆重、特色鲜明的开幕庆典，能迅速提高组织的知名度，为组织塑造良好的形象，给社会公众留下深刻而美好的印象。

2. 闭幕庆典

闭幕庆典是组织重要活动的闭幕仪式或者活动结束时的庆祝仪式，包括博览会、运动会和文化节日的闭幕典礼，重要工程的竣工或落成典礼，学校学生的毕业典礼，组织的重要活动或系列活动的总结表彰或者为活动圆满结束举行的庆祝仪式等。闭幕庆典是各种活动的尾声，与开幕庆典相比，其重要程度和隆重程度较弱，更多的是强调活动有始有终、圆满结束。当然，从不同的角度看，有的活动既可以作为闭幕式，也可以看作是开幕式。如何开展活动，要根据其内涵和意义选择。如公路的建成也就意味着开始通车，通常举行通车典礼；大型客船完工要投入航运，通常举行首航仪式等。

3. 周年庆典

周年庆典是指组织在发展过程中关于各种内容的周年纪念活动，如组织"生日"纪念，工厂的厂庆、商店的店庆、宾馆的馆庆、学校的校庆以及大众媒介机构的刊庆或台庆等，还包括组织或企业之间友好关系的周年纪念、某项技术发明或某种产品的问世周年纪念。组织利用周年庆典举办庆祝活动，对振奋员工精神、扩大宣传效应、协调公众关系、塑造企业形象等都有重要的意义。特别是利用周年庆典举行公众联谊活动，可以沟通关系、加深感情，或通过制造新闻产生轰动效应。如美国某连锁商店在开业 30 周年纪念日举办庆典活动，为了使这次庆典活动产生轰动效应，塑造公司的良好形象，培养员工对公司的认同感、归属感，进一步增强公司的凝聚力和向心力，公司总裁为一位在公司商店门口擦了25 年皮鞋的老人举办了一场活动。公司这个颇具影响力的事件，引起了新闻界和公众的注意，达到了较好的效果。

4. 特别庆典

特别庆典是指组织为了提高知名度和声誉，利用某些具有特殊纪念意义的事件或者为了某种特定目的策划的庆典活动。组织可以根据自己的具体情况推出新的内容，尤其是要抓住具有里程碑意义的事件开展策划。如某国际旅行社接待第 100 万位外国游客、某驾驶员安全行车 100 万千米等，都可举办庆祝活动，还有电信部门策划的 300 日无差错纪念活动、消费者协会组织的《中华人民共和国消费者权益保护法》颁布 25 周年庆祝活动等。可以说，没有哪一年是没有特殊事件可供纪念的，关键是公共关系人员应注意选择时机，策划、组织具有独特创意的特别庆典活动。

5. 节庆活动

节庆活动是指组织在社会公众的重要节日举办或参与的共庆活动，这里的重要节日既可以是传统的节日，如春节、国庆节、劳动节、妇女节、儿童节等，也可以是西方节日，如情人节、母亲节等。节庆活动一般可分为两种：一种是组织利用节日为社会公众举办的娱乐、联谊活动，免费或以优惠方式提供服务，目的在于联络感情、协调关系；另一种是组织积极参与当地社区举办的集体庆祝或联欢活动，如准备锣鼓、花灯、彩车、龙灯、旱船等，目的在于塑造组织积极参与社会活动的形象。

（二）庆典活动的开展

庆祝也好，典礼也好，都应做好充分准备，根据具体条件开展。现代社会组织可利用的庆祝机会越来越多，组织的决策者应适时地选择一些对组织和社会都有利的重要事件或重大节日来开展活动。在充分准备的情况下，一般每年搞 2～3 次就够了。活动要搞一次成功一次，预测不会成功的活动就不要搞。不打无准备之仗，因为无准备和准备不充分都会造成美誉度的下降。

组织的庆典活动代表着组织的形象，体现了一个组织及其领导者的组织能力、社交水平和文化素质，往往会成为社会公众取舍、亲疏的标准。因而，组织这类活动时，一定要注意一些问题：

一是要有计划。应将庆典活动纳入组织的整体规划，使其符合组织整体效益提高的目的。组织者应通盘考虑活动，切忌想起一事办一事，遇到一节庆一节。

二是要选择好时机。调查研究是组织开展公共关系活动的基础，庆典活动也应在调查的基础上抓住组织（企业）时机和市场时机，尽可能使活动与组织、市场相吻合。如生产妇女用品的企业就应瞄准妇女节的时机。

三是要将科学性与艺术性相结合。公共关系活动是科学地推销产品和形象的过程，但也要赋予其艺术性，使其更具有魅力，这样会有更好的宣传效果，创设更佳的企业形象。

四是要制造新闻。公共关系活动应能为公众的代表——新闻媒介所接受，它们的反应好坏是衡量活动成功与否的标尺，也是组织形象能否树立的重要影响因素。因此，庆典活动应尽量邀请新闻记者参加，并努力使活动本身具有新闻价值。

五是要注意总结。组织的公共关系活动应讲求整体性和连续性，作为整体公共关系一部分的庆典活动，应与其他公共关系活动协调一致。为保持组织形象的一致性，保证今后开展活动的连续性，总结每一次庆典活动就显得十分必要了。

当然，要把庆典活动办得圆满成功并不那么容易，尤其是大型的庆典活动，牵涉面广，内容具体而复杂，公共关系人员一定要精心策划、周密实施。具体而言，要办好一次庆典活动，应认真做好四项工作。

1. 精心选择对象，发出邀请，确定来宾

庆典活动应邀请与组织有关的政府领导、知名人士、社区公众代表、同行组织代表、组织内部员工和新闻记者等前来参加。公共关系人员应选好对象，提前发出邀请，特别是应亲自上门邀请重要来宾。为保证接待工作顺利，在活动前，应确定来宾的到场情况。

2. 合理安排庆典活动的程序

庆典活动的程序一般是：主持人宣布活动开始，介绍重要来宾，由组织的领导和重要来宾致辞或讲话；有些活动需要有剪彩和参观的安排，安排交流的机会（或座谈、宴请，或助兴节目、席间交流），重要来宾的留言、题字（也可安排在庆典开始前）。

3. 安排接待工作

庆典活动开始前，应做好一切接待准备工作。要安排好接待和服务人员，活动开始前，有关人员应各就各位。重要来宾的接待应由组织的领导亲自完成。要安排专门的接待室或会议室，以便在正式活动开始前让来宾休息或与组织的领导交谈。入场、签到、剪彩、留言等活动都要有专人指示和领位。

4. 做好物资、后勤以及安保工作

庆典活动的现场需要有音像设备、文具、电源等；需要剪彩的，要有彩绸带；在特殊场合，也要准备鞭炮、锣鼓等。宣传品、条幅和赠送来宾的礼品，也应事前准备好。赠送的礼品要与活动有关或带有企业标识。在特定场合下燃放鞭炮一定要遵守法规，要有安保

措施。如有宴请，应安排来宾就餐，后勤准备要充分，要认清宴请是出于喜庆和交流的目的，不要过分铺张。另外，为助兴可以安排一些短小精彩的文艺节目，这些节目既可由组织内部人员表演，也可邀请相关的文艺团队或人员表演，力争有特色。

总之，只要准备充分，热情有礼，热烈有序，就会使庆典活动取得成功。

第三节　社会赞助与展览活动

一、社会赞助

与广告、宣传等传统媒体形式相比，赞助可以让赞助商在最短时间和最大范围内扩大品牌知名度、塑造统一的企业品牌形象、加强与数量众多的消费者的双向情感交流。一些备受全球瞩目的体育赛事（如 NBA、世界杯足球赛和奥运会）成为吸引世界一流大众消费品制造商和服务商大笔赞助的重要活动。

社会赞助

（一）社会赞助的含义

社会赞助是指组织通过无偿地提供资金或物质对各种社会公益事业作出贡献，以提高社会声誉，树立良好社会形象的公关专题活动。社会赞助是举办专题活动最常见、最重要的形式之一，因为它既可以为社会公益事业的顺利开展提供保障，同时又可以为各类组织的不断发展创造和谐的社会环境。因此，越来越多的赢利性组织纷纷以自己收益的一部分回馈社会公益事业，以表示自己乐于承担一定的社会责任和义务。

（二）社会赞助的意义

赞助活动在现代社会中十分普遍，可以说，离开了商业赞助，当今许多大型的公益活动很难开展。在我国，随着组织公共关系意识的提高，社会组织的赞助数量越来越多，金额也越来越大。有的组织为"希望工程"捐款，一掷千金；有的企业赞助体育事业，不遗余力。

（1）一个提高社会组织知名度的重要传播手段

丰富多彩的文艺、体育、教育等活动，一方面能够吸引社会公众的广泛注意，并产生深远的影响；另一方面能够吸引新闻媒体的广泛报道。因此，企业通过赞助体育比赛、文艺活动、教育事业，在各种体育场馆、文娱设施周围布置具有企业名称、标志、产品商标的广告牌，再借助电视等传播媒介的迅速传播，从而达到迅速提高企业或产品知名度的目的。

（2）促进企业产品的销售

企业可以通过选择重要目标公众，利用文艺、体育等富有创意的表现手法，把想象力与特殊的营销计划结合，使企业的营销计划深入人心。利用"赞助"这一有效传播形式，配合广告、公关等宣传手段，企业可以提高自己及产品的知名度，从而促进企业的产品销售工作。

（3）体现组织的社会责任感

文化、艺术、体育、教育等活动都是需要大量资金投入的事业。随着人民生活水平的日益提高，人们对这方面的需求及对质量的要求越来越高，而当面临财政紧张、政府资助减少的问题时，赞助成为重要的经费来源。另外，企业为文化、艺术、体育、教育等社会公益事业提供经费，能够充分显示企业的社会责任感，有利于企业与社区建立良好的关系，并获得广大社区公众的支持。

（4）有助于沟通和培养组织同公众的良好情感

通过赞助活动，组织可以在社会公众中树立威信，沟通和培养相互的情感，企业组织关心社会、承担社会责任的形象可以增进政府、社区及公众对其的理解和支持，为企业的生存发展提供可靠保障。

二、展览活动

展览也是一种常见的公共关系专题活动，是一种以实物、文字说明、图片、模型、幻灯片、录像等展示社会组织成果，树立社会组织形象的公共关系宣传活动。

（一）展览会的特点

（1）直观性

展览会是一种非常直观、形象的传播形式。它把实物直接展现在公众的面前，给人以真实的感受。展览会一般以展出实物为主，并以专人讲解和示范产品的使用方法等方式现场示范。随着科技水平的提高，各种新传播手段被应用到展览之中，能增强传播或广告的直观形象、生动的特点，吸引公众的注意，强化公众的记忆，加深公众的印象。

（2）复合性

展览的同时会运用多种传播媒介，交叉混合传播。以实物展出为主，配以文字宣传资料、图片、录像等。

（3）双向性

展览会为社会组织与公众提供直接沟通的机会，在展示自身形象的同时，搜集公众的反馈意见。许多参展组织既可以通过展览会塑造自己的组织形象和产品形象，也可以一举打开展品的市场。

（4）新闻性

展览会是一种综合性的大型活动，除本身自我宣传外，往往也能够成为新闻媒体追踪的对象，成为新闻报道的题材。通过新闻媒体的报道和宣传，展览会的宣传效应将大大增强。

（二）展览会的类型

展览会的类型很多，主要有五种。

（1）根据展览的内容不同，可以分为综合性展览会和专项展览会

综合性展览会是介绍一个地区或一个组织的全面情况，要求内容系统、重点突出。专项展览会则是围绕某一项目或某一专业、某一专题，要求主题鲜明、内容集中，有一定的深度。

（2）根据展览的性质不同，可以分为贸易性展览会和宣传性展览会

贸易性展览会的目的是做实物广告，促进产品销售。宣传性展览会又称展示性展览会，展出更多的是照片资料、图表和有关实物，目的在于宣传某一观点、思想成果和信仰等。

（3）根据展览的规模不同，可以分为大型展览会、小型展览会和微型展览会

大型展览会通常由专门机构主办，参展者报名参加，参展项目多，展览技术较高。小型展览会可由有关组织自办或某一单位主办，主要展示与本组织有关的主题或产品，如企业产品展览会。微型展览会则指本企业橱窗展览、流动车展览等，也称袖珍展览会。

（4）根据展览会的地点，可以分为室内展览会和露天展览会

大多数展览会在室内举办，但如花展、灯展、汽车展等，通常露天举办，称为露天展览。一般比较简便，费用少，但受气候影响大。室内展览会一般较为隆重，不受气候的影响，但布置复杂，费用较高。

（5）根据展览时间的长短，可分为长期性展览会、周期性展览会和一次性展览会。长期性展览会有比较固定或稳定的内容，如文物展览；周期性展览会是定期举行的；一次性展览会则是配合某一主题活动临时设计组织的专题性展览。

（三）展览会的组织与实施

（1）明确展览会的主题和目的，确定相应的展览方式、接待形式

每次展览会都应有明确的主题和目的，因为这是决定展览的内容、形式和对象的前提条件。

（2）指定总编，构思展览会基本框架

由指定的总编负责撰写展览会脚本，设计展览会徽标及主题画；选择好展厅，着手布置；总编讲明总体布局且负责衔接各部门的工作。

（3）明确参展单位和参展项目

可以采用广告和发邀请的形式组织参展单位，为有可能参展的单位提供展览会的宗旨、展出项目造型、展览会的要求和费用等基本资料，预测参观者人数及类型。

（4）选择时间和地点

时间上考虑展出内容的季节性和周期性，与重大社会活动时间的冲突性等；地点上考虑交通的便利性，展览场所的大小、质量、设施等；此外，还应考虑展览场所周围环境与展览主题的相互协调性问题。

（5）明确参观者类型和数量

在筹划展览会时，应较精确地估测参观者范围，以便确定展览的方式。

（6）选择并落实展览的有关资料及实物

各部分的编辑人员应根据展览大纲或总编的意图、思路搜集各参展单位的实物和文字、图片、录音、录像等宣传资料，并按要求完成设计创作任务。

（7）成立专门的对外新闻发布机构和接待机构，做好新闻宣传工作和服务工作

展览会中有许多具有较高新闻价值的信息资料可供公共关系人员发掘。这项工作应该由专门机构制订计划和组织实施，同时展览会中有领导、各参展单位的工作人员、参观人员参加，因此，必须同时做好各项服务工作，以扩大展览会的社会影响。

（8）培训参展工作人员

展览会的工作人员素质与技能对整个展览效果有重大影响，因而要对工作人员开展公共关系的训练，尽可能使之符合展览会的各种服务要求。参展工作人员包括讲解员、接待员、服务员等。

（9）展览会的经费预算

一般经费预算包括：场地使用费，内含各种设备使用费、能源费等；设计建造费，内含材料费；工作人员酬金，内含工资、津贴、差旅费；传播媒介使用费，内含电视、电子计算机、计算机软件、幻灯机、新闻广告等费用；宣传品、纪念品制作费用；交际联络费，内含举行招待会、购买茶点、接待宾客及交际应酬等费用；运输费；保险费；预备金等。

思政之窗

公共关系是一门很大的学问，也是一门艺术。每个人都是社会化的人，工作学习离不开公关，要想取得事业上的成功，必须在公关能力上下大功夫。这需要学生不断地学习公关理论知识，再在实际的生活工作中有意识地反复练习和运用。只有这样，学生才能在人际公关交往中游刃有余，最终顺利地达到公关的目标。

茅台酒的出名之道

背景与情境：茅台酒本来并没有什么名气。1915 年，厂家代表带它去参加在巴拿马举办的万国博览会。然而，人们对来自中国的茅台酒展位根本不屑一顾。展览的第一天，茅台酒基本无人问津。面对这样的尴尬局面，茅台酒展位的工作人员急得团团转，他们决心要扭转这种受冷落的状况。第二天的展览开始后，在人流达到最高峰的时候，工作人员急中生智，拿着一瓶茅台酒走到展厅中央，"不小心"将它打翻在地。顿时，整个大厅充满了茅台的酒香。参观展览的人立即被这从来没有闻到过的香味吸引，好奇地相互打听这是什么牌子的酒。茅台酒展览人员抓住这一机会，向参观者介绍茅台酒。很快，茅台酒展位吸引了大批参观者，随即引起整个展览会的轰动，新闻媒体也闻风而动，纷纷予以报道。结果，茅台酒在本次展览会上获得了金奖。从此，身价百倍。

思考：

（1）你如何看待茅台酒的出名之道？本案例中工作人员的这种行为可取吗？案例涉及本章的哪些知识点？

（2）本案例中，茅台酒厂家的行为体现了展览会的哪个特点？

（3）你能为当时参展的茅台酒设计出一个不一样的吸引参观者的方法吗？

第四章
公共关系工作

章前导读

组织的公共关系工作是针对组织的公共关系状况开展的。时期不同，组织的公共关系状况不同，公共关系工作的内容和方式也就有所不同。但无论哪个时期，组织开展公共关系工作的程序基本是一致的。

学习目标

知识目标

◆了解公共关系工作程序的相关概念。

◆了解公共关系调查、策划与评估的意义。

能力目标

◆学会公共关系调查的方法。

素质目标

◆培养学生运用公共关系自觉抵制庸俗关系的能力。

◆具备良好的工作素养，在工作时有耐心和亲和力。

思政目标

◆通过学习，学生能够积极地参与教学活动，树立精神气质和形象素质，大力宣传和普及公共关系学，促进全社会的人与人之间的关系和谐。

第一节 公共关系工作概述

一、公共关系调查概述

（一）公共关系调查的含义及意义

公共关系调查指运用定性和定量的研究方法，准确地了解公众对组织的意见、态度和反应，从中分析和确定社会环境状况、组织的公共关系状态及存在的问题，为组织制订切实可行的公共关系方案提供客观依据的实务活动。

公共关系调查是全部公共关系工作的起点，为公共关系目标的确立和公共关系计划的制订提供了基本依据，也为公共关系方案的实施提供了根本保证。具体地说，公共关系调查的意义包括四个方面。

（1）帮助组织检测环境

社会组织要运行得当，就必须准确地了解自己、了解自己运行的现实环境，尤其是现实环境中的公众。而通过公关获取大量信息，是了解自己与环境及其关系的最有效手段。对外部关系和环境的有效调查监测，无疑是有助于组织提高抵御各种风险的能力的。

（2）为组织决策提供依据

通过公共关系调查研究，能够及时掌握公众需求的变化特点，为组织制订各项行动计划和科学决策提供依据。只有依靠调查研究，才能有效地防止计划的盲目性和决策的任意性，避免主观主义和形而上学，提高组织的公共管理水平。

（3）促进组织改善管理，提高社会效益和经济效益

开展公共关系调查能够及时了解组织在市场竞争中的地位，通过对比调查，反映出综合管理水平上的差距，为提高组织的竞争能力和管理水平指明方向。特别是经济组织的经营管理，关系到消费者的利益，也直接关系到组织自身的生存和发展。对自身状况和市场环境的调查，无疑能够对生产经营起到监测和预警的作用，促进组织改进和调整，进一步提高经济效益。

（4）有利于良好组织形象的塑造

组织形象已成为社会组织的重要资源要素。扩大社会组织的知名度，提高社会组织的信誉度，塑造良好社会形象已成为现代组织追求的重要目标，而测定组织形象实际状态的公共关系调查，是形象建设不可或缺的基础工作。公共关系调查开展得越全面、越充分，社会组织形象建设工作就越具针对性，形象建设工作见成效的可能性就越大。

可见，公共关系调查在整个公共关系活动中起到举足轻重的作用。通过公共关系调查活动，组织能够认识自己，了解公众意愿，把握社会环境的发展趋势，为组织开展公共关系活动提供条件和基础，为组织制订公共关系计划提供科学依据。

然而，我们也应该认识到，公共关系调查不是万能的。由于社会环境和组织状态是受众多综合因素影响的变量，公共关系调查有可能只掌握部分信息，其他的信息可能未被认识或者被忽视，或许某些信息资料在当时根本就无法得到。即使搜集到的资料是相对完整的，公共关系调查也会因为不可避免地受到一些无法预测的因素的影响，而带有某种不确定性。从这个意义上讲，调查结论的准确性都是相对的。况且，公共关系调查并不能确保社会组织的决策就一定会成功，因为有准确的调查结果，并不等于有正确的决策。

（二）公共关系调查的内容

公共关系调查的内容主要包括四个方面。

1. 组织自身情况调查

（1）组织基本情况调查

关于组织基本情况的资料是一切公共关系活动的基本资料，是公共关系人员必须掌握的。无论是撰写新闻报道、举行记者招待会、制作公关广告、接待公众来访，还是开展其他公关活动，都离不开组织基本情况的资料。

组织基本情况包括组织的历史与现状、目标与宗旨、经营特色、产品类型以及组织的名称、识别的标志等。

（2）组织实力情况调查

组织的实力情况包括组织的物质基础情况、组织的技术实力情况、组织的财务实力情况和组织的待遇情况等。

2. 组织形象的调查

在商品经济充分发展的社会里，企业组织之间的竞争已经主要不是产品和价格的竞争，而是组织形象的竞争。谁能在公众心目中树立起良好的形象，谁就能赢得更多的顾客，赢得更多的投资者，赢得社会各界的合作与支持。

所谓组织形象，就是社会公众对组织的认识、看法和评价，一般包括组织成员形象、组织管理形象、组织实力形象以及组织产品形象等。

3. 公众状况调查

公众是公共关系活动的对象，公众对组织的态度和意见是一切公共关系活动的出发点。

（1）公众基本信息调查

掌握公众信息是开展公共关系活动的基础。公众基本调查要获取的资料有公众的籍贯、住址、文化程度、年龄、性别、家庭状况、经济收入等情况以及公众知晓社会组织基本职能、产品服务和方针政策的情况。

（2）公众意见调查

公众意见是社会公众对组织有关问题的反映以及形成反应的具体原因。公众意见调查一般包括公众对组织产品、组织服务质量、组织管理水平以及组织人员素质的评价等。

4. 组织环境调查

公共关系调查还包括调查与社会组织相关的各种社会环境状况，主要包括三大内容。

（1）法律政策环境调查

法律政策环境调查是指对一切同组织发展有关的中央、地方的各种法律、法规、政策的调查，企业组织应充分掌握诸如《中华人民共和国民法典》《中华人民共和国商标法》《中华人民共和国反不正当竞争法》《中华人民共和国劳动合同法》等法律的内容。

（2）竞争环境调查

竞争环境调查是调查竞争对手情况，了解竞争者的市场占有率、营销策略、市场优势，借鉴同行业各组织的成功经验，加强横向联系。

（3）社会环境调查

社会环境调查是指调查本社区的重大问题，了解社区的文化，包括社区的人口就业、生态环境保护、治安保卫、福利保障以及社区的风俗习惯、社区意识等。

 **知识链接**

"先搞清这些问题"

一家酒店新设了一个公共关系部。开办伊始，该部就配备了豪华的办公室、现代化的通信设备……但该部部长发现自己无事可做。后来，部长请来了一位公共关系顾问，向他请教"怎么办"。这位顾问一连问了几个问题：

"本地共有多少酒店？总床位有多少？"

"旅游旺季时，本地的外国游客每月有多少？我国香港、澳门、台湾的游客有多少？国内的外地游客有多少？"

"贵酒店的知名度如何？在过去三年中，花在宣传上的经费共有多少？"

"贵酒店最大的竞争对手是谁？贵酒店潜在的竞争对手将是谁？"

"去年一年中因服务不周引起房客不满的事件有多少起？服务不周的症结何在？"

对这样一些极其普通而又极为重要的问题，这位公共关系部部长竟张口结舌，无言以对。于是，顾问说道："先搞清这些问题，再开始你们的公共关系工作。"

问题：你如何理解公关顾问"先搞清这些问题，再开始你们的公共关系工作"这句话？

二、公共关系调查的方法

1. 文献调查法

文献调查法是一种搜集、保存、检索、分析资料的方法，分四步开展。

第一步是搜集资料。通过各种媒介搜集资料，剪裁、复制有关本组织的报道和文件。

第二步是建立文献分类检索系统。按资料的性质并根据一定的规则，将搜集的资料分类，以便查找。

第三步是资料存储。登记、编目、装订、归档资料。随着计算机的普及，它已成为存储资料的主要工具。计算机存储容量大、速度快，检索也更加方便。

第四步是资料分析。分析的方法主要有两种：横向分析法和纵向分析法。纵向分析法要回答：问题是怎么产生的？什么时候产生的？横向分析法要回答：问题产生的因素有哪些？它们之间是什么关系？例如，某电子公司公关部搜集了一些有关公司产品返修率升高的资料。纵向分析这些资料，就要回答：为什么最近公司产品的返修率升高了？是因为质量管理出现问题还是因为出现大量假冒伪劣产品？这种现象是什么时候出现的？持续时间有多久了？如果确定是质量管理出现问题，横向分析就要回答究竟是哪些环节或是哪些工序存在缺陷。

文献调查法具有便于研究人员确定选题，研究范围不受时空限制，研究过程真实性强、效率高、花费少，便于对调查对象做纵向分析等优点；其缺点是缺乏直观感，文献中往往带有作者的主观倾向，其非真实成分难以鉴别，文献资料落后于现实等。

文献调查法常用于社会调查的准备阶段和历史性调研课题。

2. 访谈调查法

访谈调查法是指调查者与被访者面对面有目的地谈话，以了解被访者的人格特征，对所调查内容的态度倾向等的方法。

访谈调查法可以分为结构式访谈和非结构式访谈两种。所谓结构式访谈，是指由访谈者按事先拟订好的提纲提出问题，被访者按问题要求逐一回答，通过有目的、有计划的提问搜集所需要的资料。它的优点是针对性比较强、调查的问题比较明确、节省时间；它的不足是由于所提问题的规范化程度比较高，可能会降低被访者合作的积极性或导致其采取敷衍的态度。所谓非结构式访谈，是指访谈者事先不定谈话的具体题目，有时甚至也不告诉被访者谈话的目的，而是在总体目标范围内采取自然交谈的方式。这样做的优点是谈话的气氛比较轻松，被访者可以坦诚地谈出自己的真实想法，但这种方法要求访谈者有较高的把握目标和掌握谈话技巧的能力。同时，这种方法对归纳和整理搜集的资料要求也较高。

访谈调查法可以涉及一个访问者和一个被访者，也可以涉及一个访问者和多个被访者。前者被称为一对一访谈，后者被称为集中小组访谈。在一对一访谈中，访谈者要注意不能给被访者任何压力和暗示，要使被访者轻松、自然地回答问题，而不能有意识地影响被访者的回答。标准的集中小组访谈通常涉及 8 ~ 12 名被访者。一般来说，小组成员的构成应该能反映特定细分市场的特性。被访者是根据相关的样本挑选出来的。小组讨论由 1 名主持人组织，主持人一般在 1 ~ 3 小时的讨论过程中试图发展起三个清晰的阶段：①与小组成员建立起融洽关系，设定访谈目标；②在相关领域激发热烈的讨论；③试图总结小组的各种反应，以确定小组成员在基本观点上的一致程度。

访谈调查法具有灵活、准确、深入及题目更具开放性、调查数据更具个性化等优点。其缺点是成本较高，缺少隐蔽性，受访谈者影响大，记录困难，处理结果较难。

3. 问卷调查法

问卷调查法是调查者用问卷控制式的测量方法搜集资料的一种调查方法。在公关调查中，人们常常采用问卷的形式开展资料的搜集和整理工作。问卷是一份精心设计的问题表格，用于测量公众的多种行为、态度和社会特征。

（1）问卷类型

问卷可分为开放式问卷和封闭式问卷两种。所谓开放式问卷，是指提出问题由被调查者自由回答；封闭式问卷，则是指事先编制了答题的选择范围及方式而不能自由回答的问卷。其主要形式如下：

①填空式，如：请问你家有几口人？_____

②是否式，如：你了解我们公司的某产品吗？了解_____不了解_____

③多项选择式，如：你购买某品牌手机的主要原因（只选一种）。

a. 质量保证；b. 价格合理；c. 功能齐全；d. 服务完善

一般来说，要以封闭式问题为主，辅之以开放式问题。因为封闭式问题具有作答方便、省时省力、资料便于统计分析等优点，适用于大规模的问卷调查；但难以取得丰富生动的资料，缺乏自发力和表现力，常常需要开放式问题补充。开放式问卷多用于探索式研究，给被调查者较多的创造和发挥的空间，可获得较深层次的信息，适用于定性研究；但答案非标准化，难以统计分析，而且作答的时间较长，容易引起被调查者的抗拒。

（2）问卷设计

问卷调查法的关键是问卷的设计。一份好的问卷设计要按步骤地回答六大问题。

①基本决定

A. 需要搜集哪些信息？

B. 向哪些人搜集信息？

②确定所问问题与内容

A. 这一问题确实需要吗？

B. 被调查者能正确地回答这一问题吗？

C. 是否存在外部事件使得被调查者的回答具有倾向性？

③决定应答方式或形式

这个问题是以自由回答式、多重选择式还是两分式的形式提出来？

④决定提问的措辞

A. 所用的词语是否对所有的被调查者都只有一种含义？

B. 问题中是否隐含任何的备选答案？

C. 被调查者能从研究者期待的参照体角度回答这一问题吗？

⑤决定问题的排列顺序

所有问题都是以一种合乎逻辑且避免产生偏差的方式排列的吗？换句话说，前后问题之间有没有相互矛盾的地方？

⑥预试与修正

最终问卷的确定是否取决于运用少量样本的预试？预试中的应答者是否与最后的被调查者相类似？

问卷调查法具有节省时间、费用和人力，调查结果容易量化，便于统计处理和分析，可以较大规模实施等优点。其缺点是调查问卷设计较难，调查结果广而不深、质量不能保证，问卷回收率难以确定。

问卷调查法通常适用于现实问题的调查、较大样本的调查、较短时期的调查、较大城市的调查、较高文化程度对象的调查。

4. 新闻调查法

新闻调查法是指调查人员搜集分析各种传播媒介出现的所有与组织有关的信息，间接了解公众的意见和态度，并由此研究影响公众意见和态度因素的一种公共关系调查方法。通过各种传播媒介可以搜集到有关本组织的情况、竞争对手的情况、市场情况等，它是有效地观察和了解社会的工具。

新闻调查法是利用别人的工作成果获取信息，因而信息源的代表性和全面性会受到限制。因此，在使用这些信息时，公关人员应注明这些信息的出处，以表明其信息价值的大小及信息的权威性。

5. 民意测验法

美国总统林肯曾经说过："民意就是一切。得到民意的支持，任何事情都不会失败。得不到它的支持，任何事情都不会成功。"可见，民意是组织决策的基石。

民意测验法是通过对需要了解的公众或其代表开展问卷调查，集中了解公众对组织的看法和态度的一种方法，是世界上十分流行的社会调查方法。

民意测验法的一般做法如下：

（1）做好民意调查的问题（问卷）设计。

（2）选择好调查对象（样本），要求具有代表性（随机抽样除外）。

（3）对调查者（访员）开展调查规范的培训，掌握一致的调查程序和比较成熟的调查技术。

（4）由调查者打电话（或面访或邮寄）给被调查者，询问他们对某一项公共议题或政治人物的表现的看法（如赞不赞成、满不满意）。

（5）由调查者或专家分析受访民众的意见分布情形（通常包括全体受访者对各个问题的支持或反对的百分比例，以及不同性别、年龄、受教育程度、党派或利益团体、行业、社会阶层等在各项问题上的意见分布状况），形成调查报告（初稿）。

（6）通过调查分析或专家研讨，发现调查缺陷，采取措施补充调查，弥补调查缺陷。

（7）修改、形成最终调查报告，分别形成对内宣传版与对外宣传版。

（8）对外发布调查结果（散发对外宣传版）。

6. 抽样调查法

抽样调查法就是通过调查同类组织的部分情况，以了解同类组织的整体情况，即依据一定的方法，从要研究的对象中选取有代表性的样本开展调查。抽样调查法包括随机抽样和非随机抽样。

公共关系调查

（1）随机抽样

随机抽样又称概率抽样，就是在抽取样本时，总体中每一个体被抽中的概率相等。该方法以概率为依据，能避免抽样过程中的人为误差，代表性最强。具体又分为简单随机抽样、分层抽样、系统抽样和多段抽样。

①简单随机抽样。该方法对总体中的所有个体按完全符合随机原则的特定方法抽取样本，日常生活中的抓阄、抽签等方法就是简单随机抽样。一般在总体异质性不是很大且所取样本数量较小时采用这种方法。

②分层抽样。分层抽样是将总体按观测单位的特征分成若干类别或层次，再按事先确定的样本大小及各层或各类在总体中所占的比例提取一定数量的基本单位。分层抽样和配额抽样的差别在于抽取样本时，分层抽样是随机抽取，而配额抽样是非随机抽取。

③系统抽样。系统抽样又称等距抽样，如调查总体为1000，抽取样本100，样本间距为10，从1000中随机抽出一个号码，以此为起点，每隔10个数就抽取一个号码，这就是系统抽样。如抽取的是1，样本就为1，11，21，31…直至抽满100个为止。

④多段抽样。多段抽样是将抽取样本的范围在总体内逐步缩小，直至最后在一个较小范围内提取样本。例如，以公司员工作为研究对象时，可以分四段抽样：第一段通过随机方法抽取某一公司；第二段通过随机方法从该公司中抽取某工厂；第三段通过随机方法从该厂抽取某车间；第四段通过随机方法从某车间中抽取某班组为调查单位。

（2）非随机抽样

非随机抽样就是调查对象被抽取的机会不均等的抽样方法。这种方法虽然排除不了调查者的主观影响，样本代表性不够精确，但由于操作简便、省钱省力，因而在公关调查中使用也较普遍。非随机抽样又分为偶遇抽样、判断抽样、配额抽样、雪球抽样。

①偶遇抽样。偶遇抽样指公关调查者将其在一定时间、一定环境内遇见或接触到的公众对象选入样本开展调查。比较常用的是"街头拦人"法，即在街头路口、车站码头等处拦住过往行人访问。

②判断抽样。判断抽样指根据调查者个人的知识和经验，确定要调查的公众对象样本。

③配额抽样。配额抽样即根据所有研究对象的某些特征（如年龄、性别、受教育程度、职业、收入等），将对象中所有个体分成若干类，再在各类中非随机地抽取样本研究，样本中各类所占比例与他们在总体中的比例是相同的。

④雪球抽样。雪球抽样即公关调查者先访问自己周围熟悉的公众对象，再访问由他们推荐和介绍的其他公众对象。以此类推，样本数越来越多，像滚雪球一样，越来越接近公众对象总体。

第二节　公共关系工作的基本原则

一、目的性原则

公共关系策划要有明确的目的，不可无的放矢。

 知识链接

> 2001 年，为申办 2010 年世界博览会，上海市政府在大量调查研究该项目的基础上，策划了专项公共关系活动。该活动的公关目标："塑造上海国际大都市形象，展现上海魅力，最终夺取 2010 年世博会主办权。"由于目的明确，具体项目的开展就有了依据。

二、整体性原则

公共关系策划必须深谋远虑，纵观全局，要考虑社会利益、局部利益和全局利益等。

三、创新性原则

公关策划要求有新颖独到的创新思维和科学的操作规划，勇于创新，还要具有实用价值。例如，某品牌汽车商根据电话号码抽出 50 位幸运儿，在不通知的情况下上门赠送轿车。如果幸运儿想得到这部车，必须事先在自家门口贴上该品牌汽车的广告，否则将失去机会。人们为了有机会获得轿车，都争先恐后地在自家门口贴满了广告，大街小巷就成了该品牌汽车广告的海洋。

四、可行性原则

公共关系人员在策划活动之前，一定要做可行性分析，以确保公共关系活动的顺利进行及组织目标的达成。

思政之窗

在社会飞速发展的今天，人与人之间、社会组织与社会组织之间、社会组织与个人之间的联系日益广泛、复杂化。尤其是大学生，要随着国家的开放增加校际交流，联系日益广泛。社会组织行为方式和关系状态发生了巨大变革，必须转变传统的、狭隘的、落后的关系观念。如果能有效地运用公共关系，就可以拓展合作关系，加强竞争能力。公共关系学构建了一些基本观念和技巧，有利于人们适应社会，协调各种关系。

案例思考

索尼为什么被骂"滚出中国"？

背景与情境：来自日本的索尼，在中国被骂了。

2021年6月30日，索尼中国发布了一条微博："2021.7.7 22：00 新机将至，敬请期待～"微信公众号上也有相关宣传。中国人都知道，1937年7月7日是"七七事变"的日子，开始的时间就是晚上10点。

当时卢沟桥的日本驻军在未通知中国地方当局的情况下，径自在中国驻军阵地附近举行所谓的军事演习，并诡称有一名士兵失踪，要求进入宛平县城搜查。被中国驻军严词拒绝后，日军随即向宛平城和卢沟桥发动进攻。"七七事变"是日本全面侵华战争开始的标志，我国国土沦丧，民不聊生。如今，每年的7月7日，全国各地都会举行祭奠先烈、勿忘国耻的纪念活动。这个日期，可以说是深深地刻在中国人骨子里的。

作为一个日本企业，索尼竟然将新品发布会定在这一天，甚至还精确到了小时，不免让人怀疑是在故意挑衅。更恶劣的是，索尼中国官方微博还把评论给关了，这说明索尼不愿被批评、不愿被公众监督，根本不把中国消费者放在眼里。

事情发生后，在中国网友的大规模谴责下，索尼才先后删除了官微、微信公众号的宣传内容，但保留了推特上相关的内容。同时，索尼中国还发布了一篇道歉声明，表示由于工作安排不周，在日期选择上给公众造成误解和困扰，对此深表歉意，并第一时间取消相关活动安排。索尼的道歉用"工作安排不周"来含糊其词，这种轻描淡写的发声毫无诚意可言。

其实，2020 年 7 月 7 日晚上 10 点，索尼就在微信上推送了一条关于大师镜头新品的推文：2020 年 7 月 7 日 22：00，索尼（中国）有限公司正式发布首支 12 ～ 24mm 超广角变焦恒定 F2.8G 大师镜头 FEl。只不过，这件事在当时没有引起轩然大波。索尼一而再地犯下同样的错，就是在不断试探中国消费者的底线。

索尼将新品发布会定在 7 月 7 日的行为很难让中国人认为是巧合，已经严重伤害到了中国人的情感。再加上中日关系一直都是很敏感的话题，索尼缺乏诚意的道歉可以说是完全徒劳的。网络上，对索尼的谴责声此起彼伏。不少网友表示，索尼为什么不把新品发布会的日期定在 8 月 6 日、8 月 8 日、8 月 9 日、8 月 15 日、9 月 2 日当中的一个呢？这些日子可都是日本历史上的重要日子。

思考：

（1）本案例中存在哪些思政问题？

（2）试对上述问题做出你的思政研判。

（3）说明你做思政研判的依据。

第五章
公共关系的战略分析

► 章前导读

公共关系旨在协调公众关系，塑造品牌形象，为企业的发展创造良好的外部环境。策划公共关系的前提是分析战略环境，熟悉宏观环境和微观环境的特性；基础是分析战略能力，熟悉企业自身的总体实力。公共关系策划立足于外部环境和企业战略能力两个维度，创造性地思考公共关系创意，规划公共关系战略方案，使公共关系于外而言具有合法性，于内而言具有正当性。

► 学习目标

知识目标

◆ 了解公共关系战略环境分析的外延。

◆ 理解公共关系在核心竞争力建构中的作用。

◆ 掌握 SWOT 分析法的用途。

能力目标

◆ 熟练运用 SWOT 分析法。

素质目标

◆ 努力学习现代科学文化知识和专业技能，提高文化素养。

◆ 具备理性判断与灵活应变的能力，能够看清局势并做出合理方案。

 思政目标

◆自我认识一定要全面、客观、深刻，绝不能规避缺点和短处。"当局者迷，旁观者清。"尽量多参考父母、同学、朋友、师长、专业咨询机构等的意见，力争对自我有一个全面的认识。

第一节　公共关系的战略环境分析

策划公共关系需要战略思维，熟悉外部环境，"不谋全局者，不足谋一隅"。企业的外部环境包括宏观环境和微观环境两个方面：宏观环境的最宽界限是全球，最窄指向是目标市场环境，主要涉及政治、经济、社会与文化、技术四个维度；微观环境涉及行业经济特性、行业生命周期和行业竞争结构等。只有从全局角度思虑公共关系，才能明确公共关系的总体目标和方案，具体目标和具体方案才会有明确的指向和着落。

一、社会宏观环境分析

社会宏观环境分析首先需要分析全球环境，因为经济全球化已经成为主流趋势，但是重点依然是立足企业自身发展需要，分析本国的宏观环境。分析宏观环境，一般采用PEST分析模型（图5-1）。

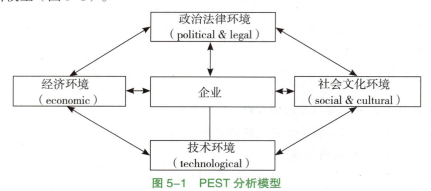

图 5-1　PEST 分析模型

PEST 分析模型的基本内容是：企业的发展受制于政治法律环境、经济环境、社会文化环境和技术环境，同时又反作用于这些外部宏观环境因素；外部宏观环境因素彼此相互作用；企业、政治法律环境、经济环境、社会文化环境和技术环境交互影响，组成一个有机的生态系统。公共关系是在这种生态系统中推行的，只有适应生态环境系统，才能实现预期的目标。运用 PEST 分析模型，有助于明确外部环境的影响作用，找出影响公共关系的关键因素和公共关系创新的驱动力。

政治法律环境对公共关系具有显著的制约作用，对公共关系的影响具有直接性、难以预测性和不可逆转性的特点。直接影响公共关系的政治和法律因素主要有国家意识形态、国家政治制度、政党制度、法律法规、基本国策、行政政策与行政行为等。鉴于政治法律的权威性和特殊性，一般宜向政府主管官员、政府决策咨询专家、社会活动家和法律专家求教。

经济环境是指企业在经营管理过程中面临的各种经济条件、经济特征、经济关系等客观因素，包括社会经济结构（特别是产业结构、分配结构、交换结构、消费结构和技术结构）、经济发展水平（特别是国内生产总值、国民收入、人均国民收入、经济增长速度）、经济体制和经济政策（特别是国家经济发展战略和产业政策、国民收入分配政策、价格政策、物流政策、金融货币政策、工资政策、对外贸易政策等）。经济环境具有不确定性特点，因而为了准确了解经济环境对公共关系的影响，宜求助于专业咨询机构。

社会文化环境是指一个国家和地区的民族特征、文化传统、生活方式、消费习惯、价值观、宗教信仰、教育水平、社会结构、风俗习惯等。

技术环境是指一个国家和地区的科技水平、科技力量、科技体制、科技法律法规与政策、科技产业、科技优势与传统、新产品开发能力和技术发展动向等。

二、行业特性分析

公共关系的最终目标服务于企业的经营行为，策划公共关系必须熟悉行业的特性，否则即便富有社会责任内涵的公共关系，也将无助企业的发展，自然会丧失存在的正当性。行业特性分析主要包括行业生命周期分析、行业吸引力分析、行业经济特性分析和行业变革驱动因素分析四个方面。

（一）行业生命周期分析

行业生命周期是指一类产品从研究开发、投入生产、进入市场直至在市场上消失，被另一类产品代替的过程。根据产品的市场销售增长率和获利能力，产品生命周期一般分为导入期、成长期、成熟期和衰退期四个阶段。导入期的行业具有市场增长率不高、市场规模有限、技术变动大、产品开发不稳定、产品品种有限、产品质量不稳定、产量低、成本高、销售价格高、获利性不确定、管理水平低、缺资金也缺市场、缺熟练员工等特点。进入成长期，产品有市场，销售量猛增，商品市场增长率高，市场规模显著趋增，技术趋稳，产品开发容易，产品品种趋多，获利性高，生产人员和销售人员大增，企业规模迅速扩大，初步拥有市场地位，但结构脆弱，人才短缺，人员队伍跟不上行业发展的需要。成熟期的行业，商品市场增长率不高，但市场规模大、技术成熟、企业规模、市场规模、技术状态、经营能力、赢利能力和社会声誉均进入最佳状态，但产品开发变得困难，产品品种繁多，获利性趋降，不知不觉之间患上自傲、沟通不畅、官僚主义、创新弱化等大企业病，容易

坠入"水煮青蛙"的陷阱。行业处于衰退期时，商品市场增长率、市场规模和获利能力均显著下跌，销售与利润大幅度下降；产品品种越来越少；设备工艺落后，产品更新慢；负债增加，财务恶化；员工队伍涣散，不公平感增强，职场期望值下降；企业氛围暮气沉沉，企业只有衰亡或转型两种选择。

行业生命周期理论对策划公共关系具有重要的指导作用。行业处于导入期时，应该增加投资，在加强科研的同时，强化公共关系的推介力度，开展消费教育，引导公众逐渐了解产品的性能和功效，建立行业开拓者形象。行业处于成长期时，企业应该根据"自己赢利自己发展"的机制，从商品盈利中安排专项资金用于公共关系，继续加大公共关系传播，建立行业领导者形象，尽量提高商品的市场占有率。行业处于成熟期时，企业不必再投资，而应加大市场回收力度，以增强企业的获利水平，但仍需要进一步加强公共关系，借助公共关系力量，壮大行业市场需求规模，维持并提高市场占有率，强化行业领导者形象，提高品牌忠诚度；同时，开启公共关系创新机制，传播企业的前沿思考与革新探索的信息，塑造学习型组织形象。行业处于衰退期时，企业应加速市场回收进程，并计划退出市场，因而公共关系也宜转型，偏向巩固品牌忠诚度。

知识链接

行业生命周期理论的核心启示是：导入期、成长期、成熟期和衰退期的市场经营情形不尽相同，策划公共关系的基点发生了相应的变化，公共关系策略当然也要各有特色。

（二）行业吸引力分析

行业吸引力分析主要是判断某行业利润率高于还是低于本国各行业的平均利润率，如果高于，则被认为具有吸引力。行业利润一般取决于三个因素：能否为顾客创造价值、竞争激烈程度、企业在产业价值链上讨价还价的能力。分析行业吸引力，主要分析：行业是否具有成长潜力；风险是什么；当前的竞争态势能否带来足够的盈利；行业的竞争力量会增强还是减弱；企业处于什么样的竞争地位；继续参加竞争能否保证利润；等等。

（三）行业经济特性分析

行业经济特性分析主要是找出影响行业经济特性的因素。一般来说，影响行业经济特性的因素主要有行业的市场增长速度、市场规模（即判断某行业是大市场还是小市场）、行业竞争范围（判断是国际化竞争还是本土性竞争）、竞争厂商数量和相对规模、客户数量、行业赢利水平、进入与退出壁垒（进入壁垒高会保护现有企业的地位与利润，进入壁垒低则容易吸引新进入者，退出壁垒高则加剧行业竞争）、产品的标准化程度、资源条件、规模经济效应等。

（四）行业变革驱动因素分析

行业变革驱动因素是行业成功的关键因素，决定了企业的发展命运。找出行业变革的驱动因素，并在这些关键因素上加大投资，获得竞争优势，就意味着企业掌握了核心竞争力。

常见的行业变革驱动因素主要有行业长期增长率的变化、客户和客户使用商品方式的变化、产品革新、技术革新、营销革新、大厂商的进入和退出、专有技术的扩散、行业的全球化进程、成本和效率的变化、政府政策的变化、社会关注点和生活方式的变化、不确定性和商业风险的变化等。相对某个具体行业来说，变革驱动因素一般不超过四个。

策划公共关系需要具备行业意识。行业生命周期方位、行业吸引力、行业经济特性和行业变革驱动因素，不仅规范了公共关系的目标与方向，而且制约着公共关系的规模与未来。高速发展、富有吸引力的行业的公共关系，对任何从业者来说都是一笔宝贵的财富。公共关系市场规模大，创意机会多，也容易赢得公众的关注，所以策划公共关系时可以尽量涉足社会民生领域，从事公益赞助和慈善捐助，塑造家国情怀形象；大胆聘请一线明星担当品牌形象代言人，策划邀请明星出场助兴，借助明星效应扩大品牌影响力；尽心策划整合性的媒介传播阵势，实现主流媒介与新媒介的同步共振，创造良好的舆论环境；豪迈地提供公共关系礼品，创造万人空巷的活动效果。

三、市场竞争结构分析

公共关系强调战略思维，也就必然强调竞争思维。从词源上看，"战略"一词来自军事领域，本义是将军指挥军队的艺术，极具对抗性、竞争性。公共关系的直接动机是增强企业的市场竞争力。策划公共关系暗含着竞争的意图。早期的竞争是零和博弈，一方得到的份额恰恰是竞争对手失去的份额。现在强调利益共同体，讲究竞合，强调竞争中有合作，合作中有竞争，共同做大市场。但是，在某个固定的时空，终究还是存在竞争的。当然，今天的竞争从内涵上看已经不仅仅是同行的竞争，还包括供应商、购买者的议价压力。策划公共关系不仅应该牢记竞争的本意，而且还要拓宽对竞争对手的理解。在这方面，迈克尔·波特提出的竞争结构模型（图 5-2）颇有启迪价值。他认为，竞争结构由现有同行竞争者的竞争、潜在入市者的威胁、替代品的威胁、供应商的议价能力和购买者的议价能力构成，任何行业的竞争态势都是这五种力量共同作用的结果。

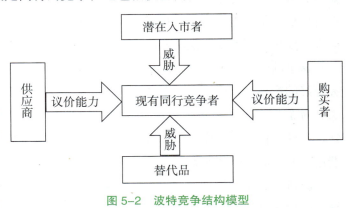

图 5-2 波特竞争结构模型

面对同一个市场，为了提高市场占有率，现有同行往往围绕产品性能与品质、价格、

新产品开发、服务质量、品牌形象、渠道便捷性等，通过创造差别化优势开展激烈的竞争，这就是商场如战场的缘由。同行竞争的激烈程度取决于行业集中度、市场需求的增长速度、现有竞争者的数量与规模、竞争者对其市场地位的满意度、产品特色、用户的转换成本、企业固定费用和库存成本的高低、行业生产能力、退出壁垒的高低等因素。

有潜在入市者对顾客而言是一件好事，但往往会威胁现有企业，产生来者不善、善者不来的竞争压力。行业进入壁垒与现有厂商的预期反应，将影响潜在入市者的愿望。进入壁垒高，现有厂商的预期反应大，潜在入市者就会产生惧怕心理；进入壁垒低，现有厂商的预期反应小，潜在入市者将会有恃无恐；进入壁垒高而现有厂商的预期反应小，或者行业进入壁垒低但现有厂商的预期反应大，潜在入市者则比较慎重。行业进入壁垒往往取决于规模经济、商品差异化程度、资金需求、资源供应、销售渠道、员工经验、法规政策等。进入新行业，一般需要大规模投资，追求规模经济效应，这样才能获得质量优势、价格优势、技术优势、市场优势，否则初期就会遭遇亏损。

替代品是指与现有产品与服务的功能相同的产品与服务。公众一般倾向追求更好、更具性价比的商品，而现代科技又恰好能够不断推出新材料、新技术，加上社会倡导的"资源有限、创意无限"，鼓励创新，这样，有市场需求，有技术可能，企业家在赢取竞争优势的冲动支配下，不断推出新式产品与服务，替代品层出不穷。替代品替代现有商品与服务的途径有相同功能替代、多种功能替代、新功能替代、回收品替代、上游产品替代和升级产品替代等。替代品能否真正威胁现有商品与服务，主要取决于替代品在性价比上与现有产品相比是否具有比较优势，也与用户转换成本大小和有无使用替代品的欲望有关。

供应商是企业的上游合作者，因为存在利润分割问题，为了争取最大化的利益，也会以提价、限制供应、降低质量等条件向企业施加压力。如果供应商集中程度高，或者供应资源具有稀缺性与不可替代性的特点，或者供应资源对企业来说相当重要，就表明供应商拥有讨价还价的能力。为了化解其议价能力，企业应与主要供应商建立长期合作关系，同时也不要过分依赖某个供应商。

这里的购买者主要指下游企业，他们倾向于购买品质更高、质量更好、价格更低、服务更好的产品，这必然会降低企业的利润。从这个角度看，购买者也是企业的竞争者。购买者对企业的竞争也表现为议价能力。购买者的议价能力主要取决于产品对购买者的重要性、产品的标准化程度、购买者对产品的满意程度与偏爱程度、购买者的集中程度与转换费用、购买者的赢利能力，以及购买者掌握行业信息的程度。

波特的竞争结构理论，提示公共关系需要具备360°的全方位竞争维度观念，从而引导企业树立科学的竞争压力观，变压力为动力，利用压力壮大实力，培育核心竞争力，从根本上增强企业的竞争实力。

第二节 公共关系的战略能力分析

市场规模无限大，企业活力更无穷，公共关系当然要有宏大的目标追求。但是，古人告诫"度德而处之，量力而行之"，过分心急可能适得其反。根据市场环境，立足企业自身条件，量力而行、尽力而为，才是公共关系的王道。

一、战略能力分析的对象与目的

（一）战略能力分析的对象

运作公共关系的前提是了解企业的战略能力状况，否则即便公共关系富有创意，与企业战略能力相比仍缺乏匹配性，也就没有实际意义了。企业的战略能力是指企业基于资源状况形成的生产能力、营销能力、财务能力和组织能力。战略能力分析就是摸清家底，对企业的资源状况与能力状况做到知根知底。

1. 企业资源评估

企业资源是企业静态层面的实力。评估企业的资源，可以重点从五个方面着手：一是企业的实物资源，如厂房、机器设备、矿山、原料、地理位置等；二是企业的人力资源，包括员工数量与质量结构；三是企业的财务资源，如资本金、股票、银行存款等；四是企业的无形资产，如品牌价值、客户网络、交易网络等；五是企业有无核心资源。核心资源是企业发展需要的有价值的、稀缺的、他人不可完全模仿也不能被完全替代的资源。拥有核心资源，企业的实力就会陡增。

评估企业资源，不是财产登记工作，需要根据企业专项资源的内在特性和市场影响能力，制定评估表和权重系数，逐项打分，然后统计。由于理解上的差异，评估指标体系不尽相同。以品牌价值评估为例，美国"世界最有价值品牌评估公司"和"国际品牌公司"评估量表就很不相同，具体见表5-1和表5-2。

表5-1 美国"世界最有价值品牌评估公司"评估量表

评估项目	评估指标	权重
领导能力	商标影响市场的能力	0.3
稳定性	商标的生存能力	0.1
市场环境	商标交易的市场环境	0.05
国际性	商标越过地理和文化边界的能力	0.1
趋势	商标对本行业发展方向的影响力	0.1
法律支持	商标交流的法律有效性	0.1
金融支持	商标获得投资的支持能力	0.25

表 5-2　美国"国际品牌公司"评估量表

评估项目	评估指标	权重
量度	该品牌在同类产品中占的市场份额	0.35
宽度	该品牌对不同年龄、性格、国籍的人们的吸引力	0.3
深度	该品牌消费者的忠诚程度	0.2
长度	该品牌超越该类产品原有吸引力的程度	0.15

2. 企业能力评估

企业能力是动态层次上的企业实力，主要包括生产能力、营销能力、财务能力和组织能力。

生产能力是企业设备能力、人员能力、管理能力、设计能力、调查能力和计划能力的综合表征，评估重点可以从正常生产能力和最大生产能力两个角度开展。具体评估指标包括：原材料成本，原材料的供应情况，与供应商的关系；存货控制系统效率，存货周转情况；生产设施布局及利用效率；对分包方式的利用情况，开展纵向联合的情况，联合的附加值及利润额；企业设备效率与成本效率，操作控制程序，生产日程安排的合理程度，采购管理问题，质量管理工作的效果；与产业平均水平和竞争对手相比较的相对成本和技术竞争力；研发与技术创新情况等。其中，生产环节的评估最直接，其评估内容可以细分为六个方面：①厂区布置是否合理，即从方便、安全方面判断厂房安排、部门分配、动力照明系统、给排水系统、运输道路以及三废处理设施的布置等方面的合理性；②生产工艺是否科学；③生产工序是否科学，是否符合人体运动工程学，是否省时，是否可减少生产动作等；④生产效率是否达到最佳状态，包括员工能否保持较高的工作热情，操作动作是否规范，机器设备利用是否充分等；⑤生产质量是否有可靠的保证，看企业是否建立起切实可行、持久贯彻的质量管理制度、质量检验办法，员工是否具备强烈的质量意识等；⑥生产管理是否符合科学要求。

营销能力是企业借助市场渠道把产品销售给顾客的能力。由于企业的生产能力得到大幅度提高，如何把产品销售出去成为企业最重要的问题，营销能力变得十分重要。营销能力主要表现在五个方面：一是企业感知市场、联系市场和战略思考的能力；二是企业市场定位、市场选择的能力；三是接触顾客和管理顾客关系的能力；四是销售、促销、广告传播、公共关系的能力；五是整合线上营销与线下营销、促成电商网红的能力。

财务能力是企业开展资本管理和财务运作的能力，主要表现在四个方面：一是财务管理能力，涉及财务决策、财务控制、财务规划、财务创新等方面；二是财务活动能力，如筹资能力、投资能力、资金运用能力；三是财务关系能力，即平衡股东、债权人、员工、政府等利益相关者之间财务关系的能力；四是财务表现能力，主要涉及企业赢利能力、偿债能力、营运能力和成长能力。

组织能力是企业的组织架构建设与协调运转能力，是基于组织结构、业务流程、管理制度、企业文化而展现的活动能力。

小贴士

在企业运营中，企业资源与企业能力构成了企业形象定位和目标公众定位的根本基石。唯有深入了解和掌握企业的内在实力和条件，方能确保公共关系策略与企业实际需求的高度契合，进而实现有效匹配。

（二）战略能力分析的目的

企业战略能力的分析，表现为通过资源评估和能力评估，了解企业现有资源及利用情况，了解资源的平衡性和应变力，了解资源与战略之间的适应性，找出企业的优势与劣势，根本目的是确认并培育企业的核心竞争力。

核心竞争力是企业特有的能为顾客创造特殊价值，使企业在某一市场上具有持续竞争优势的内在能力资源，是企业内部一系列互补的技能和知识的有机整合，能够确保企业一项或多项业务达到行业一流水平，包括技术方面的核心竞争力和管理方面的核心竞争力。核心竞争力指向业务的关键成功要素，使企业既能为客户创造更多、更持久的价值，更好地满足顾客对商品质量、创新升级、价格、品种和服务等方面的需要，同时又能为自身创造最佳效益，具有价值性特点。核心竞争力能够保证企业在行业内处于引领地位，比竞争对手更好、更强，具有优越性特点。核心竞争力是竞争对手很难模仿且不可交易的能力，难以转移，难以复制，具有独特性特点。核心竞争力必须为企业所有，能够保证企业获得相应的租金，具有占有性特点。核心竞争力能够应用于企业的多种产品和服务领域，具有延展性特点。此外，它是企业科学技术、制造技术和工艺技术的有机整合，具有融合性特点。

公共关系应该主动对标和服务于核心竞争能力，为核心竞争力的发展创造良好的条件，做好四项工作：第一，开展内部公共关系，增强员工的凝聚力和向心力，为核心竞争力的发展奠定扎实的组织基础；第二，概括核心竞争力的责任品质，即通过文献资料的梳理，发掘其中蕴含的企业使命与担当故事，提炼核心竞争力的境界理念；第三，收集相关顾客的评价和行业发展资讯，为核心竞争力的创新与发展提供咨询建议，确保核心竞争力的永续性；第四，传播核心竞争力，即运用创意手法，构思核心竞争力的呈现话语，创作展现核心竞争力的整体形象广告，围绕核心竞争力策划新闻传播，提高核心竞争力的知晓度，扩大核心竞争力的市场影响力。

二、企业战略能力分析的理论模型

在深入研究企业战略规划的过程中，众多学者从企业和市场两大维度出发，进行了模式化的探索工作。这些探索为分析规划企业战略提供了独特的视角，也为公共关系在企业战略中的角色定位提出了思路。

SWOT 分析法

（一）SWOT 分析法

斯提勒认为，制定企业战略关键在于根据企业自身的优势（strengths）和劣势（weakness），找出市场环境蕴含的机会（opportunities）与威胁（threats），从其象限中寻找出基本的发展方向，如图 5-3 所示。

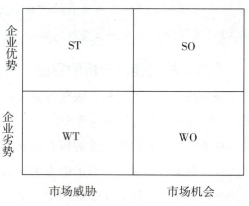

图 5-3　SWOT 分析模型

在 ST 象限，企业拥有较大的竞争优势，但面临的是市场威胁。企业应该采取收割型战略和多样化战略，重点是制定周密的防范措施，削减成本，减少对某一特定经营部门（如一个战略经营单位、业务分部）或特定商品与品牌的投资，以消除来自环境的危机，清除发展障碍。与此相关，公共关系宜采用收割型策略，频繁策划促销型公共关系活动，开展公共关系营销，引导公众大批量购买商品，尽快最大限度地获取市场利益。

在 SO 象限，企业拥有竞争优势，面临的是良好的市场机会。企业应当采取增长型战略，包括集中化策略、中心多样化策略、垂直一体化策略，重点是制订可行的方案，尽快推出商品，严格控制成本，以价格优势迅速占领市场，建立技术领导者形象和市场领先者形象，使企业的增长速度高于商品所在区域市场的增长速度，获得高于平均水平的利润幅度。因此，公共关系宜采用进攻型策略，通过知识营销活动和新闻传播，积极创造市场需要，强化企业的市场领导地位。

在 WT 象限，企业在竞争中处于劣势，市场给行业的发展设置了障碍。企业应该采取较保守的防御型战略，强调专业化、低成本，利用价格和服务，避开威胁并逐渐消除劣势，有步骤地从目前的市场领域和基础水平收缩，必要时应该尽快撤出市场。与此相关，公共关系宜采用紧缩战略，侧重品牌传播，巩固公众的品牌忠诚度，为企业的转型发展创造品牌条件。

在 WO 象限，企业没有竞争优势，但市场为行业的发展提供了良好的机遇。企业应该采取扭转型战略，在弥补内部劣势的同时，最大限度地利用外部环境的机会，经营战略的重点是积蓄实力，以图未来。与此相关，公共关系宜采用稳定型战略，即追求与过去绩效相同的公共关系目标，保持此前的风格与节奏，开展与过去主题与规模大致相同的公共关系活动。

（二）价值链分析法

价值链分析法（图5-4）是迈克尔·波特于1985年提出的。波特把价值链界定为企业研究开发、采购、生产、营销、服务、人力资源管理等价值活动的集合体。此分析法分为两种不同类型的价值活动，即基本活动和支援活动，每个行为都对最终产品价值有所贡献，都是价值行为，是企业竞争优势之所在，是企业利润的来源。但是，不同类别的价值活动创造的价值是不同的，应排除不能创造价值的行为。

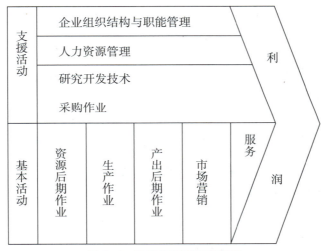

图5-4　波特价值链分析模型

根据价值链分析模型，可以分析哪些价值活动应该自己做，哪些价值活动应该别人做；哪些价值活动自己做有利，而别人做不利；哪些价值活动自己做不利，而别人做反而有利。这个分析模型对理解企业成本变化及其原因具有参考作用，有利于企业根据自身条件，找出对顾客最有价值，企业最有优势的活动，加以改进提高，从而提高企业的竞争力。

公共关系肩负外脑咨询的重任，需要为决策层提出建议。价值链分析模型在公共关系咨询决策方面具有特别重要的作用，由此得到的启示是有所为，有所不为。公共关系应该基于内外信息的全面把握与综合分析，帮助企业找准并做强自己的核心优势价值行为，同时列为公共关系传播的重点话语内容，塑造企业的特色形象；协助企业建构战略联盟队伍，把不能创造价值却又不可或缺的经营行为，以业务外包的形式交由合作者经营，塑造企业的利益共享形象。

（三）BCG 矩阵分析法

BCG 矩阵分析法由波士顿咨询公司（Boston Consultant Group）的创立者布鲁斯·亨德森提出。波士顿咨询公司认为："公司若要取得成功，就必须拥有增长率和市场份额各不相同的产品组合。组合的构成取决于现金流量的平衡。"BCG 矩阵分析法以企业产品的市场占有率和行业的成长性（往往表现为销售增长率）为轴线，设计出矩阵图，借此判断产品的现有方位，提出相应的对策，其模式如图 5-5 所示。

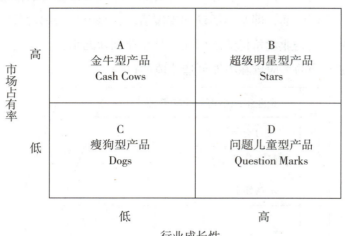

图 5-5　BCG 矩阵分析模式

A 状态表明企业的产品市场占有率高，但成长性差，属于金牛型产品，是企业的"现金提供者"。产品的市场占有率高，说明其短期获利能力非常强，利润和现金产生量比较高，而成长性差意味着其对现金需求较低，所以是企业现金的主要提供者。企业的基本策略是不再对其开发投资，而应以有效的方式尽快回收市场利益，为企业赢得经济效益和开发问题儿童型产品的资金，同时准备在某一时期主动淘汰产品。此时，企业应该推行公共关系营销策略，不仅引导公众积极购买，扩大市场销售量，而且强化品牌影响力，为企业转型奠定品牌基础。

B 状态表明企业的产品在整个行业中处于主导或领先地位，而且行业颇有发展前途，属于超级明星型产品，产品销路好，获利丰厚，发展后劲足。为了保持其优势，企业应该加大投资规模，但资金应源于产品自身的市场盈利，企业资金的净收入不高。此时，企业不仅需要加强公共关系媒介传播，而且应不断开展公共关系活动，整合线上传播与线下传播的内容，以强势公共关系传播进一步激发公众的消费愿望。

C 状态表明企业的产品既无行业前途，又无市场占有率，属于瘦狗型产品，可能自给自足，也可能亏损。面对这种情形，企业应该尽快关闭生产线，积极筹备开发新型产品。为此，企业应该开展以提高品牌知晓度和美誉度为目标的公共关系传播，为企业转型后开拓市场奠定品牌基础。

D 状态表明企业的产品行业成长性高，但目前市场占有率低，属于问题儿童型产品，前途未卜。经过努力，这种产品可能成长为超级明星型产品，但稍有不慎，又可能成为瘦狗型产品。企业的对策是加大投资规模，加强新产品开发与市场开拓工作，以提高产品的市场占有率。相应地，企业需要开展推介型公共关系，重点向公众传播新兴产业的价值优势，在推动行业成长的过程中壮大企业的竞争实力。

（四）策略选择模式

策略选择模式是日本策划大师大前研一提出的，他以现有产品与创新产品、相对优势和绝对优势为轴线，区分后提出了四个基本策略，即利用策略自由度、利用相对优势、主动出击和集中关键因素。这四个策略的关联模式如图 5-6 所示。

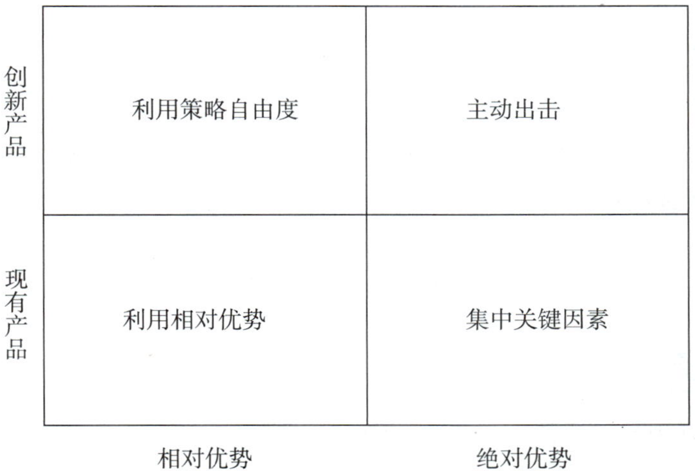

图 5-6 策略选择模式

利用策略自由度就是企业开发新的产品或开辟新的市场，创造出只属于自己的优势领域，谋取发展，但与竞争对手要避免正面竞争。公共关系应该重点传播创新产品，讲好技术创新的故事，塑造创新产品的替代者形象。

利用相对优势就是企业分析自己现有的产品与竞争对手的产品，找出两者的差异，以企业自身的相对优势与竞争对手展开竞争，但要避免正面竞争，因为相对优势只是局部优势。公共关系需要强调定位意识，开展错位传播，把企业的相对优势充分呈现在目标公众面前，塑造产品的性价比形象。

主动出击就是企业面临强大的竞争对手时，主动放弃原来的竞争领域，开发全新的产品，形成全新的竞争优势，主动与对手展开正面竞争。此时，公共关系充分传播企业不屈不挠的奋斗精神和坚强的意志，塑造凤凰涅槃、浴火重生的形象，同时积极开展知识营销活动，传播产品的技术革新故事，塑造创新产品的替代者形象。

其关键因素就是企业以现有产品为基础，找出影响竞争成败的关键性因素，并把企业的资源集中于关键性因素之上，创造出新的优势，与竞争对手展开正面竞争。公共关系应该讲好企业引导行业发展的故事，塑造企业的市场领导者形象。

大前研一的策略选择模式，虽然有避免正面竞争之嫌，但始终都强调进攻性策略，主张强化或者创新产品的优势，调整企业的现有实力，集中优势展开竞争，使企业凌驾于竞争对手之上，对强化公共关系的进攻性具有重要的应用价值。常言道，进攻是最好的防守。公共关系本质上是主动的，其核心动词塑造、策划、传播、创意、建构、管理等都含有明确的进攻色彩。即便是危机公关，也强调在应对的同时，追求化"危"为"机"，带有明显的进取意识。应该说，大前研一的策略选择模式的实质要求与公共关系是高度契合的。

竞争是个好东西，不仅能开拓市场，而且还能激活员工的进取意识。但是，采用正面竞争策略还是避免正面竞争，则要客观判断是否有优势，有多大的优势，否则就是鸡蛋碰石头。

公关意识是现代社会的一种文明观念，包括塑造形象意识、服务公众意识、真诚互惠意识、立足长远意识。在学习过程中，将具体的案例与基本理论相联系，使学生能运用所学的公关知识，主动武装自己、锻炼自己，迅速提高公关能力。

俄亥俄州牛排包装公司

在牛排包装行业中，传统的成本链包括在分布很稀疏的各个农庄和农场饲养牛群，将这些活牛运到劳动密集型的屠宰场，再将整块牛排送到零售商处，屠宰部再把牛排砍得小一些，包装起来卖给购物者。俄亥俄州牛排包装公司采用了一个完全不同的战略，改造了传统的价值链：建立大型的自动化屠宰场，并将屠宰场建在便于运输牛群的地方，在加工厂将部分牛肉砍成更小一点，而把数量会随之增多的牛肉块装盒，再装运到零售商那里。该公司的人认为，牛群运输费用在传统价值链下是一个主要的成本项目，但现在因减少了长途运输而大大减少了；同时，不再整块运送牛肉，也减少了高额的牛肉废弃，大大减少了出厂成本。该公司采取的战略非常成功，从而取得了美国最大的牛肉包装公司的地位，一举超越了先前的行业领先者。

思考

1. 根据以上案例说明分析俄亥俄州牛排包装公司的战略选择。

2. 如果你是俄亥俄州牛排包装公司的总经理，你将选择何种战略以做得更好？

第六章
公共关系广告

章前导读

　　今天，广告充斥生活的各个角落。在商品经济高度发达的社会，不管你是否愿意接受，我们每天都要接触大量的各种类型的广告。

　　广告对我们来说是一个既熟悉又神秘的事物。说熟悉，是因为接触得太多了；说神秘，是因为总是在不知不觉中被其影响和左右，广告的技巧和手法总是不停地创新，使人目不暇接。

学习目标

知识目标

◆了解公共关系广告的类型。

◆理解公共关系广告的概念及特征。

◆掌握公共关系广告的职能、原则。

能力目标

◆能够设计与制作公共关系广告。

素质目标

◆培养学生理论和实践相结合的能力。

◆具备灵活变通的能力和前瞻性。

思政目标

◆在市场经济大发展的今天，学生需要掌握一定的公关理论、公关技能技巧，以完善自身的公共关系素质，提高实际公共关系能力，积极参与一些社会活动，积累经验，为以后的公关工作打下基础。

第一节　公共关系广告概述

一、公共关系广告的含义

公共关系广告

"广告"一词的字面解释是广而告之，即向广大公众告知某种事物。它是外来语，20世纪初被引入国内。

关于广告的概念，国内外的权威机构、刊物和著作对其的定义不下几十种。目前比较一致的观点是把这一概念分为广义和狭义两种。广义的概念是广而告之的意思，如美国《广告周刊》的定义："个人、商品、服务、运动，以印刷、书写、口述或图画为表现方式，由广告者出费用进行公开宣传，以促成销售、使用、投票或赞成为目的。"狭义的广告则是指以赢利为目的的经济广告，又称商业广告，它的基本含义是"以说明的方式，有助于商品或服务销售的公开宣传"。

现代广告是随着以宣传产品和服务为主的商业广告发展的，然而，由于企业之间竞争的日益激烈和生产技术的日臻成熟，生产同类产品的企业之间在产品的质量、外观、成本、价格等方面越来越趋于一致。人们对产品的选择余地越来越大，除了考虑产品的价格、质量、外观、售后服务等因素，更愿意买自己熟悉和喜欢企业的产品。这样，企业的形象和知名度成了影响企业产品和服务销售的重要因素，企业更加重视能提升自身知名度的广告宣传。与此同时，企业在广告中开始大量运用公共关系技巧，树立企业形象，所以产生了以树立企业的良好社会形象为直接目的的公共关系广告。

公共关系广告是指经济单位通过购买大众宣传媒介使用权的方式，向大众宣传企业信誉、树立企业形象的一种广告形式。

知识链接

企业的公共关系广告与产品广告有明显的区别，表6-1可说明这一问题。

表 6-1　公共关系广告与产品广告的区别

项目	公共关系广告	产品广告
广告内容	与企业形象有关的信息	产品及相关的技术、服务
广告对象	公共与舆论	顾客及潜在消费者
广告目的	"爱我"：交朋友、树形象	"买我"：卖产品、做生意
广告效果	长远的社会影响	近期的市场效果
营销功能	间接促销	直接促销
传播色彩	公众色彩较浓	商业色彩较浓
影响模式	公众→企业→产品	公众→产品→企业
表现方式	客观性强，报喜也报忧	主观性强，只报喜

二、公共关系广告的意义

公共关系广告作为一种重要的广告形式，越来越受企业重视，原因在于公共关系广告具有多方面的无法替代的重要作用。

（一）树立企业形象，促进产品销售

在市场竞争中，当企业的形象成了决定产品销售的主要因素时，才产生了公共关系广告。因此，公共关系广告从产生开始，其目的就是推销企业的产品，而且很多企业把公共关系广告和产品广告合二为一。公共关系广告确实对企业树立良好的社会形象和推销产品起到了重要作用。以天津手表厂为例，20 世纪 80 年代初，该厂赞助了在沈阳举办的"海鸥杯国际女排邀请赛"。在其他同类产品滞销的情况下，当年仅在沈阳一地，该天津手表厂生产的海鸥表销量就比上年增加 30% 以上，多销售近 11 万块，增加盈利 21 万元。比赛期间，许多外商争相与天津手表厂洽谈生意，促进了该厂的产品出口。

美国《时代》周刊亚太地区经理桥本乡英概括了公共关系广告对企业信誉和产品销售的作用。他说："企业形象往往是最后购买决定的解铃者……如果企业形象被错误描述或被误解，那将是一个极大的危险……在今天高度竞争的社会里，你的企业声誉就是强有力的销售工具之一，它可以帮助你销售产品、达成目标、加强与消费者之间的联系。"

（二）提高企业信誉，吸引社会各界投资

在资本市场比较健全、投资主体多元化的情况下，能够左右公众投资意向的主要因素就是企业声誉。公众会根据企业声誉的高低，决定投资与否和投资多少。很难想象一个信誉卓著的企业会对投资者没有吸引力，也很难想象一个声誉低劣的企业会使众多的投资者竞相解囊。国外曾有人预言：假如有一天可口可乐公司遭受火灾，那么各家银行争相给可口可乐贷款将成为第二天的头条新闻。事实证明，公共关系广告可以为企业赢得大量投资。

（三）治理企业环境，为企业发展打下良好基础

无论是企业内部还是企业外部，都存在若干复杂的关系，这些复杂的关系构成了企业的内外部环境。从内部环境看，包括企业与员工之间的关系；从外部环境看，则包括企业和原材料供应商、协作商、销售商之间的关系及企业和银行、政府机构之间的关系。公共关系广告有助于这些关系的调整和改善。

从企业外部环境来看，公共关系广告吸引社会各界投资已成为一个改善外部环境的手段。通过公共关系广告，树立良好的企业形象，还可以使原材料供应商、中间商、零售商更愿意与本企业保持稳定的业务联系，结成更稳固的关系。这样一来，企业的发展就有了基础，效益就有了保障，也使与企业结成稳定的合作关系和供应关系的供应商、零售商等觉得有利可图。

就企业内部环境而言，企业和员工可以通过公共关系广告紧密地联系在一起，增强企业的向心力。利用公共关系广告宣传本企业的情况，既可以让员工了解企业的成就，也可以让员工了解企业的薄弱之处和不足，促进员工和企业之间互相沟通。日本丰田汽车公司的"丰田人"和"车到山前必有路，有路必有丰田车"的公共关系广告，使得每一个丰田员工从内心深处感受到作为一个丰田人的骄傲与自豪，增强了企业的凝聚力。

（四）为企业吸引人才

人才是决定现代企业竞争能力的主要因素，通过公共关系广告，树立企业良好的社会形象，对吸引人才具有很大的作用。在人们的心目中，经常做公共关系广告的企业必定实力雄厚，有前途，有发展的可能，更有员工发挥才智的机会，因而，人们更愿意进入这样的企业就职。

公共关系广告是企业获得消费者、投资者、政府及协作者的理解和支持的桥梁和纽带，是企业增强向心力的重要手段。公共关系广告把企业价值观、企业方针和企业精神巧妙地结合在一起，向社会公众传播，使企业形象悄然进入人们的心中。

第二节　公共关系广告的创意与策划

小小一则广告，一个画面，短短几行字，要想打动公众的心，引起共鸣，达到树立企业形象和推销产品的目的，可谓一担挑起千斤重。公共关系广告的创意与策划，就是使公共关系广告挑起这千斤重担的关键。它要求在制作广告之前，首先了解企业处境，再选择对象目标，然后进一步确定广告的主题、手法、媒介等。只有这样形成的公共关系广告，

才能起到应有的作用。

一、企业的处境分析

常言道，知己知彼，百战不殆，公共关系广告的运用也是如此。企业公共关系广告的创意与策划是从对企业自身状态的分析，即企业处境分析开始的。公共关系广告对企业处境的分析，主要是分析公众对企业的看法如何，进而通过公共关系广告，改变公众对企业的不良态度或模糊认识，强化公众对企业的良好印象（表6-2）。

表6-2　公众对企业当前的不良态度及转变情况

公众对企业当前的不良态度	通过公共关系广告要转变为
敌视	同情
偏见	接受
冷淡	兴趣
无知	熟知

企业处境分析的第一步是要发现和掌握公众的真实态度，一般可以通过两种方式获知：一是调查、访问，直接了解；二是从本企业的产品销售情况与同行的对比分析入手。前者比较准确，但费用较高；后者费用较低，但结论的准确性较差。

企业处境分析的第二步就是在获取公众对企业的态度后，弄清公众对企业持不良态度的原因，进一步寻找解决的办法。例如，速溶咖啡问世之初，销路打不开，产品不被公众接受，原因是在许多国家，一般家庭主妇把煮咖啡作为拿手厨艺，选用速溶咖啡会让丈夫觉得妻子偷懒或治家无方。针对这种情况，通过宣传，如举办品尝大会或宣传速溶咖啡省时省事、味道醇美，以改变公众的消费观念，使其接受这一产品。如果公众对企业的态度冷淡，如对保险公司不感兴趣，不愿购买保险，保险公司则可以通过公共关系广告，介绍公司的发展和规模，介绍保险事业对公众的好处，使公众产生兴趣。公共关系广告可以使公众对企业的了解从无知变为熟知。确定了企业的处境之后，就可以确定公共关系广告要完成的任务，做到有的放矢。

二、选择目标对象

企业要想通过公共关系广告转变公众的不良态度、树立良好的形象，就必须在公共关系广告活动中，选择好目标对象，即确定自己的广告是向谁宣传的，要影响哪一类人。这就需要细分公共关系广告的对象。与企业的产品广告的对象不同，公共关系广告的对象可以细分为八种。

（一）政府

政府既包括国家的中央政权机构，又包括地方政府。政府对企业同样有重要的作用，主要表现在两个方面：第一，政府是法律的制定者，尤其是反垄断法，对一些大型企业有重要的制约作用。企业在迅速发展时期，可以通过公共关系广告宣传，企业的继续发展和扩张，对整个国家经济发展和解决就业等问题起的作用，可以避免政府用反垄断法干预企业的发展，甚至强行把企业分为若干小企业；当企业经营不善时，可以通过公共关系广告宣传企业破产后可能给社会带来很多人失业、其他大企业的垄断、社会经济发展受阻等负面影响，促使政府在财政等方面对企业给予支持。第二，政府是最大的公共产品购买者。企业通过公共关系广告，可以影响政府的购买决策，有利于产品促销。随着我国社会主义市场经济体制的建立，政府的职能开始转换，指令性计划逐步转变为以国家采购为主。因而，通过企业的公共关系广告影响政府有关部门，有利于政府更好地为企业服务和增加对企业产品的采购。

（二）社区居民

任何企业都处在一定的空间范围之内，社区居民就是企业或工厂所在地区的公众。企业的存在经常会给社区居民带来许多困扰和不便，如排放的废气、废水、废渣对环境造成污染，噪声对社区居民的正常生活造成影响，把原材料堆放在厂区外的街道上给附近居民带来很大的不便等，自然会引起公众的不满，因此，首先要搞好与所在社区的公众的关系。

（三）雇员

雇员包括管理人员和一般员工，都是企业公共关系广告的目标对象。对他们开展公共关系广告宣传，目的是使全体员工了解企业的历史、目前的规模和成就以及发展规划，使员工团结一致，共同为建设现代化的企业而奋斗。有不少企业是通过企业刊物协调企业和员工的关系的。如日本三井物产株式会社将自己出版的《三井生活》送给员工，每次招收员工时都要举行一次入社仪式，赠送这份刊物，且在封面印上"欢迎新入社员工诸君"等字样。

在面向企业外部的公共关系广告中也可以带上一句话，起到激励员工的作用。如美国某电子工业公司在广告中有这样一句话："通过员工参与管理以提高质量和产量。"员工看到企业的广告中提到自己，很容易产生一种自豪感，会更加努力地工作，提出合理化建议。

（四）供应商

供应商主要是指原材料、能源的供应商及企业的协作单位，与企业之间的经济关系十分密切，对企业的生存和发展起到重要作用，是利益相关者。因此，企业的供应商也是企业公共关系广告的重要对象。通过公共关系广告同他们保持和发展良好的合作关系，可以获得供应商的更大支持，乃至结成命运共同体。

（五）财务公众

财务公众包括企业的股东、银行和与企业有信贷关系的其他金融集团和机构。企业的财务公众是企业资金的注入者，也是企业命脉的掌握者。企业必须使财务公众了解企业的

财务状况是健康的，企业是有前途的。企业每年都有年度报告发给股东和金融界。这种年度报告印刷得很精致，使收到的股东认为投资这家企业是值得的，使金融界对企业有了深刻的了解后，愿意在资金上予以支持。许多企业往往在年终结算后，利用各种宣传媒介刊登公共关系广告，以取得更广泛的财务公众的支持。对一些股份制企业来说，这也是影响股民投资的重要手段。

（六）消费者和用户

消费者和用户是企业公共关系广告的最主要对象，是企业产品和服务的使用者，他们对企业的态度对企业而言可谓生死攸关。在企业竞争日趋激烈的今天，消费者一般愿意购买自己喜欢的企业的产品，而不会购买自己厌恶的企业的产品。因此，企业公共关系广告的首要任务是在消费者和用户心中树立良好的形象。

（七）经销商

经销商是企业通向市场的桥梁和纽带。企业与经销商之间的关系是决定企业产品能否顺利进入市场的重要因素。特别是当企业准备进入新的市场和需要与新的经销商沟通时，企业与经销商的关系更为重要。与经销商关系的形成和巩固往往也需要依靠公共关系广告。

（八）舆论领袖

舆论领袖主要是指一些在社会上有较大影响力的人士，包括新闻记者、评论家、文艺体育界知名人士和一些政界人士等。这些人对舆论的影响较大，他们对企业的印象和态度往往可以影响一批人，因此，舆论领袖虽然数量不多，但与企业形象的关系很大，是企业公共关系广告的重要对象之一。

上述八种对象是企业的基本公众，其中每一种公众都有自身的特点，如消费者数量多、分布广，经销商可能只有若干家，相对集中。每个企业需要根据自身的处境和发展确定广告对象，使企业的公共关系广告更好地发挥作用。

三、广告定位和广告主题

人无完人，企业更是如此，任何想通过公共关系广告把企业打扮得完美无缺的想法都是无法实现的，按照这一目标制作的公共关系广告必然是一则失败的广告。

一则好的公共关系广告，不论内容长短，都应重点向公众宣传企业某一方面的良好形象。如告诉公众企业的技术力量和资金力量雄厚，或宣传自己全心全意为公众服务，或塑造企业热心公益事业的形象等。因此，在制订有效的公共关系广告计划时，一项必不可少的工作是广告定位，即确定在公共关系广告中将企业置于竞争中的什么位置。

（一）广告定位

具体而言，广告定位主要从企业实力和公众心理两个方面开展。

1. 企业实力

企业实力主要是指企业在经济、技术方面拥有的实力以及在同行中的地位。一般来说，在同行中居于领先地位的大企业，其公共关系广告的一个重要内容就是宣传企业在技术上、经济上的实力，突出表现自己的时代先锋形象。当企业在行业中并不处于绝对领先的地位时，可以采取另一种策略，即"甘居第二"。如美国安飞士汽车租赁公司的广告："在汽车出租业中，安飞士只是第二。"在美国这样一个出租汽车公司众多的国家，居第二位也是十分不容易的，这也是企业根据自身实力开展广告定位的一个杰作。此外，许多企业，尤其是一些小型企业，运用与常规做法相反的方法宣传企业实力，把自己说成是最差的、最坏的，往往会产生出奇制胜的效果。如美国俄勒冈州的一家小饭馆在门前竖起了一个大广告牌，写着"俄勒冈最差的食物"；该饭店老板声称自己是一名最差劲的厨师。结果，"最差"二字不但没有把顾客吓跑，反而引来很多的顾客，甚至不少游客也前来就餐。

2. 公众心理

公众心理主要指的是公众的价值观，即对广大公众来说，对企业的评价有固有的标准。如我国许多公众认为国有企业是比较可靠的；大多数年轻公众喜爱体育运动，对关心和支持中国体育事业腾飞的企业充满好感；还有一些公众认为只要是合资企业，其技术力量和经济实力就比国内其他企业强；还有公众认为关心公益事业的企业是好的。企业的公共关系广告必须在研究公众的心理基础上制作才能更有效。

（二）广告主题

确定了广告定位以后，就可以确定公共关系广告的主题了。很多广告将企业和产品从头到脚打扮一番，这种公共关系广告的宣传效果并不佳，究其原因，就是缺乏主题。

广告主题是广告的灵魂，通过提炼、浓缩，用简单的语言、动作、画面、声音等表达广告的中心思想；企业通过广告的主题宣传企业的特色，树立企业形象。公共关系广告的创作能否把握主题，是公共关系广告宣传成败的关键。例如，美国某航空公司为了宣传航班安全、舒适，只用了一句话："乘本航空公司的班机，到处都是好天气。"这就是广告的主题。

一般来说，企业的公共关系广告按广告主题可以分为名称广告、风格广告、文化广告、事业广告、业绩广告、技术广告、传统广告、告知性广告、问候广告、纪念广告、征募广告、意见广告、赠奖广告、合成广告、其他广告等。

确定了广告主题后，还要通过一定的表现方法把这一主题传递给公众。公共关系广告的主题能否完整地传达给公众，取决于公共关系广告的表现手法。在既定目标下，为表现广告主题，要在新、绝、深、美四个方面下功夫。

（1）主题要新，才能比其他广告技高一筹。例如，吉尼斯黑啤酒已有200多年的历史，为了扩大企业的影响，它除了发布大量广告，还出版了许多书籍。其中有一本叫《吉尼斯世界纪录大全》，把世界上最长的、最短的、最高的、最快的……都记录在内。因为它知

道"什么是最……的"经常是人们在酒吧争论不休的话题。这本书初版就印制了43万册，后被译成22种文字，成为世界各地家喻户晓的畅销书。该企业通过出版物和消费者建立了良好的关系，因而"不管是否喝啤酒，你一定喜欢吉尼斯"成为人们的口头禅。

（2）主题要绝，即要想到别人想不到的东西，广告一问世便能产生强烈的效果。如某丛书的广告——"书与酒，价格相同，价值不同"，通过书与酒的对比，突出了书对人的益处，让人叫绝。

（3）主题要深，指在确定主题时要深思熟虑，使主题寓意深刻，使公众产生联想，受到启发。如某儿童用品生产企业的广告是"小孩是大人的复制品"。短短九个字，极富哲理且寓意深刻，令人回味无穷。

（4）主题要美，即企业通过广告要给公众留下美的感觉、美的享受、美的印象。日本富士彩色胶卷曾以"盒中自有花满谷"为主题，含义深刻，使人不禁联想到美丽的富士山，从而对富士胶卷产生信赖。

 ## 第三节　公共关系广告的媒介选择

企业的公共关系广告必须借助一定的媒介才能传递给公众。习近平指出："移动互联网已经成为信息传播主渠道。随着5G、大数据、云计算、物联网、人工智能等技术不断发展，移动媒体将进入加速发展新阶段。"公共关系广告媒介是做广告者与广告宣传对象之间联系的纽带和桥梁。公共关系广告媒介的选择是否得当，对广告效果的好坏和广告费用的高低具有重要影响。

一、广告媒介的一般性分析

广告媒介多种多样，在现实的公共关系广告的宣传活动中，一般只选用其中几种。据统计，在公共关系广告发达的国家，企业的公共关系广告主要分布在十种媒体中。

（1）消费者杂志；

（2）报纸副刊；

（3）报纸；

（4）户外广告牌；

（5）电视网；

（6）电视插播；

（7）辛迪加电视；

（8）有线电视；

（9）广播网；

（10）互联网。

对上述十种广告媒体，不同的企业有不同的偏好。如福特汽车公司使用的首先是电视网，其次是消费者杂志，最后是广播网。西尔斯百货则不用电视网，而以报纸为主，消费者杂志次之，广播网再次之。

一般来讲，一种媒介是否适合承载公共关系广告，是由对其长处和局限性的分析和评价而决定的。分析和评价每种媒介的优劣要有一个标准，这一标准应当服从广告宣传的目的。

（一）媒介标准

总的来说，媒介标准主要有十个。

（1）普及性。媒介的普及性越好，广告的宣传面越宽，效果越好，反之相反。

（2）一致性，即媒介对象与广告对象的一致性。媒介的宣传目的与广告的目的不尽相同，媒介对象与广告对象也不完全一致。广告的目的是要让广告对象重视广告信息，广告对象仅是媒介对象的一部分，大部分媒介对象对广告并不感兴趣。在借助媒介做广告时，如何让媒介对象与广告对象一致或尽可能一致是正确选择媒介的关键。这种一致性不仅是总量的一致性，更重要的是结构的一致性，这是广告宣传效果的重要保证。根据这一标准，企业应努力寻找与自己的广告对象尽可能一致的媒介。

（3）吸引力。媒介的吸引力在很大程度上会影响广告的吸引力。这里的吸引力有两个方面的含义：一是如果同一广告可以在多种媒介上做且价格相同，应考虑哪种媒介更能吸引广告对象；二是如果在同一媒介的不同位置（或时间）做广告的费用相同，应考虑在什么位置（或时间）做广告更能吸引广告对象。

（4）反复性。如果在某一媒介上做广告，能使广告对象反复收看，这种媒介就比无反复性的媒介值得选择。

（5）购买条件，指购买广告时间或版面的难易程度以及能否达到广告宣传活动的要求。

（6）时效性，指广告预期刊登或播出时间与实际刊登或播出时间的差异。

（7）说明性，指某一媒介能否充分表现出一些内容复杂、细致的广告。

（8）保存性，是指广告对象能否保存载有广告的媒介载体。

（9）制作水平，指媒介制作广告的硬技术水平（设备、仪器等）和软技术水平（制作风格、表现手法等）。

（10）购买费用，是影响媒介选择的重要因素。以较少的广告费用取得较好的广告效果，始终是做广告者追求的目标。

（二）媒介分析

用上述十个标准评价几种主要的广告媒介。

1. 报纸

（1）普及性。一般而言，报纸发行量较大，覆盖面广，全国性报纸适用于以全国公众为对象的广告宣传，地区性报纸在地区内的影响较大，适用于以某一地区公众为对象的广告宣传。

（2）一致性。报纸的读者对象是有差异的。根据北京的抽样调查，《人民日报》的订户以机关团体为主（26%），而个人订阅较少（0.25%）。因此，如果企业公共关系的广告对象是团体或机关工作人员，选择《人民日报》这样的全国性综合大报较为理想；如果广告对象是一般市民，选择各地的晚报可能更合适。

（3）吸引力。很难评价报纸广告与其他媒介广告相比哪种更有吸引力。一般而言，报纸的新闻性强，容易吸引人们在看新闻的同时接受广告，不过报纸不具备电视丰富的视觉图像（图画变动、色彩），这也会影响广告的吸引力和表现力。在一张报纸上，广告所占面积及所处位置不同，引起读者的注意程度也有差别，广告所占的版面越大，越能吸引读者的注意。

（4）反复性。由于报纸的新闻性强，寿命一般较短，反复阅读的可能性小。

（5）购买条件。一般来说，购买报纸的广告版面比较方便，手续不复杂，但不同报纸的情况不同，这个问题可以在做广告时通过实际的调查分析解决。

（6）时效性。报纸的时效性较强，只要广告的购买和制作环节不出问题，基本就能保证在较短的时间内见报，而且报纸的出版周期越短（如日报），时效性越强。

（7）说明性。报纸的说明性强，可以在有限的版面内把广告的内容表达清楚。

（8）保存性。一般来说，报纸的保存时间较短，但公众认为报纸上的新闻或广告有价值时，也会将它保存。

（9）制作水平。报纸广告的制作水平无法一概而论，只能在具体的广告宣传时针对具体的报纸展开调查。报纸与电视相比，制作受硬技术的限制大一些；报纸与杂志相比，硬技术的限制也比较大。

（10）购买费用。因报纸不同而有所差异。报纸广告的计价方法一般有两种：一种是按广告版面计价，可分为整版、半版、1/4 版、1/8 版；另一种是按行按字数计价（当然要视字号大小而定）。需要指出的是，报纸广告的收费高低和报纸发行量的大小成正比，如《人民日报》和《人民日报·海外版》虽同为人民日报社的报纸，但由于两者的发行量差别很大，广告费也有很大差别。

2. 杂志

（1）普及性。根据《中国统计年鉴》的资料，我国每人拥有的杂志平均比报纸还要多，可见杂志的普及程度还是比较高的，这也体现了杂志作为广告媒介的优越性。

（2）一致性。为了使杂志对象与广告对象保持一致，必须对杂志分类，从而找到适合做广告的杂志。杂志的分类方法很多，一般可分为三大类：第一类是面向全体社会公众的杂志，如《读者》《幽默大师》《消费者》；第二类是面向特定读者的杂志，如《青年文摘》《健康》《新体育》，分别面向年轻人、老年人、体育爱好者；第三类是面向社会团体的杂志，如《求是》《信息世界》。一般而言，除面向社会团体的杂志，其他杂志的个人订阅比重较大，而且大多是固定订户，具有一定的知识水平，经济条件也较好。

（3）吸引力。杂志给人的视觉形象优于报纸，在这个角度上，杂志的吸引力大于报纸。但不同的杂志对公众的吸引力是不同的，同一本杂志的不同版面引起读者注意的程度也不一样。一般来说，封面最能引起读者的注意，其他版面次之。

（4）反复性。杂志的寿命一般比较长，而且传阅率高，读者阅读广告的反复性强，这是杂志优于报纸之处。

（5）购买条件。杂志的购买条件与报纸基本相同。

（6）时效性。与其他媒介相比，杂志的时效性要差得多，而且杂志的出版间隔越长，时效性越差。

（7）说明性。杂志的说明性与报纸相仿。

（8）保存性。杂志的保存时间比报纸长得多，这也给广告的效果创造了良好的条件。

（9）制作水平。杂志制作的硬技术和软技术要视具体杂志而定。一般而言，杂志受硬技术的限制比报纸少。

（10）购买费用。杂志广告大多在有限的版面上刊登，其费用一般按广告版面的大小计算，当广告需要彩印时，费用更高。不同的杂志，由于发行量不同，广告价格也不同。选择时也可以通过计算每百万册的广告费的方法。

3. 广播

（1）普及性。目前，我国广播电台已在全国形成了一个庞大的宣传网，覆盖了全部国土面积，并影响到周边国家。从1980年元旦开始，中央人民广播电台率先开办广告节目，目前每天的广告节目时间在1小时以上。

（2）一致性。目前我国广播已深入千家万户，广播对象与广告对象保持高度一致。

（3）吸引力。广播通过听觉向公众传递各种信息，在这一点上与报纸和杂志显然不同。有三个方面的因素会影响广播广告的吸引力：一是广播声音的清晰程度，不同的波段、不同的地区，听众收听的清晰程度不同；二是在广告节目中，安排在前的广告与安排在后的广告对听众的吸引力不同；三是广播的内容和时间。

（4）反复性。广播的声音转瞬即逝，给听众留下的只能是记忆，因此，用广播做广告的反复性较差。

（5）购买条件。一般而言，由于广播播出时间较长，购买相对容易，但也要视具体情况而定。

（6）时效性。一般来说，由于广播播出时间较长，时效性较好。

（7）说明性。广播的时间限制性较强。在有限的时间内，将详细而复杂的广告内容表达清楚是较困难的。

（8）保存性。广播不具有保存性。

（9）制作水平。广播的表现手段只限于声音，因而要充分利用声音的优势表现广告内容，其制作的硬技术较受限制，软技术视具体电台而定。

（10）购买费用。广播广告的购买费用是按时间计算的，即价格与播出时间成正比，这一点与电视广告相同。但与电视广告相比，广播广告的购买费用要低得多。在国外，相同时间的广播广告与电视广告的价格之比是 1∶4；在我国，广播广告的价格更低。

4. 电视

电视充分地结合人的视觉和听觉，利用运动的图像和声音给人留下深刻的印象。利用电视做广告，有其独到之处。

（1）普及性。随着电视机在我国的普及，目前电视已经成为仅次于广播的十分普及的大众宣传媒介，电视节目占用了绝大多数公众的晚间时间。

（2）一致性。电视与报纸和杂志不同，综合性较强，照顾了社会各界以及各个人群，这对广告宣传很有好处，使媒介对象基本包括广告对象。

（3）吸引力。与其他媒介相比，电视是吸引力最强的，原因就是电视集视听效果于一身，而且视觉的色彩吸引力很强。当然，电视只给广告宣传提供了一个良好的条件，至于广告如何吸引观众，在很大程度上与广告的制作水平有关。另外，在电视中做广告受电视播放时间的影响很大，且在多频道并存的情况下，广告节目常被跳过不看。

（4）反复性。电视同广播一样，声音和图像转瞬即逝，广告收看的反复性差，补救的办法只能是提高播出频率。

（5）购买条件。由于电视的总体吸引力较强，购买难度较大，经常会遇到排长队购买的情况。

（6）时效性。电视广告的时效性受两个因素影响：一是广告购买的难易程度；二是电视广告的制作周期。一般而言，电视广告制作需要电视部门协作，制作难度远远大于其他媒介，这无疑会影响广告的时效性。

（7）说明性。电视广告的说明性可以从两个方面看：一方面，电视广告的时间限制很强，一般是 15 秒或 30 秒，在这样短的时间内要说清楚公共关系广告的内容，难度较大；另一方面，由于电视兼有声音和图像，在一定程度上弥补了时间限制的缺陷。

（8）保存性。电视广告内容不具有保存性。

（9）制作水平。电视广告的制作水平因电视台而异，对广告效果的影响很大。近年来，崛起了一批具有较高水平的专业广告制作公司，可供选择。

（10）购买费用。电视广告的费用很高，除广告播出的费用较高外，广告制作费用也十分惊人。要制作出好的电视广告，需要导演、编排、美工、音乐、音响、灯光、摄影等多方面合作，在这些方面支出的费用往往是广告播出费用的几倍乃至几十倍。如果企业缺乏一定的经济实力，就无法做电视广告。采用一次制作、多次使用的方法，可以相对降低制作费用。

5. 互联网

互联网是以一定的技术连接实现相互交流信息的计算机系统。这个信息网络系统包含全世界范围内的巨大信息资源，集现代通信技术、现代计算机技术于一身，是一种在计算机之间实现信息交流和共享的手段。互联网的出现标志着人类传播史上发生了一次重大的媒介革命，它的普及改变了人们的思维方式、工作方式，也为现代公共关系提供了全新的策划思路和传播媒介。

互联网具有七个优点。

（1）范围广泛。互联网实际上是一个由无数的局域网（如政府网、企业网、学校网、公众网等）连接起来的世界性的信息传输网络，因此，它又称为无边界的媒介。

（2）超越时空。互联网的传播沟通是在电子空间进行的，能够突破现实时空的许多客观限制和障碍，真正全天候地开放和运转，实现超越时空的异步通信。

（3）高度开放。互联网是一个高度开放的系统，在这个电子空间中，没有红灯，不设障碍，任何人都可以利用这个网络获取信息和传递信息。无论是传播者还是受众，在互联网这一媒介中都享有高度的自由。

（4）双向互动。互联网成功地融合了大众传播和人际传播的优势，实现了大范围和远距离的双向互动。在互联网上，不仅可以接触到大范围、远距离的受众，而且大大加强了受众的主动性、选择性和参与性，使得传播沟通的双向性大大增强。

（5）个性化。在互联网上，无论是信息内容的制作、对媒体的运用和控制，还是传播和接收信息的方式、信息消费的行为，都具有鲜明的个性，非常符合信息消费个性化的时代潮流，使人际传播在高科技的基础上重放光彩。

（6）多媒体、超文本。互联网以超文本的形式，使文字、数据、声音、图像等信息均转化为计算机语言，不同形式的信息可以在同一个网上同时传送，使互联网综合了各种传播媒介（报纸、杂志、书籍、广播、电视、电话、传真等）的特征和优势。

（7）低成本。相对于其强大的功能来说，互联网的使用是比较便宜的。主要原因是目前互联网充分利用了现成的全球通信网络，无须重新投资建设新的通信线路设施。在通信费用方面，无数局域网分担了区域之间的通信费用，用户只需支付区域内的通信费用，因此，即便是全球性的联络，也只需支付地方性的费用。

互联网有四个缺点。

（1）信息选择困难。信息量巨大，甄别困难，不确定信息多。

（2）不能很好地辨识虚假信息，易误导受众。由于信息发布者可以采用假名或匿名，

网络信息发布商和论坛又非常多，互联网对这些信息的阻截不会有太大成效，无法有效地直接制止流言和恶语。

（3）受到设备与使用者的文化水平的限制。

（4）网页和栏目的制作、发送和反馈的接收均需要专业人员才能完成。

6. 企业对外刊物

企业对外刊物是许多企业普遍采用的一种公共关系广告媒介。这种广告媒介的普及性很差，与前五种广告媒介不可同日而语，但一致性极强。吸引力虽然不大，但反复性、购买条件、保存性、购买费用等方面均较好。最突出的优点是说明性强，企业可以将想要宣传的内容，包括企业和产品，全部放在刊物之中。

二、广告媒介的综合评价与选择

从上述对几种主要媒介的一般性分析可以看出，每一种广告媒介均有其独特的优点与不足，究竟应选择哪一种媒介，需要综合分析评价各种广告媒介。

（一）评价标准量化

对各种广告的综合评价是在一般性分析基础上开展的。首先要尽可能量化十大评价标准，在此基础上得到各种媒介的综合评价值，这样就便于分析比较各种广告媒介了。在十大评价标准中，每个标准的计量水平是不一样的，有的可以精确计算，有的只能按等级判断。

1. 普及性

为便于比较各种媒介，媒介的普及性要用一般性指标表示，现在选用的指标是媒介接触人数。对电视来说，就是电视的观众人数；对报纸、杂志来说，就是读者人数；对广播来说，就是广播的听众人数。

2. 一致性

媒介对象和广告对象的关系可以概括为重合、覆盖、交叉、分离四种情况，如图6-1所示。

从图6-1可知，广告对象与媒介对象相同的部分越大，做广告的效果越好。据此，构造了一个反映一致性程度的指标，即一致率或交叉率。计算公式为：

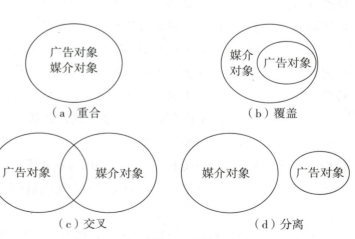

（a）重合　　　　（b）覆盖

（c）交叉　　　　（d）分离

图6-1　媒介对象和广告对象的关系

$$一致率 = \frac{交叉部分人数}{广告对象人数}$$

这个指标数值的变化范围为 $0 \sim 1$，某种媒介的一致率越接近1，说明该媒介作为广告媒介越合适；反之，越不合适。值得注意的是，一致率为1时的情况有两种：一种是两者完全重合，如图6-1（a）所示；另一种是广告对象包括在媒介对象之中，如图6-1（b）所示。图6-1（a）的情况，即完全重合是最理想的，广告效率最高且经济性好；在图6-1（b）的情况中，广告对象被媒介对象全部覆盖，是可行的，但企业要为媒介对象的覆盖面超过广告对象的部分付费，不够经济，尤其是当媒介对象人数超过广告对象人数很多时，经济性更差。此时，可用不一致率指标作为补充：

$$不一致率 = \frac{媒介对象人数 - 广告对象人数}{媒介对象人数}$$

不一致率只有在出现如图6-1（b）的情况时方可使用。这一指标在0和1之间变化，不一致率越接近1，说明媒介的选择越不经济；反之，指标越接近0，则说明经济性越好。

图6-1（c）的情况比较复杂，但也可以通过一致率指标分析，结论与前述相同。图6-1（d）的情况是一种完全不可取的情况，即一致率为0。

3. 吸引力

不同媒介的吸引力是不同的，但要量化这些差别是十分困难的。解决这一问题的办法主要是经验判断或抽样调查。抽样调查可以得到较为准确的不同媒介的吸引力大小的排名，但费用较高；经验判断法则可以在企业广告活动的调查阶段请部分专家评议，给每种媒介的吸引力打分，指标名称为吸引力评价。

4. 反复性

反复性的量化方法也是靠经验判断和市场调查确定，指标名称为反复性评价。

5. 购买条件

购买条件可以用从广告购买活动开始到成交所需的时间表示，指标名称为购买难易程度。

6. 时效性

可以用从广告制作开始到广告在媒介上刊出（播出）所需的时间表示，指标名称为制作效率。

7. 说明性

说明性只能根据经验判断量化，指标名称为表达详度。

8. 保存性

既可由专家对多种媒介的保存性打分，又可根据调查用媒介载体的保存时间表示，指标名称为保存性或保存期评价。

9．制作水平

制作水平的量化主要有两种方法：一是经验判断评分；二是分别研究广告制作设备的现代化水平和制作人员的素质，综合数值计量和等级评分，指标名称为制作水平评价。

10．购买费用

购买费用可以用百万人（广告对象）广告费表示。计算公式是：

$$百万人广告费 = \frac{广告购买费用}{预计交叉部分人数（百万人）}$$

式中，预计交叉部分人数是指广告对象与媒介对象的交叉部分人数。

（二）评价指标数值的标准化

以评价指标量化以后得到的数据为原始数据。由于原始数据的计量单位不同且比较基数不一致，各指标之间很难比较，也就不能综合比较。为解决这一问题，需要对原始数据进行两个方面的整理。

1．数据同序化

十个指标中数值大小与表明的问题有时并不一致，有的指标数值越大，说明做广告越有利；有的指标数值越大，却说明越不利于做广告。为了统一标准，必须将原始数据同序化，也就是说，调整指标数值，使其都是越大越好。具体调整方法是计算反指标的倒数，使反指标变成正指标。

2．数据同度量化

数据同度量化就是去掉所有指标的计量单位，以相对数形式表示。计算方法很简单，就是将每个指标的最大值抽象为 100，用其余值与之相比，计算出相对数值。

（三）媒介综合评价与选择

综合评价不同媒介的过程实际上就是选择过程。综合评价与选择的最简单方法就是将每一媒介的标准化数据相加后进行排序，排在最前面的（即分值最高的）就是企业要选择的媒介。

但是，这种简单的评价和选择方法有不足之处，因为各评价指标对广告宣传的重要程度不同，而且差别较大，只有充分考虑各指标的重要程度，开展的评价和做出的媒介选择才具有科学性。指标权数的确定有许多方法，简单介绍三种。

1．专家评定法

专家评定法的具体做法是选择一批专家，让他们根据企业的情况，对十个指标按重要性排出位次，再调整为按指标权数计算每种媒介的总评分。根据位次确定权数的方法分为三个步骤。

（1）计算每个位次的倒数值；

（2）将所有位次的倒数值相加；

（3）用每个位次的倒数值除以所求得的和，即得权数。

2. 关键因素法

关键因素法是从企业关心的主要问题出发，给主要指标赋予较大的权数，对次要指标可以不区分重要程度。如企业关心的主要是如何尽快让广告与公众见面，则与速度有关的指标可以分配较大的权数，其他指标的权数可以小一些。

3. 最小差别法

一般来说，如果某一指标在各种媒介上的评分差别不大，那么该指标对媒介选择的影响就比较小。因此，我们可以根据指标的差别大小确定权数。计算指标的差别可以用标准差指标，计算公式为

$$\sigma = \sqrt{\frac{\sum(x_i - x)^2}{n}}$$

式中，σ 为标准差；x_i 为指标在每种媒介上的评分值（$i=1$，$2\cdots n$）；x 为指标所有评分值的平均数；n 为供选择的媒介种数。

思政之窗

公共关系广告作为企业品牌推广与形象塑造的关键工具，同样承载着传递社会正能量、弘扬社会主义核心价值观的重要使命。在新时代背景下，广大青年学生应当从公共关系广告中汲取精神养分，坚定树立正确的价值观和世界观。同时，学生应积极参与公共关系广告的创作与传播工作，以实际行动贡献青春力量，传递社会正能量。为此，学生必须牢固树立"马克思主义传播观"，以其为指导，不断提升媒介素养。

案例思考

蒙牛在 2003 年就已成为中国航天事业的合作伙伴，产品被认定为"中国航天员专用产品"。正值神舟五号（以下简称"神五"）飞天，蒙牛与航天部门签署合作协议后，前后花了两个多月策划广告活动。从构思创意、拍摄广告片到购买媒介等，几乎调动了广告界一切可以调动的力量，希望能够达到最大的传播效果。

一切准备就绪，"神五"一落地，在公众最能及时了解这一消息的门户网站上就出现了蒙牛的广告。紧接着，蒙牛在中央电视台的广告也开始启动，蒙牛所有的电视广告、路牌广告陆陆续续地在各个城市落地，全国 30 多个城市的户外候车厅都被蒙牛的广告占领，"蒙牛为中国航天加油"的字样出现在北京一半以上的公交车上。"神五"成功着陆的当天，蒙牛的全新电视广告——"发射—补给—对接篇"在央视和地方台各频道播出，光彩夺人。无处不在的蒙牛广告猛烈冲击着消费者的视听，在蒙牛与"神五"之间建立了密切的连接。"神五"落地之后，各大卖场中出现了印有"中国航天员专用牛奶"标志的蒙牛

牛奶，配合着身穿宇航服的人物模型和其他各种醒目的航天宣传标志。这一系列操作让蒙牛巧借"神五"飞天扩大了社会影响，给人们留下了深刻的印象和好感。

同样是航天，2022年4月16日，神舟十三号载人飞船返回舱在东风着陆场成功着陆，一众品牌推出了联名宣传片。这一顺利返航、英雄凯旋的时刻怎么能少了蒙牛呢？此时，蒙牛已经与中国航天事业合作了19年，借航天飞船顺利返航，蒙牛联合央视新闻发布了广告，一起见证神舟归来。广告片展现了航天员的状态，演绎着航天人的执着与坚守，曾经航天是我们的梦，现在逐梦九天，纵横苍穹。这些画面让人们看到了中国航天事业的伟大征程，感到热血澎湃，也了解到蒙牛一直在航天事业背后鼎力支持，更感受到中国乳业的"航天品质"。

思考：

（1）本案例所谈的广告属于哪种类型的公共关系广告？请说明原因。

（2）为什么说对声势浩大的社会事件，企业赞助广告已成为国际财团和跨国大企业角逐的重要"战场"？

第七章
公共关系的运作程序

章前导读

　　斯科特·卡特利普和森特提出的公共关系的"四步工作法"，即公共关系调查、公共关系策划、公共关系实施、公共关系评估。四步工作法将整个公共关系工作过程划分为四个基本阶段，各个步骤相互衔接、循环往复，形成一个动态的环状模式。

学习目标

知识目标

◆熟悉公共关系四部曲的基本内容。

◆熟悉公共关系策划的核心步骤。

◆掌握公共关系运行程序的注意事项。

能力目标

◆制订一个公共关系计划。

素质目标

◆培养自主学习、独立思考的能力。

◆培养创新性思维。

思政目标

◆通过学习公共关系这门学科，学会很多做人的道理和为人处世的方法，以提升完善自己，从而应对将来激烈的社会竞争并在复杂的社会环境里找到、完善和实现自我。

第一节　公共关系调查

一、公共关系调查的内涵

公共关系调查就是在特定的时空条件下，运用既定的调查工具和技术，收集公众信息和社会信息、分析公众意见的过程，包括制定调查方案、实地收集资料、分析调查资料、撰写调查报告等环节。

制订调查方案是开展公共关系调查的基础，包括确定调查目标与任务、确定调查选题、设计调查指标、设计调查问卷与访谈提纲、确定抽样方法、选择调查方法、确定调查对象、确定调查实施的时间等。

实地收集资料是公共关系调查的核心环节，就是根据调查方案，在既定的范围和时间内，利用既定的调查方式、方法，向既定的公众收集信息资料。具体须要做好四项工作：第一，组织调查对象群体，即根据调查工作计划中的抽样方案，选择调查样本，挑选出符合调查样本要求、具有代表性的公众，作为本次调查活动的调查对象；第二，发放问卷，讲清填写问卷的注意事项，引导调查对象认真、如实地填写问卷、回答问题，提高调查对象填写问卷的主动性和规范性；第三，回收问卷，初步整理问卷，清理出不符合要求的问卷，归档另外收藏；第四，观察公众的言行，收集公众在言谈举止中流露出的真实信息资料，并及时做好记录。

分析调查资料就是研究调查资料，得到客观的调查结论，从纷杂的信息资料中判断社会组织公众关系和品牌形象的实际状况，发现存在的问题，初步明确公共关系的目标和思路。

撰写调查报告是调查工作的最后一个环节。调查报告是呈现调查分析结论与调查资料的一种应用文，强调主题明确、中心突出、材料典型、逻辑性强等，形式上应做到条理清晰，用词宜精练简短。

二、公共关系调查的原则

（一）实事求是的原则

实事求是就是在调查活动中尊重事实，在收集资料时，要广泛听取正反各方面的意见，不能偏听偏信，更不能搞假材料；分析研究时，结论要由调查的真实材料推出，尊重结论的客观性，并如实报告。

（二）尊重公众的原则

尊重公众就是指调查者在整个调查中，要尊重被调查者的人格、宗教信仰、民族习惯、生活方式和志趣爱好；要谦虚礼貌，热情主动，举止文明；要关心被调查者，积极为其解决困难等。尊重公众是取得被调查者的配合与支持的先决条件。没有尊重就没有理解，也就没有配合与支持。

（三）全面性原则

全面性包括两层含义：第一，调查对象的全面性，凡是与组织公共关系问题有关的对象都应当列入调查范畴；第二，调查内容的全面性，影响组织公共关系的诸因素，都应调查、研究、分析。在调查中尽可能利用先进的调查技术和方法扩大调查范围，如利用网络调查，这样可以在更大程度上符合"全面性"的原则。

（四）代表性原则

由于调查对象在数字上是巨大的，在分布中又是十分广泛的，因此，在公共关系调查中通常采用从调查对象的总体中抽取样本的方法。样本的代表性对反映总体全面情况的质量至关重要，如何选择样本可根据实际问题的需要，或采取随机抽样的方式，或采取非随机抽样的方式。无论采取何种方法，都应力图使样本具有代表性，即能够反映总体的特征。

（五）客观性原则

客观性是指在公共关系调查实务操作中要有一个统一的标准尺度。在公共关系调查中，往往需要很多人共同完成一个调查课题。因为每个人对问题的分析能力、理解能力不同，如果没有一个客观的标准，对同一问题就会出现不同的调查结果，这样就失去了调查的意义。如"形象"一词是公共关系活动中经常涉及的，当就形象展开调查的时候，如果不加以界定，仅凭主观评价就会出现"仁者见仁，智者见智"的情况，但在调查中对这一抽象的概念具体化、指标化，就不会产生歧义。

（六）定量化原则

对客观事物的分析，不仅需要定性分析，还需要定量分析。马克思认为："一种科学只有成功地运用数学时，才能算达到真正完善的地步。"在公共关系调查中，定量化原则包含三层意思。

（1）运用统计学的原理对调查做规划。

（2）运用数学模型收集和分析调查资料。

（3）用数学关系显示和表达调查的结果。例如，将"形象"这一主观概念分解为三项指标：知名度、美誉度、信誉度。而这三项指标可以用统计学的方法确定其数值，从而定量分析。

（七）效益性原则

效益性就是要求在公共关系调查中，以较少的人力、物力、财力投入办更多的事，使调查取得最佳的效果。讲求效益，首先，要树立艰苦奋斗、勤俭节约的观念；其次，要科学组织调查活动。任何公共关系调查都要有计划、有方案，并开展可行性论证，以避免由于决策上的失误带来最不经济的后果。整个调查活动，要精心组织，一环套一环，尽量减少不必要的环节，避免走弯路。提高公共关系调查的效益，关键要在科学地组织调查研究活动上下功夫。

三、公共关系调查的内容

公共关系调查的内容一般是具有针对性的，是围绕组织将要开展的公共关系工作而进行的。具体的公共关系工作不同，调查的内容是有差异的，但仍存在一些共性的问题。一般的公共关系调查包括组织基本情况调查、组织形象调查和社会环境调查。

（一）组织基本情况调查

组织的基本情况既是社会公众对组织评价的主要依据，又是组织开展公共关系活动的基本条件。组织的公共关系人员必须对组织的基本情况了如指掌。无论是撰写新闻报道、举行记者招待会、制作公关广告、接待公众来访，还是开展其他公关活动，都离不开组织基本情况的资料。组织的基本情况包括组织的历史与现状、目标和宗旨、经营特色、产品类型、生产状况、经营管理状况、市场营销状况、财务状况、技术开发状况、人事管理状况，以及组织的名称、识别标志等。

（二）组织形象调查

所谓组织形象，就是组织内外公众对组织机构的整体印象和评价，也是组织的表现和特征在公众心目中的反映。因此，组织形象调查的目的就是了解组织的知名度和美誉度。

知名度表示公众对社会组织的知晓程度，美誉度表示社会公众对组织的赞誉程度。知名度、美誉度两项指标构成形象评估坐标图，如图7-1所示。

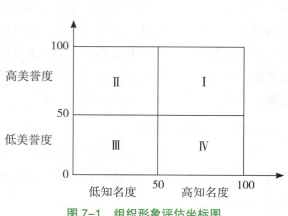

图7-1　组织形象评估坐标图

区域Ⅰ：表示高知名度、高美誉度，说明组织的公共关系状态极佳，应当保持和发扬。

区域Ⅱ：表示低知名度、高美誉度，说明组织公共关系状态一般。虽然组织已经有高美誉度，说明组织的公共关系基础较好，但低知名度使组织形象的影响力较小，因此，组织应当把公共关系的工作重点放在提高知名度上。

区域Ⅲ：表示低知名度、低美誉度，说明组织的公共关系状态不佳。组织首先应当改善自身的美誉度，并在此基础上提高知名度。

区域Ⅳ：表示高知名度、低美誉度，说明组织的公共关系状态极为不佳。可以说，该组织已处在臭名远扬的恶劣境地，将面临生存危机，因此，应洗心革面，寻求新的发展机遇。

（三）社会环境调查

对社会环境进行深入调查，是每一个组织为了其长远发展和战略规划所必须进行的重要工作。这一调查的核心目标在于全面、细致地分析、把握与本组织紧密相关的社会政治、经济、科技、文化等方面的各种动态，从而为本组织提供有力的决策支持和战略指导。

通过对社会环境的全面调查和分析，组织可以更加清晰地认识到自己所处的时代背景和发展环境，从而制定出更加符合实际、具有前瞻性的战略规划。这不仅有助于组织在激烈的市场竞争中立于不败之地，更能够推动组织的持续发展和创新。因此，每一个组织都应该高度重视对社会环境的调查工作，不断提升自身的调查能力和分析能力，以应对复杂多变的社会环境。

第二节　公共关系策划

一、公共关系策划的内涵

所谓策划，简单地说，就是计划、运筹、打算。策划就是以既定的目标为出发点，分析相关信息，制定有针对性的策略及行动方案，以实现目标。

所谓公共关系策划，就是策划人员为了达到组织的目标，在充分调查研究的基础上，谋划和设计组织总体公共关系战略、重大的公共关系专项活动等。

二、公共关系策划的原则

（一）目的性原则

公共关系策划要有明确的目的，不可无的放矢。目的越明确、越清晰，公共关系策划

公共关系策划

就越容易，公共关系活动的执行方案就越具有可行性。

（二）整体性原则

公共关系策划本身是一项需要花费大量人力、物力的系统工程。因此，在公共关系策划时，必须深谋远虑，纵观全局。在策划时既要考虑组织利益，又要考虑社会利益；既要考虑当前利益，又要考虑长远利益；既要考虑局部利益，又要考虑全局利益。

（三）创新性原则

公共关系策划过程是一个思维过程，离不开创新性的思维。在公共关系策划中，既要借鉴前人或当代成功的公共关系案例，吸取其精华，又要不为其所限，充分发挥想象力，激发灵感，才能设计出新颖独特、别具一格的方案。

（四）可行性原则

在策划公共关系方案中，既要考虑组织期望实现的公共关系目标，又要考虑外部环境的影响力和组织现有的资源状况。因此，公共关系方案的策划必须能够使组织的公共关系目标与组织的外部环境、组织的现有资源（内部条件）处在动态的平衡中。

（五）灵活性原则

世界唯一不变的是，一切都在变。变化是绝对的，不变是相对的。环境发生了变化，公共关系的策略也要随之变化，切不可认为计划周密，就可以不顾外部环境的变化。一个好的策划方案，应在战略上能够确保既定目标的实现，在战术上具有一定的弹性，根据环境的变化适时调整方案，以利于目标更好地实现。

三、公共关系策划步骤

公共关系策划就是根据调查结论、社会组织发展的需要和经费状况，确定公共关系目标，创造性地设计公共关系活动方案和宣传方案的构思过程，包括进行目标决策、制定定位策略、思考公共关系创意、确定公共关系活动、制定媒介策略和确定公共关系活动的时机等环节。

（一）进行目标决策

公共关系目标是一个内容丰富而有机整合的体系，从不同的角度划分，其构成要件是不一样的。

从时间角度看，公共关系目标分为长远目标、中程目标、短期目标和具体活动目标。长远目标是社会组织的战略性目标，希望通过10年甚至更长时间的奋斗才能达成的总体设想，是具体公共关系活动的努力方向和奋斗目标，强调相对稳定，不能随意更改。中程目标是长远目标的阶段化呈现，使公共关系在2～5年这样一个较长的时间内，有一个相对明确的目标。短期目标是公共关系的年度目标，用以确定年度的日常工作、定期活动和专题活动需要完成的具体任务，具有很强的约束、导向作用。具体活动目标是某项公共关系活动需要解决的具体问题。

从指向角度看，顾客、中间商和销售员不同，公共关系目标各有不同。其中，针对顾客的公共关系目标主要有九个：①让顾客了解商品知识，熟悉操作方法；②刺激潜在消费者尝试并反复购买商品；③争取其他品牌消费者转向自己品牌的商品；④刺激消费者大量购买商品，提高购买频率；⑤高度认同企业品牌，强化品牌忠诚度；⑥积极向周围公众推荐商品；⑦毫无顾忌地消费品牌延伸的新商品；⑧淡季购买企业推介的商品；⑨为商品的技术创新出谋划策。针对中间商的公共关系目标有八个：①提升商品展示位置，在商店显著位置陈列商品；②提高货架陈列率，增加销售面积；③加强橱窗设计和POP（point of purchase advertising）广告，有效展示商品形象；④增加库存量，提高交易量；⑤在店内积极开展商品文化节、品牌专题公共关系活动；⑥强化品牌忠诚度，排除竞争品牌；⑦积极宣传和推介品牌延伸的新商品；⑧配合企业开展公共关系活动，提供公共关系支援。针对销售员的公共关系目标有五个：①树立首选介绍意识，优先向顾客推介企业的商品，频繁向顾客推荐企业品牌的商品；②寻找潜在顾客，扩大顾客队伍；③积极向顾客宣传品牌延伸的新商品；④维护商品的品牌形象；⑤在淡季保持宣传和销售企业商品的热情，维持商品的销量。

（二）制定定位策略

现代社会的市场是一个追求个性、讲究差异性消费的时代，企业成功的关键之处在于寻找具有发展前途的市场空隙，开展错位竞争，这就需要公共关系定位。

公共关系定位就是运用市场营销的细分原理，根据自身实力与社会需求，明确目标市场和目标公众，进而确定品牌形象品质与品牌位置的过程。明确目标市场与目标公众是公共关系定位的基础工作，旨在清晰界定符合企业实力且具有成长性的市场空间。如是城市市场还是农村市场，是高端市场、中档市场还是低端市场，应该有明确的结论。确定品牌性格与品牌位置是公共关系定位的核心工作，旨在为品牌创造一个能够迅速进入目标公众心智的概念与想法，形成品牌刻板效应，使品牌在目标公众心目中独树一帜，获得独一无二的专属位置。其中，确定品牌性格就是明确品牌形象的个性特色，是轻奢精致或是科技时尚抑或实用实惠等；确定品牌位置就是明确品牌在竞争同行中的位序，是市场领导者还是市场挑战者或是"沉默的大多数"。

（三）思考公共关系创意

"创意"是公共关系和广告学科都十分强调的专业核心概念之一，对其内涵的界定虽不尽相同，但都强调创造性思维的运用。韦伯扬说："创意是商品、公众以及人性诸事项的组合，创意应着眼人性，从商品、公众与人性的组合中发展思路。"阿尔伯特·圣捷尔吉（Albert Szent-Györgyi）认为："创意就是发现人们习以为常的事物的新含义，是'旧的元素、新的组合'。"雪莉·波尔科夫（Shirey Polkoff）也说："创意就是用一种新颖

而与众不同的方式传达单个意念的技巧与才能。"关于创意的呈现形式，主要有两种观点。一种观点认为创意就是构思过程，是设计剧情、安排情节的过程，强调的是以写实化的意境表达某种观念、思想；另一种观点认为创意是创新过程，是提出与众不同的活动方案、拟订出奇制胜的措施的思维过程，主要强调新颖问题，创意的结论往往是某个点子、主意。其实，创意既有构思的成分，又有创新的色彩，是创新与构思的结合体。

公共关系创意是创意技法在公共关系领域的特殊运用，是根据调查结论、企业形象特性和公众心理需要，运用联想、直觉、移植等创造性思维方法，构建富有吸引力的美好意境的过程。思考公共关系创意需要运用奥斯本创立的"头脑风暴法"，遵循暂缓评价、自由联想、数量产生质量和搭便车的原则，借助移用法、移植法、修改法、放大法、缩小法、替换法、重新安排法、颠倒法、组合法等，大胆构思，提出新颖的想法。

公共关系创意应服务于公共关系活动的需要，必须实现创意与"创异""创益"的有机统一，既能以新异提高公共关系的注目率和吸引力，又能服务于企业的市场销售。在这方面，戴·比尔斯关于钻石与爱情的创意就颇具启迪意义。钻石最早开采于2800年前的印度，当时被视为天赐的圣物，用于驱灾避邪，中世纪成为地位与权力的象征。1888年，戴·比尔斯创立了 De Beers 公司，并逐步垄断了全球80%天然原钻的开采与购销，1929年，金融危机后遭遇市场危机，于是推行"时尚计划"，但以失败而告终。1945年，公司决定再次赞助奥斯卡颁奖典礼。当24克拉纯钻石项链送给最佳女主角琼·克劳馥时，琼·克劳馥深受感动，惊呼："太漂亮了，是用什么做的？它有什么特别的意义吗？"公司代表微笑回答道："钻石有坚硬、亘古不变的品质，就是您的下一代、下下一代戴，它依然会保持今天的美丽和光鲜！"琼·克劳馥听后，想到自己失败的爱情生活，伤感地说道："要是一个人能有像钻石一样的爱情，那该多好啊！"苦于找不到合适创意的公司代表突然得到启发：钻石是坚硬的，钻石是稳定的；爱情应该是坚定的，爱情应该是稳定的，不因时间变化而变化。于是，形成"钻石＝坚硬＋稳定＝永恒""爱情＝坚硬＋稳定＝永恒"的思维链接，并得出"钻石＝爱情＝永恒"的结论：A diamond is forever。这样，爱情需要形式，品牌需要故事，经过持续多年的广告宣传与公共关系活动，钻石被成功赋予了甜蜜幸福、美满爱情的产品形象。其实，钻石也就是钻石，与爱情没有关系。后来，"A diamond is forever"被翻译为"钻石恒久远，一颗永流传"，更是演绎了其中的真爱永久内涵，为戴·比尔斯赢得实实在在的中国市场利益，创造了扎实的品牌特色基础。

📗 知识链接

戴·比尔斯轻轻的一句"A diamond is forever"，打动了全世界的女性，全球一半的人为之着迷。请您模仿戴·比尔斯"A diamond is forever"的创意思路，为玉石思考一个创意设计。要有挑战戴·比尔斯的目标和勇气，万一实现了呢？

由此看出，公共关系创意包括主题构思和创意表达两项基本工作。主题构思就是以公共关系活动核心概念为轴心，明确公共关系活动的中心思想、主题基调、核心内容的思维过程。在这个过程中，策划人员要善于把公共关系活动视为文学作品、影视作品、戏剧小品，开展编写、编导、编演，这样才能提高主题构思的水平，使公共关系活动既有明确单一的主题思想，又有丰富愉快、感性色彩浓的美好梦想，从而赢得公众的注意与好感。创意表达就是围绕公共关系活动的核心概念、中心主题，拟定宣传标题、标语、口号，编制活动表现情节，确定公共关系活动的图案与音响，让美好意境直观形象地呈现在公众面前。

（四）确定公共关系活动

活动与媒介共同构成了公共关系的传播载体。公共关系策划的核心任务就是基于创意和公共关系的具体目标，构思公共关系活动，借助活动建构公众关系，塑造品牌形象。例如，一款早年被我国台湾译为"刁陀"（后译名更改为"帝舵"）的瑞士手表，为了提高知晓度，策划、实施了三项活动。第一项活动是"寻人启事"，在台湾的主要日报上刊出标语为"从瑞士到台湾，刁陀表万里寻亲"的广告，告知公众寻亲的对象有姓名叫"刁陀"或"刁陀表"的人，姓名的读音和"刁陀"或"刁陀表"相同的人，姓"刁"的人，知道刁陀表产地的人（能说明是哪一国、哪一厂家的产品）。第二项活动是"潜水寻宝"，举办单位将两块价值1万元新台币的刁陀表投入海中，应征者潜入海中寻宝，寻得者即可拥有。第三项活动是"海边万人寻宝及趣味竞赛"。在活动的前一天，厂家委托海边某浴场，将400多个装有奖品的小塑料袋分别埋藏在海边沙滩上事先划好的范围内。奖品有手表、双人用帐篷、瑞士皮夹、旅行袋、大浴巾、T恤衫等。当天下午3至4时，游客在沙滩寻找这些小塑料袋，寻得者即可凭袋内的奖品单领取奖品。此外，当天还举办了多种趣味游戏，如挑水比赛、"滚瓜烂熟"、堆沙比赛等。这些游戏，就是传播刁陀手表产品信息与品牌信息的公共关系活动。

（五）制定媒介策略

媒介策略主要是解决在什么时间和运用在什么地方的哪些媒介按照什么样的组合方式传播什么内容的问题，也就是"五W媒介计划法"，包含四个分配法和一个组合法，即媒介分配法、时间分配法、地理分配法、内容分配法和宣传阵势组合法。所谓媒介分配，就是确定使用哪些媒介（如哪些互联网传播平台、哪些报纸、哪些电视台等）实行公共关系传播；所谓时间分配，就是对公共关系活动广告、新闻作品、公益广告作品发布的时间和频率做出合理安排；地理分配，就是确定选择哪些区域的媒介开展传播；所谓内容分配，就是确定在相应媒介上刊载哪些方面的传播内容；所谓宣传阵势组合法，就是把上述四个分配决策结论，根据优化原则和层次原则，实行媒介整合，组合成公共关系的宣传阵势。

知识链接

媒介的传播效用指数是择用传播媒介的核心标准，衡量媒介传播效用指数的维度主要有：

（1）媒介的传播优势与劣势；　（2）媒介的 AIDAC 效果；

（3）媒介的千人成本；　　　　（4）媒介的符号机制；

（5）媒介的属性与地位；　　　（6）媒介的受众指标；

（7）媒介覆盖区域的质与量；　（8）媒介技术的时代性；

（9）竞争者的媒介策略；　　　（10）公众的媒介生活习惯。

（六）确定公共关系活动的时机

时机选择得好，可以增强公共关系的效果。相反，时机不当，则可能影响公共关系的活动效果。一般来说，一些时间是开展公共关系活动的理想时机，如节假日，重大社会纪念日，开业之际，新产品、新技术、新服务项目开发之际，企业转产、合并、合资、迁址之际，开展社会公共福利活动之际，产品畅销之际，企业荣获重大荣誉、证书之际，领导人、重要外宾参观企业之际，发生重大责任事故之际，采取重大决策措施之际等。这些时间是企业发展过程中的关键阶段，敏感度高。在这些非常时刻，适时地开展相应的公共关系活动，容易引起公众的注意和好感，形成公共关系的轰动效应，从而获得良好的公共关系效果。

 第三节　公共关系实施

一、公共关系实施的内涵

公共关系实施是在公共关系调查、公共关系策划的基础上，将公共关系策划书的内容变为现实的过程；是为实现公共关系活动目标创造性地开展公共关系工作的过程；是传播信息和目标公众双向沟通的过程。

我国著名的公共关系专家明安香指出，公共关系是用传播手段塑造自身良好形象的艺术。公共关系专家居延安也指出，公共关系是一个社会组织用传播的手段使自己与公众相互了解和相互适应的一种活动和职能。

二、公共关系实施的意义

1. 公共关系的实施是实现组织公共关系目标的关键环节

公共关系调查和公共关系策划是一个了解问题和分析问题的过程，而公共关系实施是解决问题的过程，只有通过有效的公共关系实施才有可能实现组织的公共关系目标。

2. 公共关系策划的实施决定了公共关系目标的实现程度

实践表明，一个好的公共关系策划方案可能因无效的实施而无法达到预期的效果，而一个有着欠缺的公共关系策划方案也会因为有效的实施而得到完善。因此，公共关系策划的实施，不是"照葫芦画瓢"那么简单，而是一项富有创意性的工作。实施效果如何，直接影响组织公共关系目标的实现程度。

3. 公共关系策划实施的结果为下一个公共关系策划提供了参考的依据

组织的公共关系工作是连续不断的，公共关系策划此次的实施结果，为下次的公共关系策划提供依据。总结成功的经验和失败的教训，都有助于以后的公共关系活动的有效展开。

4. 公共关系策划的实施可以检验策划工作的水平

公共关系策划方案只有通过实施才能发现问题，如收集资料是否全面、准确，分析是否科学，是否具有针对性，策划的技巧和方法以及策划的创意是否新颖等。

三、公共关系实施的步骤

公共关系策划的实施必须有条不紊地开展，一般有三个步骤。

1. 组织、人员、经费落实

根据公共关系策划书的要求设置实施机构，机构的规模应当与公共关系工作或公共关系专题活动的任务相匹配。机构设置的原则是精简和高效。确定参与实施的人员，人员的选择要根据公共关系任务的要求，结合参与者的专业素质和能力素质开展。公共关系活动经费和必要的物资，在活动开展之前就要安排好，避免在活动中资金或物资供应不上，导致活动中断。

2. 培训、分工

公共关系策划者和组织者，在活动开展之前，必须培训参与实施的所有人员，让所有的参与者都能够明确此次公共关系工作和活动的目的、任务、要求。了解此次活动对组织的重大意义，训练活动中的有关技术，以期能够熟练掌握，这对提高活动的准确性和效率性是十分必要的。公共关系工作或活动往往是一项系统工程，需要组织中的各部门、各环节相互协调、相互配合，为避免有相互推诿的现象发生，在公共关系活动开展前就要对组织的各职能部门和工作人员做合理的分工。

3. 做好公共关系实施的动态调整

公共关系策划在实施过程中会出现由于外部环境的变化或内部环境的变化，或由于原

策划中的疏漏等，引起原策划方案与现实有不相符合的地方，需要调整、修改原策划方案，以保证在较合理的情况下，顺利完成规定的任务。因此，要做好实施过程中的监控和动态调整。

四、影响公共关系策划实施的主要因素

（一）公共关系方案的不完善

1. 方案本身存在的问题

虽然在公共关系策划的过程中，方案的制订都是经过反复推敲的，但是，主观分析与客观存在之间还是会存在差距，因而方案的设计难免会有疏漏，即方案本身会存在缺陷，这往往在设计过程中是很难避免的。

2. 客观环境的变化导致公共关系方案局部或全部出现问题

公共关系方案的策划有一定的时间周期，尤其是大型的公共关系项目策划的时间周期更长，而客观环境是瞬息万变的。因此，公共关系方案相对环境的变化总是滞后的。正因为公共关系方案本身会或多或少地存在问题，在公共关系策划实施的过程中，一定要调整方案，使方案的实施更加顺畅。

（二）方案实施过程中的沟通障碍

公共关系策划的实施过程，事实上是一个传播和沟通的过程。传播和沟通不畅都会影响公共关系的实施效果。

1. 语言、心理、观念障碍

语言是人类交流思想的工具，也是公共关系传播的工具。例如，演讲、专题发言、记者招待会等，都是通过语言传播的方式表达传播者及其代表的组织思想、理念，以寻求传播对象的理解和支持的。但语言的运用又是一个异常复杂的问题。从表面上分析，如在语言的运用中可能会出现词不达意、语义不明、模棱两可，或不同语言之间交流障碍等。从深层次分析，语言的运用还受环境、时间、地点、受众心理和观念等因素的影响，而且这些因素往往是决定性的。常言道："话不投机半句多。"这就是指交流的双方有心理距离，即心理障碍；或者在观念上有很大的差距，即观念障碍。心理障碍的形成主要由于人的认识、情感和态度等心理因素的差异性，观念障碍的形成是由于人对客观事物的根本态度和看法的差异性。克服这些障碍的策略就是要研究受众的心理、观念，找到心理观念的差距何在，关键点是什么，再运用语言技巧缩短差距，寻求共同点，这样才有可能达到预期的效果。

2. 风俗习惯的障碍

风俗习惯是指在一定的民族、文化、宗教、信仰等历史背景下形成的具有固定特点的调整人际关系的社会因素，如道德习俗、礼节、审美观等。风俗习惯是世代相传的一种习俗。不仅不同国家、不同民族的风俗习惯不同，有时同一国家、同一民族的习俗也会因距离的远近不同而不同。在当今，经济全球化已经成为不可阻挡的趋势，组织的公共关系范

围也随之扩展，跨地区、跨国界的公共关系活动已经成为组织公共关系工作的题中之义。因此，深入了解目标公众的风俗习惯，克服由此产生的障碍就十分必要。中国的古话"入境而问禁，入国而问俗，入门而问讳"是值得借鉴的。

3. 组织障碍

组织障碍是由于组织结构设置不合理而导致组织内外信息不能有效地传递，主要有三个方面的表现。

（1）组织层次过多，导致信息传递速度慢且容易失真。

（2）条块分割，造成信息通道的断裂，使信息传递受阻。

（3）沟通渠道单一，造成信息量不足或传递渠道狭窄而无法做到充分传播和沟通信息。

解决组织障碍的方法：首先，是在组织结构上减少层次，减少信息传递的环节；其次，要建立多种信息传递及反馈通道，做到及时传递，及时反馈；最后，要健全组织结构，建立高效、快捷的信息传递机制。

（三）突发事件的障碍

对开展公共关系活动影响最大的是突发事件，主要包括人为的纠纷（如公众投诉、新闻媒介的批评、不利舆论的冲击等）、不依人的意志为转移的自然灾害（如地震、水灾、火灾、空难等）、政策环境发生的变化等。

第四节　公共关系效果评估

企业运用科学的检测方法评估公共关系的效果，是公共关系的最后环节，同时也是后续公共关系的起点，为确定新的公共关系目标提供客观依据。

一、公共关系效果的评估标准

公共关系效果的评估标准是社会效益、心理效益和经济效益。企业公共关系的绩效路径应该是以社会责任绩效为形、以心理绩效为媒，最终结出经济硕果，因而在这三项评估标准中，社会效益是前提，心理效益是中介，经济效益是根本。

公共关系能否实现协调公众关系、塑造品牌形象的目标，取决于能否为社会与公众创造实实在在的价值，带来切实的利益。因此，评估公共关系活动的效果，首先要衡量其社会效益。评估公共关系社会效益的指标主要有参与社会难点问题的解决，展示出浓烈的国家情怀；传播社会主义核心价值观，弘扬社会正气；参与社会重大事件，特别是公共突发

事件的处置，表现出企业的公民责任精神；资助社会公益、慈善事业，呈现企业的道德责任形象；弘扬民族传统文化与民族精神，展示企业的文化传承和文化自信形象；促成积极、乐观、奋斗、进取等健康社会心理的形成，表现出企业促人奋发向上的鼓动者形象；引导大众养成文明的生活方式；获得社会与政府的称赞。

为了争取公众的认同，公共关系强调取悦于公众，因而它又表现为影响公众心理的活动，旨在引导公众产生积极、正面的心理体验，在赏心悦目之中对企业产生好感与期盼。因此，评估公共关系活动的效果，还要衡量其心理效益。评估公共关系心理效益的维度主要有引起公众对企业及其公共关系的注意；引导公众产生兴趣和好感；引导公众产生参加公共关系活动的欲望；促成公众参加公共关系活动的行为；引导公众记忆，对企业品牌留下深刻印象，记住企业的核心竞争能力、经营特色和品牌个性；引导公众对企业和品牌产生美好的联想与期盼，形成品牌依赖心理，使企业的商品成为其实物消费、身份消费、地位消费的基本对象。

企业不是公共部门，也不是心理健康教育机构，其社会使命在于创造财富，公共关系的社会效益与心理效益，最终应该体现为经济效益。因此，评估公共关系的效果，在评估社会效益、心理效益的同时，必须重点评估其经济效益。公共关系不是市场营销，但要服务于市场营销，因而评估企业公共关系的经济效益，不是统计其销售额，而是看公共关系在提高市场份额、提高经营利润方面的贡献。衡量指标主要有立足商品推广消费观念，使商品成为新生活方式的一种标配；开辟新的市场，在新市场提高商品的知晓度与美誉度，开拓市场领域；推介商品形象，特别是商品的技术形象、材质形象和身份形象；激发目标公众的消费需求与购买欲望；培养目标公众的商品消费乐趣；促成并固化目标公众的购买行为；引导公众口碑传播，借助公众的人际网络提高品牌影响力；提升品牌的竞争地位；开发并推介商品新的用途；等等。

二、公共关系效果的评估方法

评估公共关系效果的方法，主要有四种。

1. 观察体验法

观察体验法就是评估人员亲临公共关系现场，直接了解公共关系的实施情况，观察收集公众的反映，估计公共关系的效果，并当场提出改进、调整的意见。

2. 目标管理法

目标管理法就是把公共关系活动的具体目标细化为公共关系绩效考核指标，用绩效考核指标评估公共关系目标的实现程度。

3. 民意调查法

民意调查法就是把公共关系效果评估的内容设计成问卷，通过问卷调查的方式，了解公共关系对目标公众的影响，如 AIDAC 效果——是否引起公众注意（attention）、能否培养公众的兴趣（interest），是否激发公众的欲望（desire），是否促成公众的行为（action），是否赢得公众的信任（conviction）——以及目标公众对公共关系的反映与评价，据此形成调查结论。调查结论就是公共关系的效果的评估结果。

4. 舆论分析法

舆论分析法就是通过统计、分析媒介（特别是主流媒介和自媒介）评价与传播公共关系活动及其结果的情况，以评估公共关系的效果。具体做法有三种：第一，定性分析，即分析媒介传播的内容是正面报道还是负面报道，公众的跟帖是点赞还是吐槽，是谅解还是指责；第二，定量分析，即媒介报道的篇幅大小、持续时间以及版面位置等；第三，载体分析，即分析媒介自身的社会地位与社会影响指数（如纸媒的发行量、电视与广播的收视率、自媒介的粉丝量）。

三、评估公共关系效果的注意事项

首先，坚持定性分析与定量分析相结合，以便从价值判断和数据事实两个方面综合评估公共关系活动的效果。

其次，坚持长远效益分析与近期效益分析相结合。公共关系强调战略思维，效果不可能马上全部得到体现，这是公共关系效益的特殊性。因此，评估公共关系效果时，除了考察近期效益外，还要利用动态模式方法分析长远效益，形成科学公正的评估结论。

最后，坚持标准性与变化性相结合。这就是说，一方面要有相对标准化的考评内容和考评项目，另一方面也要根据公共关系活动的特殊性和时间空间条件的变化，适当变通其中的部分测评项目，确保测评结论的科学性。

📥 思政之窗

每个组织在开展公关活动时，都会选择在媒体平台上广泛传播，他们的构思、策划和实施都具有创新性思维，值得认真研究、分析和学习。通过这些方式，我们的认识才能跟上时代的步伐，在实践中才能取得最佳的效果。列宁说："生活之树常青，理论是灰色的。"只有在生活中不断获得丰富经验，才能推动理论的不断发展。我们要将公共关系融入生活，在生活中不断体会、学习和提高。

📥 案例思考

2020 年，一位微博网友在社交平台上公开问道："在星巴克拿个笔记本电脑的人是什么职业？"有网友回复：星巴克气氛组。星巴克中国的官微很快回复："要么是等下午3：00 星巴克圣诞季茶拿铁买一送一的人，反正不是星巴克气氛组，这点，我否认。"而后"星巴克气氛组"登上了热搜，官方立刻建立了话题 # 原来星巴克还有气氛组 #，既是

回应星巴克"找托"这件事，又借势营销，提升品牌的曝光度。

当天官微在微博上发起了"招募官方气氛组 30 人"的活动，公布了报名条件：来星巴克门店；坐得住，连着 Wi-Fi 上着网；在朋友圈官宣"我要报名星巴克气氛组"，发微博 @ 星巴克中国，晒朋友圈截图，关键要带气氛，让大家为你点赞。

这一活动，引起了网友的大范围参与，不少网友晒出了自己参加星巴克气氛组的现场图。星巴克的官微也与参与活动的星粉展开了互动，不断吸引用户参与到品牌的活动中。

星巴克营销团队反应快速，化被动为主动，将负面的质疑变成品牌营销的契机，强化品牌定位，收获了更多的年轻消费者。星巴克通过发起真实的招募活动，承接了网红热门话题的热度，极大地降低了营销成本，并总结了用户选择到星巴克消费的原因，凸显品牌"第三空间"的定位。

一直，星巴克都打着"第三空间"的概念，向用户传递着星巴克是心灵栖息所的一个闲散地，可以为那些被日常琐事困扰的女性、被工作占满而无暇休息的白领以及那些奔波于图书馆和教室的学生等人群，提供一个更为自由的场所，他们在这里可以暂时放下困扰，给灵魂片刻自由的信息。星巴克借势"星巴克气氛组"强化了品牌"第三空间"的定位，突出它是星巴克除了咖啡和其他饮品外一个很重要的品牌"卖点"，且借势向大众表明：星巴克是消费者移动办公的好去处。这样一来，就很容易吸引那些需要移动办公的用户加入星巴克的"第三空间"，助力品牌收获更多更有消费力的年轻用户，同时彰显星巴克"第三空间"品牌概念的魅力和潜质。

星巴克面对网络热搜，快速反应，玩了一把极其巧妙的借势营销，将质疑变成增加品牌的传播力和用户好感度的话题。从品牌角度来说，星巴克借势热点的影响力，强化了品牌定位，提升了自身的影响力。从传播角度来说，网络梗有大量的用户关注度，星巴克将自己与网络梗联系到一起，很容易吸引媒体与用户的眼球，使传播达到事半功倍的效果。从企业角度来说，企业如果不回应负面传闻，将影响企业本身的形象。星巴克巧妙地回应质疑，在树立企业良好公众形象之余，提升了曝光率，其机智与良好的网感也赢得了用户的好感。

思考：

（1）请按照四个步骤分析梳理星巴克在处理本次公关事件时的思路。

（2）试分析本次处理的长处和短处。

第八章
公共关系的社交与礼仪

中华民族素有"礼仪之邦"的美誉。我国历史上第一位礼仪专家孔子就认为礼仪是一个人"修身养性持家立业治国平天下"的基础。礼仪是普通人修身养性、持家立业的基础，是领导者治理好国家、管理好公司或企业的基础。

学习目标

知识目标

◆学习和把握人际交往的特点与功能。

◆了解公共关系社交的含义与特征。

◆掌握公共关系社交的作用等陈述性知识。

能力目标

◆熟悉人际交往中的注意事项。

素质目标

◆培养高尚的道德情操，树立社会主义核心价值观。

◆对待他人时礼貌和善，不做不文明的举动。

思政目标

◆通过学习，学生能够在活动场合不怯场，礼仪规范，提升自身素养，将所学知识灵活运用在自己的生活和工作中，达到事半功倍的效果，为自己的将来打好坚实的基础。

 第一节　公共关系礼仪概述

　　人们在长期的社会交往活动中，根据一定的风俗、习惯，逐渐形成了一些惯用的交往规则，也就是人们常说的礼节。那么，什么是礼仪呢？礼仪是礼节的一个组成部分，是表现礼节的一种形式。由于礼仪是人们在社会、道德、习俗、宗教等方面的行为规范，所以它是人们文明程度和道德修养的一种外在表现形式。

　　公共关系礼仪是指社会组织及其成员在与公众交往的过程中应具有的合乎社交规范和道德规范的礼节、礼貌、仪式等的总称。在不同的场合，就不同的对象而言，礼仪有不同的表现形式和要求。懂得各种礼仪且恰当地应用，是公关工作者的基本素质之一。

一、公共关系礼仪的起源、特点、功能

　　在公共关系活动中，公关礼仪是公关人员必须掌握且娴熟运用的人际传播技能。对公关人员来说，礼仪不仅是与公众交往场合中的"通行证"，而且是体现一个人修养水平和业务素质的一种标志。

（一）公共关系礼仪的起源

　　进入现代商品经济社会，人与人之间的关系发生了重大的变化，从古代一般的社会礼仪中分化出专门的公共关系礼仪。公共关系礼仪的起源可以概括为四个方面。

　　首先，公关礼仪起源于传统礼仪的母体。一个社会是不断发展的，但社会的文化又是延续流传的，任何一个国家和民族都无法摆脱自己的文化传统。现代公关礼仪是对传统礼仪的继承、发扬和改造。

　　其次，公关礼仪服从于现代商品经济发展的需要。现代社会生活的基础是商品经济，高度发达的市场经济成为现代公关礼仪诞生的催化剂。

　　再次，大众传播媒介推动了公关礼仪的发展。电视、网络等媒体通过各种方式向人们展示礼仪的作用与功能，促使公众调整自己的行为规范。

　　最后，公关礼仪是公民意识不断提高的产物。公关礼仪与传统礼仪最大的不同之处就在于民主平等意识的主导作用，是对独立人格的尊敬和人性尊严的张扬。

（二）公共关系礼仪的特点

1. 民族性

　　不同的民族由于自然条件、地理环境、生活习惯的不同，会产生不同的礼节和礼仪。

2. 公德性

　　礼仪要受社会公德的制约，即在一定社会范围内，长期形成的一种被大多数社会成员认可施行的思想和行为规范，是人们评价善、恶、美、丑的习惯性标准，具有约定俗成的

本质属性。礼仪不能违背这些社会公德。

3. 沿袭性

社会不断发展，历史不断前进，礼仪作为人类生产生活的一个有机组成部分，不可能是一成不变的。不过，礼仪习惯和礼仪制度的变化又不是剧烈的、飞跃式的，而是在延续、继承前提下的一种缓慢重叠。

（三）公共关系礼仪的功能

1. 形象功能

公关人员在处理内部与外部的诸多关系中，其言谈举止、举手投足都能把一种潜在的信息传递给公众。良好的礼仪表现可以为公司树立完美的社会形象；反之，也会给公司带来负面效应。

2. 沟通功能

人际交往、沟通是当代社会生活中的一大主题。发自真诚和敬意的礼仪行为是人际交往中的桥梁，是社会中人与人之间、群体与群体之间密切联系的纽带。公共关系工作人员在日常公务活动中要接触方方面面、形形色色的公众，以文明优雅的举止、温和客气的言语与公众交谈，可使气氛融洽，更有利于彼此的沟通和人际关系的协调发展，提升管理工作的质量。

3. 协调功能

礼仪作为社会交往的规范和准则，使人们相互尊重、相互理解，对人际矛盾可起到"润滑剂"的作用，对人际关系能发挥良好的协调功能，使人们友好相处，工作有序、有效。公关人员在与各方面接触工作的过程中，按照礼仪规范处理方方面面的关系和应对各种各样的局面，有助于缩短人们之间的情感距离，缓和或避免不必要的人际冲突，与各方建立友好与合作的关系。

4. 制约功能

礼仪规范是社会文明的重要标志，是社会约定俗成的行为模式。礼仪约束着人们的态度和动机，规范着人们的行为方式，协调着人与人之间的关系，维护着社会的正常秩序，在企业管理中发挥着巨大的作用。

二、公共关系社交

公共关系工作从某种意义上说是一种与公众打交道的艺术。为了赢得公众的支持、信赖和谅解，树立良好的组织形象，传递和获取组织需要的信息，公关人员就必须具备较强的社会交际能力。

（一）公共关系社交的含义与特征

1. 公共关系社交的含义

公共关系社交是指公关人员在公共关系活动中为了满足某种需要或者达到特定目的而

开展的信息交流与联系。

2. 公共关系社交的特征

公共关系社交除了具有一般社交的特征外，还有五个独有的特征。

（1）关注公众需求

人类的社交活动目的主要是接触社会、获得知识、建立友谊、认识自我。公共关系社交除了具有人类的社交活动目的外，还离不开公共关系的总体目标，即创造良好的公共关系状态，使组织与内外公众处于协调、融洽的社会环境之中。因此，公关社交一方面要使组织在公众中享有美好的形象和良好的声誉，另一方面要充分关注和满足组织内外公众的需求与利益。

（2）强化角色意识

"角色"是社会学的一个术语，是指个人或组织在社会这个大舞台中，根据交往对象的不同，不断变换自己扮演的角色，是多种社会角色的集合体。公共关系是一种社会关系，表现在具体的社会角色的相互作用之中，也是一种"角色关系"。在社会交往中，无论是对内部公众还是外部公众，无论是对上级还是下级，都有特定的角色规范。作为公共关系工作人员，应该努力强化角色意识，掌握各种社交技能，尽量避免角色冲突。

（3）明确交往对象

由于组织面临着纵横交错的关系，在强化角色意识的同时，公共关系工作人员需要理顺公共社交的各种对象，对不同层次、不同职业、不同年龄、不同文化素养和兴趣爱好、不同社会阶级的交往对象，既要着眼于广大公众，又要考虑对象的不同特点和个性，区别不同层次，选择不同的内容，采取不同的社交方法。

（4）立足长远利益

公共关系注重的是双向沟通，追求的是组织的长远利益，要使双方关系得到协调和沟通，坚持社交中的互惠互利是非常重要的。这种互惠互利，不仅指物质上的"惠"和"利"，也指精神上的"惠"和"利"。前者是无形的，后者是有形的。从公关社交的角度看，两者应该并重，在某种情况下，精神上的"惠"和"利"比物质上的"惠"和"利"显得更重要。当组织与公众之间发生了矛盾，组织应从公众利益的角度出发，在明辨是非的同时，多给公众以尊重、了解和关心。如果理在公众，公关人员就应为维护公众的正当利益仗义执言；如果理在组织，公关人员就应该向公众耐心解释，谅解公众。

（5）精心组织活动

公关社交是一项有目的、有计划的活动。为了达到预期的效果，对重要的社交活动，如庆祝会、记者招待会、宴会、茶话会等，公关人员必须精心组织、认真实施。一是要有活动计划，如活动的目的、形式、范围、时间、地点等。二是要有明确的公关对象，要认真组织参加活动人员，全面考虑被邀请参加的人员情况如男女比例、文化修养、职位高低、关系状况和席位安排等因素。三是要提前发出邀请信息，及时掌握重要人员反馈的信息，搞好迎送工作。四是要按时举行，不要随便更改时间和地点。

（二）公共关系社交的作用

公关社交活动是公共关系不可分割的重要组成部分，在组织的发展中发挥着重要的作用，主要体现在四个方面。

1. 塑造形象作用

良好的社会形象是组织生存和发展的重要条件，是公共关系的最终目标。组织的社会形象包括组织的产品形象、理想形象、员工形象和整体形象等许多方面，公关社交的塑造形象作用主要是通过个人形象的塑造促进组织形象的塑造。公共关系中的人际交往具有个体化与非个体化的双重性，交往过程既带有个体性，又具有组织性。个体在交往活动中表现出的礼貌、态度、知识修养等，往往直接影响他人对他代表的组织的印象。因此，在社交场合，组织的各个成员特别是组织的公关人员，不仅要打扮得体、举止大方、表现稳重，而且要充满自信心，主动、积极地与人交往，这样才能赢得公众的信任，获得更多的朋友，从而树立个人和组织良好的社会形象。

2. 桥梁作用

公关社交中的人际交往的双重性特征，往往不是同时发生作用的，有时是先从组织交往关系开始，逐渐产生个体间融洽的交往关系，使交往顺利发展；有时是个体间融洽的交往关系促成组织交往关系的产生和发展。个人与个人之间深厚的友情和长久的交往，往往缘于彼此深厚的信任，它能增加彼此对对方所代表的组织的信任，从而促进组织的有关交往。

3. 协调作用

组织与其相关公众之间的关系，就和人际关系一样。如果彼此尊重、互谅互让，就能够和睦相处、携手并进；如果偏见固执，不能坦诚相见，就会激化矛盾，不欢而散。这就需要公关人员在社会交往中协调和沟通。

4. 凝聚作用

公关社交是组织"内求团结，外求发展"的重要手段。这一手段主要体现在通过公关社交活动的安排和实施，强化组织全体成员的公关意识，从而使得组织内部上下一心，团结一致，凝心聚力。一般来说，凝聚力有益于组织目标的完成，可并不是任何凝聚力都有利于组织目标的实现。根据研究，只有在员工凝聚力的目标与组织目标相一致的基础上，增强凝聚力才有利于组织；否则，两个目标背道而驰，员工之间的强凝聚力反而会有碍组织目标的实现。因此，公关社交在这方面的工作重点是使员工凝聚力的目标与组织目标相一致。

（三）公共关系社交与一般人际交往的关系

从上述分析可以看出，公共关系社交与一般人际交往之间既有联系又有区别。

1. 公共关系社交与人际交往的联系

（1）从工作内容看，公共关系社交也包括了人际沟通的技巧，如面对面的情感交流和说服技巧。

（2）从工作方法看，公关工作需要运用人际沟通的手段，要求公关人员具备较好的人际关系能力。良好的个人关系有助于建立良好的公共关系。

2. 公共关系社交与人际交往的区别

（1）行为主体不同。公共关系社交的行为主体是组织，人际交往的行为主体是个人。

（2）对象不同。公共关系社交的对象是公众，人际交往的对象是私人。

（3）目的不同。公共关系社交的目的是在社会公众中树立组织的良好形象，建立组织与公众之间良好的合作关系；人际交往的目的是个人与个人交朋友、结良缘，为了实现个人心理需要，建立个人与个人之间的和谐人际环境。

（4）结构不同。公共关系是整体性的，人际交往是个体性的。

（5）沟通方法不同。公共关系社交的手段除了人际传播外，还要经常运用大众传播和群体传播的技术和方法；人际交往主要以个人的行为举止为媒介。虽然随着信息技术的发展，人际交往中也运用计算机网络等先进的沟通手段，可仍然不能同公共关系社交中使用大众传播的手段相提并论。

第二节　公共关系礼仪的主要形式

一、公共关系日常社交礼仪

公关人员在日常社交中的礼仪主要包括握手礼仪、介绍礼仪、电话礼仪、交谈礼仪、礼品礼仪等。

（一）握手礼仪

握手是在相见、离别、恭贺或致谢时相互表示情谊的一种礼节。握手礼是在一切交际场合最常使用、适应范围最广泛的见面致意礼节，表示亲近、友好、寒暄、道别、祝贺、感谢、慰问等多种含义。通过握手往往可以了解一个人的情绪和意向，还可以推断一个人的性格和感情。有时握

握手礼仪

手比语言更充满情感。

1. 握手礼的行使规则

握手的先后次序主要根据双方所处的社会地位、身份、性别和各种条件来确定。

两人之间握手的次序：上级在先，长辈在先，女士在先，主人在先。具体而言，下级、晚辈、男士、客人应先问候，见对方伸出手后，再伸手与其相握。在上级、长辈面前不可贸然先伸手。若两人之间身份、年龄、职务都相仿，先伸手则为礼貌。

2. 握手礼的行使正确姿势

标准的握手方式：握手时，两人相距约一步，上身稍前侧，伸出右手，四指并拢，大拇指张开，两人的手掌与地面垂直相握，上下轻摇，一般以 2 ～ 3 秒为宜。握手时注视对方、微笑致意或简单地用言语致意、寒暄。

3. 握手礼行使的注意点

（1）行握手礼时要注意力集中，不要左顾右盼，不能一边握手一边跟其他人打招呼。

（2）见面与告辞时，不要跨门槛握手。

（3）握手一般总是站着相握，除年老体弱或残疾人以外，坐着握手是很失礼的。单手相握时，左手不能插口袋。

（4）男士勿戴帽或手套与他人相握，穿制服者可不脱帽，但应先行举手礼，再行握手礼。女士可戴装饰性帽子和装饰性手套行握手礼。

（5）忌用左手同他人相握，除非右手有残疾。当右手脏时，应亮出手掌向对方声明，并表示歉意。

（6）握手用力要均匀，对女性一般象征性握一下即可，但握姿要沉稳，充满热情和真诚。

（二）介绍礼仪

礼仪

介绍是人际交往中一种与他人加强沟通、增进了解、建立联系的最基本的方式。社交场合的介绍基本上分为两种，即自我介绍和为他人做介绍。

介绍礼仪

1. 自我介绍

首先，要向对方点头致意，得到回应后，再向对方介绍自己的情况，同时递上事先准备好的名片。其次，要注意面部表情。介绍时应该表情轻松、面带微笑、精神饱满、展现自信。如果在自我介绍时忸忸怩怩、拘谨不安，会让对方感觉到你内心的羞怯，从而怀疑你的能力。

依据自我介绍的内容的差异，可以分为四种形式。

第一种为应酬型，适用于一般性的人际接触，只是简单地介绍自己。例如："您好！我的名字叫×××。"

第二种为沟通型，也适用于普通的人际交往，意在寻求与对方交流或沟通。内容可以包括本人姓名、单位、籍贯、兴趣等。例如："您好！我叫×××，大连人，现在在一家银行工作。您喜欢看足球吗？嗨，我也是一个足球迷。"

第三种为工作型，即以工作为中心自我介绍，内容应重点集中于本人的姓名、单位以及工作的具体性质。例如："女士们，先生们，各位好！很高兴有机会把我自己介绍给大家。我叫×××，是海风公司的业务经理，专门营销电器。有可能的话，我随时愿意为在场的各位效劳。"

第四种为礼仪型，适用于正式而隆重的场合，属于一种出于礼貌而不得不做的自我介绍，内容除了必不可少的三大要素以外，还应附加一些友好、谦恭的语句。例如："大家好！在今天这样一个难得的场合中，请允许我做一下自我介绍。我叫×××，来自大连×××公司，是公司的公关部经理。今天是我第一次来到美丽的西双版纳，这里美丽的风光深深地吸引了我。我希望在这多待几天，很愿意结识在座的各位朋友。谢谢！"

2. 为他人做介绍

为他人做介绍就是把两个互不相识的人通过中间人的引见使他们认识，从而活跃社交场合的气氛，发展相互之间的友谊。

在社交活动中，为他人做介绍的通常有四种情况。

（1）把男士介绍给女士。这是"女士优先"精神的具体体现，也是最常见的一种方式。唯有在女士面对尊贵人物时，才允许有例外。

（2）把晚辈介绍给长辈，优先考虑被介绍人的年龄。

（3）把客人介绍给主人，适用于来宾众多的场合，尤其是主人未必与客人都相识的情况。

（4）把职位低者介绍给职位高者，适用于比较正式的场合，特别适用于职业相同的人士之间。

在介绍时应该注意介绍的双方信息相当，否则会让一方感觉到不受重视；同时，也要介绍双方的职务和姓名，尽量为介绍双方提供更多的交谈内容。

（三）电话礼仪

文明而礼貌地使用电话，包括座机和手机，会促进有效沟通，并恰到好处地向别人表示尊重，获得有益的信息。人们使用电话这种交流工具沟通，不外乎以下两种情况：拨打电话和接听电话。

电话礼仪

1. 拨打电话

使用电话时，如果主动打电话给别人，则称作拨打电话。拨打电话时，应该注意的礼仪有三点。

首先，把握通话时间。一是要选好通话时机。除非有要事相告，一般不宜在他人休息或用餐的时间给对方打电话。给海外人士打电话时，还需了解此地与彼地的时差。二是要注意通话的时间长度。每一次拨打电话的具体时间长度，基本的要求是以短为佳，一般不超过 3 分钟。在通话期间，最忌讳没话找话、浪费时间。

其次，准备通话内容。一是要事先准备。拨打电话前，尤其是拨打重要电话前，拨打电话者应当尽量提前做好准备。若有可能，最好是事先动笔开列出一份通话提纲。二是要直奔主题。拨打电话，一定要做到务实不务虚，长话短说、开宗明义、直入正题、适可而止。

最后，注重通话行为。在通话过程中，在语言上注意文明礼貌，不得滥用脏字。通常，电话接通后的第一句话是"您好"或者"你好"，而不是"喂"；第二句话是自我介绍，如"我是某某单位的某某"；最后道上一声"再见"。整个过程中，嗓门不宜过高，免得让接听电话者感到震耳欲聋。通话结束后，要轻轻地把电话机放回原处。

2. 接听电话

接听电话者接电话时的礼仪规范要求也有三点。

首先，接听电话时，通常不宜请别人代劳。因特殊原因必须这么做，或是在电话铃声响过许久才迟迟去接电话，则勿忘在通话之初向拨打电话者作出解释，并致以歉意。

其次，要应对谦和。在拿起话筒之后，接听电话者首先应当向拨打电话者问好，随之自报家门，如"您好，这里是某单位，我是某某"。在通话过程中，应聚精会神，不要三心二意。要积极参与对方谈论的问题，不允许一言不发，有意冷落对方。

最后，在接听电话的过程中，一般不要再做其他事情，应专心接听。万一在处理重要事情或接待重要客人期间而不宜与对方深谈，可在接听电话时向其讲明原因、表示歉意，且约好具体时间，届时由自己主动拨打电话。

（四）交谈礼仪

交谈是一种有来有往的双边或多边的言语和情感的交流活动，因此，必须把握交谈双

方共同感兴趣的话题。从内容上看，选择交谈话题最好的办法是就地取材，即按照当时所处的环境选取话题。如相遇在朋友家里，赞美一样其家中的东西，常常是最稳当、最得体的开场白，由此可引出某方面的话题。

交谈礼仪

交谈礼仪是指人们在交谈过程中应该遵循的礼节和应讲究的仪态等。交谈时的礼仪应注意三个方面。

1. 声音与姿态

在正式的社交场合，即使是熟人之间，谈话的声音也不宜过高，以免妨碍他人，引人反感。

与人交谈时，表情自然，语言和气亲切，表达得体，可适当做些手势，但动作不宜过大，特别是不要伸手指指点他人。

谈话时与对方之间的距离要适当。距离较近时，避免正面相对，以防唾沫相溅。

参与别人谈话时要先打招呼，别人在个别交谈时，不要凑前旁听。若有事需与某人说话，应待别人说完；有人主动与自己说话，应表示乐于交谈；第三者参与谈话，应主动点头微笑或握手表示欢迎。谈话中遇有急事需要处理或需要离开，应向谈话对方打招呼，表示歉意。

交谈时，无论是坐还是站，身体都不要太拘谨，也不能太放松，以免显得懒散松垮，对人不尊重。聆听他人谈话时，眼睛应该有礼貌地注视对方，并适当地点点头，以示专心。

2. 话题

在社交场合，应选择大家可以介入、方便发表意见的话题，如现场气氛、环境布置、天气、当日新闻等，不要只谈个别人知道的事而冷落了其他人。

谈话内容一般不要涉及疾病、死亡等不愉快的事情，也不要谈荒诞离奇、耸人听闻、黄色淫秽的事情。一般不宜用批评的语气谈论在场者或其他相关人士，也不要讥笑他人。

话题不要涉及他人的隐私。例如，对女士不宜问年龄、婚否、服饰价格等，不宜用身体壮、保养好等涉及身材方面的模糊用语；对男士不应问钱财、收入、履历等。不随便议论他人的宗教信仰和政治信仰，以免犯忌。

遇到不便谈论的话题，不轻易表态，应适当转移话题以缓和气氛。涉及对方反感的问题，应及时表示歉意。

男士一般不参与女士圈内的议论；与女士谈话时要宽容、谦让、尊重对方，不随便开玩笑。

3. 礼貌用语

交谈时应注意使用礼貌用语：与人打招呼时说"您好"，对他人提出要求时说"请"，得到别人帮助时说"谢谢"，给人添麻烦时说"对不起"或"打扰了"，别人向自己致歉时说"没关系"，与人分手时说"再见"等。

小贴士

交谈时应注意的事项

第一，谈话现场超过三人时，应注意和在场的所有人攀谈，不要只顾与一两个人谈话而不理其他人。不要一人说得太多，应给每个人发表意见的机会。

第二，要善于聆听对方的谈话，不可轻易打断别人发言，特别是不要老看表或手机、随意走动、打哈欠等，显得烦躁而不重视对方。

第三，交谈时遇有争论，注意以礼相待，不要恶语相加，不要使用挖苦、讽刺的语言刺激对方。

第四，到别人家里做客交谈，一般以不超过两小时为宜。如主人没有主动邀请就餐，应在开饭前一小时左右找借口离开，不要等马上开饭时才起身告辞。

（五）礼品礼仪

中国人一向重交情，赠送礼品是表达友情的一种方式。送礼要选择好时间，最好是在重大节日或具有纪念意义的日子，如春节、中秋节、端午节、生日、婚礼日等。另外，接到朋友的喜庆请柬时，也应送礼。

礼品不必太贵重，应强调"礼轻情意重"。可选择有纪念意义、有特色的东西作为礼品，如馈赠即使有钱也难买到的特制纪念品。另外，也要考虑到客人的爱好。

礼品礼仪

喜礼一般在婚前送到。若是深交的朋友，即使对方的请柬未到，也可先行送礼。开张答谢礼必须在揭幕或剪彩之前数小时送到，以送花篮最为普遍，也有送镜屏或镜画的。朋友帮过你的忙，为了表示谢意，送对方一些酬劳礼也是应该的。这类送礼，非寻常可比，

第一要投对方所好，第二要适合对方使用，要因人而定。赴宴礼品可在宴会开始前送到主人家，以表恭敬。如赴私人住宅访问，应注意为主人带些小艺术品、土特产等；如果有小孩，可带些糖果或玩具。

送礼时一般应当面赠送，可附上祝词和名片，最好用彩色包装。收礼时最好当面打开包装欣赏礼品，同时致谢，如"我非常喜欢""很漂亮""谢谢"等。

收到寄来的礼品，应及时回复短信或名片致谢。

二、公务活动礼仪

公务活动礼仪是公关人员在组织的商务活动中应该掌握和遵守的行为规范，主要包括五个方面。

（一）接待礼仪

接待，即对客人的迎接招待。在公共关系工作中，它属于日常性而又必须重视的工作。公关人员要同各式各样的客人打交道，如采访的记者、协作单位、股东、社会团体、远道而来的外宾、寻求赞助者、上级主管部门等。来访者可能是个人，也可能三五成群或者是一个团体。负责接待的公关人员的方式、方法及其言行会给客人留下很深的印象，关系到组织的整体形象。

接待礼仪

公关人员经常要在办公室接待各种来访者，倾听他们的意见，回答他们的问题，协调与他们的关系，或商量、讨论某项共同关心的事宜。

1. 热情相迎，确定情况

对来访者，无论是何人，首先应报以微笑，热情招呼来访者坐下，再委婉而迅速地了解来访者的身份、目的和具体要求，以便决定接待来访者的规格、程序和方式。

2. 身份对等，专业对口

客人中如果有一定地位的来访者，公关人员应按照客人的身份安排对等的接待者。当然，由组织的公关负责人出面也是可以的，这是因为他们通常被授权代表组织，甚至代表最高负责人出面接待，可接待各种级别或层次的客人。

来访的客人如果专业性较强，公关人员应立即与有关的专业技术部门联系，积极引荐有关方面的权威人士，并协助做好一切安排。

3. 有闻必录，以备查询

必要的情况下还要请来访者填写来访登记，耐心倾听和记录来访者的意见，并恰当处理来访者的意见。重要的情况应及时反馈给领导或有关部门，协助解决来访者的实际问题；暂时不能处理的，应作出合理的解释，保持联络，待处理后再回复。

这里要特别指出的是，在迎送客人的过程中如果需要陪同客人乘车，要注意位次礼仪。一般情况下，专职司机开车时，双排座轿车的座次安排原则：后排为上，前排为下；右侧为上，左侧为下。恰当的安排是，第一主人和第一客人分坐后排左右，随员坐副驾驶位。主人亲自开车时，双排座轿车的座次安排原则：前排为上，后排为下；右侧为上，左侧为下。恰当的安排是，第一客人可在副驾驶位置就座，其他随员在后排。大型客车的座次安排较为随意，但一般应在主、客方随员就座后，请第一主人和第一客人上车，下车时的顺序则相反。以小型客车接待客人时，一般要请客人先上车，接待人员待客人全部上车就座后方可上车。到达目的地后，接待人员先下车开门，再请客人下车。若客人乘坐的是轿车，接待人员则应在客人上下车时，一手拉开车门，一手遮挡门框上沿，以防客人碰头。

总之，有的放矢地做好迎来送往工作，为组织广交朋友、消除戒备，是公关人员一项既琐碎又重要的日常工作。

（二）函件礼仪

函件是各社会组织用以联系工作、商洽事务常用的媒介方式，注意函件的写作方式及礼仪礼节，有助于函件往来各方的顺利沟通。

公函是社会组织间联系沟通的行政信件，在形式上可分为正式的公文和一般的便函两类。前者一般有发文编号，格式正规；后者则没有。

函件礼仪

公函一般分四个部分：标题、开头、正文、结尾。基本格式与"请示""报告"相同。

公函的正文要阐述清楚商洽、询问、答复、委托告知的事项，如要求对方办理某项工作，向对方叙述某件事情，回答对方提出的问题，向对方提出处理某个问题的意见等。

公函的结尾可根据不同情况，使用"特此函复""特此函告""请速复函"等语句。

注意公函交往中的方式和礼仪是十分重要的。在日常生活中，组织会以公函的形式主动同公众联系沟通，公众也会经常写信给组织了解情况、表达抱怨或要求回答。无论哪一类信函，组织的公共关系工作人员都应该认真处理，要让公众感到自己受到组织的重视，组织富有人情味。公函的格式要正确，态度要亲切。

（三）会见与会谈礼仪

会见，国际上一般称接见或拜会。凡身份高的人士会见身份低的，或主人会见客人，一般称为接见或召见；凡身份低的人士会见身份高的人，或客人会见主人，一般称为拜见，我国一般统称会见。就其内容而言，会见有礼节性的、政治性和事务性的，或兼而有之。

会见与会谈礼仪

会谈是指双方或多方就某些重大的政治、经济、文化、军事问题，以及其他共同关心的问题交换意见，也可以是洽谈公务或就具体业务谈判。会谈的内容一般较为正式，政治性或专业性较强。

1. 会见与会谈的提出

在会见与会谈的提出上，东道主与来访者的权利是对等的，宾主双方都可以提出会见要求。一般情况是由身份低者拜会身份高者，来访者拜会东道主。来访者可以根据本人的身份、业务性质、来访目的，主动提出拜访东道主。

2. 会见与会谈的场所

接待来访的客人时，领导者不宜在自己的办公室里就座。会见应该在专门为此目的而设置的地方或在小型会议室里。高级领导人之间的会见与会谈，通常安排在重要建筑物的宽敞的会客厅（室）内，也有的在宾客下榻的宾馆的会客室内。如是涉外宾客，会谈桌上应放置两国国旗，桌上应放置座位卡，使用中、外文字书写时要注意主方的文字在上，客方的文字在下。

3. 会见与会谈的场地布置与座位安排

会见与会谈的场地布置与座位安排都应体现出礼仪的规范性和对来访者的尊重。会见与会谈场地布置的原则是一致的，只是由于规格、参加人数、持续时间不同而略有差别。

（1）会见座位的安排。会见的座位安排有多种形式，有宾主各坐一方的，有宾主穿插坐在一起的。通常的安排是，主宾、主人席安排在面对正门位置，客人座位在主人右侧，其他客人按礼宾顺序在主宾一侧就座，主方的陪见人在主人一侧按身份高低就座。若是涉外会见，安排译员、记录员坐在主人和主宾的后方。

（2）会谈座位的安排。会谈分为双边会谈与多边会谈。双边会谈通常使用长方形或椭圆形桌子，多边会谈采用圆形或方形桌子。不论什么形式，均以面对正门为上座。双边会谈时，宾主相对而坐，以正门为准，主人在背门一侧，客人面向正门，主谈人各自居中。涉外会谈中，我国习惯把译员安排在主谈人右侧，但有的国家也让译员坐在后方，一般应尊重主人的安排。其他人按礼宾顺序左右排列，记录员可安排在后方；如参加会谈的人数少，也可安排在会谈桌就座；如会谈长桌一端面对正门，则以入门的方向为准，右为客方，左为主方。

4. 会见与会谈的礼仪内容

会见与会谈的礼仪内容包括双方简短的致辞、互赠礼品等。互赠礼品后，通常安排合影，随后就座。合影要事先安排好合影图，布置好场地，备好照相设备。合影时，主人和主宾居中，以主人右侧为上，按礼宾次序，主、宾双方间隔排列。第一排既要考虑人员身份，又要考虑场地能否摄入镜头，一般两端均由主方人员把边。合影环节也可放在会见结束后。会见时的招待饮料，各国不一。我国一般只备茶水，夏天加冷饮，如会谈时间过长，可适当加上咖啡、红茶和点心。

宴会礼仪

（四）宴会礼仪

宴会是公关活动中一项重要的工作，按照西方和中国现代的礼仪习惯，晚宴最为正式。

1. 确定宴会的目的、规格和种类

一般来说，规格较高、人数较少的宴请采用宴会的形式。如果是人数众多的宴请，安排宴会就不太适宜，通常采用冷餐会和酒会的形式。

2. 时间、地点的选择

要考虑到时间、地点的选择对宴会双方都适宜。应该尽量避免重大的节庆日，还要避免和对方组织的重点庆典活动在时间上发生冲突，尤其要注意对方的风俗习惯，避免在对方禁忌的日子里安排宴会。地点不能选离自己组织较近但离对方组织很远的地方，会让对方感觉到不受重视。

3. 席位的安排

正式的宴会都有桌次、座次安排。决定餐桌高低次序的原则：主桌先排定，其余桌次的高低以离主桌的远近而定，近的为位高者，远的为位低者，平行的以主桌右边的桌子为位高者，以主桌左边的桌子为位低者。座次的安排无论是中餐还是西餐，都有着严格规定；如果草率安排，会引起对方的不满，使宴请达不到预期的效果。

宴请客人时，主宾一般坐在面对房间正门的位置，主人一般坐在主宾的对面，其他宾客的顺序是 2 号客人在主宾的右手，3 号客人在主宾的左手，4 号客人在主宾的右手，5 号客人在主宾的左手，其他可以随意。

4. 出席宴会的礼仪

准时赴宴是最基本的礼貌。如果确实遇到特殊情况而不能出席，应该提前告知主人，并郑重解释、深表歉意，以取得主人的谅解。切忌在宴会即将开始时随便打个电话告知，说因事不能参加，这样会让主人感觉你不重视他。

另外，出席宴会前，赴宴者要注意服装整洁和个人卫生，身着得体的服饰。到达宴会地点后，应按照主人事先安排好的桌次和座位入座，如果同桌中有领导、长辈、女性，应该等其就座后再坐下，切忌见到座位就先坐下。

与邻座交谈时，切忌一边嚼食物，一边与人含含糊糊地说话；在进餐过程中，不能用餐具指点别人；不要对着其他人或餐桌咳嗽、打喷嚏，若是非打不可的情况可以将头转向一边，用手帕捂住口鼻；当有人提议大家干杯时，要立刻拿起酒杯起身站立，即使你是滴酒不沾者，也要将酒杯举到和眼睛持平的高度，做出喝酒的样子；如果对方向你敬酒，你应该回敬。一般是职位低者先向职位高者敬酒，年龄小者先向年龄大者敬酒，晚辈先向长辈敬酒。

（五）舞会礼仪

在公共活动中，舞会是经常开展的一项社交活动。因此，人人都应懂得舞会的基本礼仪。

1. 组织舞会

举办正规的舞会时，必须认真遵守礼仪规范，在时间、场地、曲目、来宾、接待等方面，都做好安排和准备。

（1）举办舞会的时间。一是要"师出有名"，同庆贺活动结合；二是要选择周末、节日、假日；三是要在晚上举行；四是要控制舞会的时间长度，通常约为两小时。

（2）来宾邀请。一是应提前向客人发出邀请，说明起止时间，以方便客人安排时间，对已婚者，一般要请夫妇二人；二是人员限量，根据场地大小、接待能力和交往需要，限制邀请人员的数量；三是性别比例，男女客人的数量要大致相等。

舞会礼仪

（3）接待工作。一是确定舞会的主持人，做好舞会的主持工作；二是组织招待人员，做好迎送、服务、陪同和邀舞等工作；三是准备好招待茶点；四是注意安全防范。

2. 参加舞会

参加舞会时须关注自己的行为举止，注意自己的临场表现，重视舞会的礼仪规范。

（1）仪容要整洁，举止要文明。不要穿短裤、背心、拖鞋跳舞。注意卫生，最好不吃葱、蒜等有强烈刺激气味的食物，也不宜喝酒。当患病、身体不适或感到疲倦时，最好不要勉强参加舞会；否则，由此引起咳嗽、打喷嚏、打哈欠等，对舞伴都是不礼貌的。

（2）邀人共舞，主动热情。一是只宜邀请异性；二是参加舞会的男女都可以主动邀请别人共舞，但一般是男士向女士主动发出邀请。男士邀请女士共舞时，可到对方面前点头示意并伸出右手请舞或说："我可以请您跳舞吗？"女士邀请男士共舞时，可大方地走到男士的面前说："请你带我跳舞，可以吗？"一旦接受邀请，就应同对方跳至一曲终了，不要中途退场。

（3）拒绝邀舞，态度友好。一般情况下不要拒绝邀请者的要求，无故拒绝是不礼貌的；如果确实太累或由于别的原因不想跳，要态度友好、委婉简要地解释。需要注意的是，拒绝一个人的邀请后，通常不应当马上又接受其他人的邀请，尤其不能当着前者的面堂而皇之这么做；否则，会被理解成有意侮辱对方，引起矛盾和纠纷。

（4）舞姿标准，表现文明。一是跳舞时要保持良好的风度和正确的舞姿，整个身体要始终保持平、正、直、稳。二是举止得体，保持间距。男方的右手应在女方腰部正中，双方距离两拳。进退移动，都要掌握好身体的重心，不要让身体左右摇晃，胳膊不要大幅度上下摆动。脸部朝正前方，保持微笑，神态自若，声音轻细，给人以美感。三是尊重舞

伴，一曲舞毕，要向对方致谢，男士要把舞伴送到原来的位子上。四是行为文明，不生事端。中间休息时，不要乱扔果皮纸屑，不宜高声谈笑、随意喧哗，不要随意穿越舞场，更不要同别人争抢舞伴，要始终做到礼貌谦和、有礼有节。

（5）以舞会友，广泛交际。要正确理解举办和参加舞会的目的。在正规的舞会上，跳舞不是目的，只是交际的手段，因而要珍惜参加舞会的机会，以舞会友，广交朋友。

社会文明程度得到新提高，是我国"十四五"时期经济社会发展的主要目标之一。习近平总书记指出："礼仪是宣示价值观、教化人民的有效方式。"礼仪作为一种制度规范和价值载体，具有成风化人的教化功能。努力实现社会文明程度得到新提高的目标，需要积极推进礼仪教育，不断提升人民群众文明素养，推动全社会形成适应新时代要求的思想观念、精神面貌、文明风尚、行为规范。

案例思考

2021年7月2日，徽州宴老板娘遛狗不拴绳，致使名犬突袭孩子。随即老板娘与孩子的母亲发生口角并动手。老板娘大放厥词："敢动我的狗，我就弄你孩子！不就要钱吗？老子有钱！老子干了好几个徽州宴，都是我干的！你那小孩还没有我的狗值钱！"从这句话之后，事情就变得一发不可收拾，网友们的激愤情绪和议论一直在蔓延。

事发后的第二天，也就是7月3日，徽州宴公司发布了公告，称当事人行为属于个人言行，和公司无关，并向公众致歉，还称已解除和当事人的聘任合同。但这份致歉并没有平息舆论，反而引发质疑——这名女子的丈夫是徽州宴大股东，解除合同的说法没有实际意义。短短几天时间，一起邻里纠纷发展成一起社会热点事件。店前聚集着数以千计的人，有的是直播热闹的，有的是来看热闹的，还有的是凑热闹的。有人说，退订的市民排成了队，以至于徽州宴不得不宣布停业。

7月5日，蚌埠市公安局经开分局官方微博发布警情通报称，邹某因遛狗和邻居邵某发生争执和厮打，邹某用语言威胁、恐吓邵某。邹某因殴打他人和语言威胁他人被行政拘留7日，邵某也因殴打他人被行政拘留3日。

这位老板娘嚣张跋扈说出的那些话，触及很多普通人内心最脆弱的地方，就像一只无形的巨大手掌，抓住了人们的尊严，想把它揉碎，所以才有那么多人站出来，要让这个身家亿万的嚣张老板娘给个说法。

思考：

（1）本案例中存在哪些问题？

（2）试对上述问题作出你的思政研判。

第九章
公共关系中的人际交往

章前导读

开展公共关系离不开人际交往。所有的公共关系活动都必须靠人开展，大量的公共关系工作是通过组织的公共关系人员与公众的交往行为实现的，因此，公共关系人员必须掌握人际交往的理论和艺术。戴尔·卡耐基曾说，一个企业家的成功只有15%是靠他的专业知识，而85%是靠他的人际关系与领导能力。因此，在公共关系活动的人际交往中，人们需要掌握一些基本的交往原则和技巧。

学习目标

知识目标

◆认识到人际交往的重要性和原则。

◆了解人际交往的基本原理。

◆掌握人际交往中的语言艺术。

◆掌握人际交往中克服心理障碍的方法。

能力目标

◆掌握人际交往的技巧。

素质目标

◆培养学生正确的人际交往心理和交往水平。

◆提高学生的基本职业素质。

思政目标

◆通过学习，学生掌握人际交往的原则及人际交往技巧，并能在生活中灵活运用，提高人际交往能力，增强自己的人际吸引力。

第一节　人际交往与形象塑造

一、人际交往的基本原理

人际交往

社会交往的形式一般表现为人与人、组织与组织、人与组织之间的交往。通过交往，人与人、组织与组织、人与组织之间产生关系、改善关系、维持关系、强化关系。同时，组织之间或国与国之间的关系，都需要建立在人与人之间的沟通交往基础上。因此，公共关系的传播与沟通离不开人际交往。

（一）人际交往的特点、功能与类型

人际交往是指在人类社会活动中，人与人之间分享信息、传达思想、交流意见、表示态度、联络感情的过程。

1. 人际交往的特点

（1）信息交流

凡交往，必须有人与人之间的信息交流，如知识、经验、需要、欲望、态度和情绪的交流等。

（2）交往双方心理上的接触和相互作用

交往双方都是活动的主体。从信息论的观点看，在交往中，信息发送者是主体，他发出的信息内容可以影响或改变信息接收者；信息接收者也是主体，因为他不是被动地接收信息，而是会注入新的信息，并反馈给信息的发送者。通过交往双方的相互作用实现观念、思想、兴趣、心境、情感、性格特征等的相互交流，从而相互影响。

2. 人际交往的功能

（1）满足心理需要

人是一种社会动物，对人际交往的需求就像人需要食物和水一样，是必不可少的。人与人的交往能产生愉快的心情和极大的满足感，同时在交往的过程中探索自我、肯定自我。

如果阻断同一切人交往的可能性，人就会产生孤独和恐惧感，觉得被这个世界遗弃，非常痛苦。据说，美国对犯人最严厉的惩罚是单独监禁，让他在几个月甚至几年中看不见其他人，纵使食宿不受虐待，犯人也将感到比死更痛苦的折磨，因失去社交而发疯。

（2）获得各种信息

人们之间的交往就是信息交流的过程，交往可以使人获得大量的信息资料。首先，在群体内部的交往可以使人获得更多的信息，促进人与人之间的了解。对领导来说，通过交往可以了解群众的愿望要求以及个人之间、部门之间的关系等，有助于管理工作的开展和目标、制度的制定。其次，与群体外部的交往可以获得大量的外界信息，包括政府政策法令、市场行情等，这是个体适应外界、生存和发展不可缺少的条件，若信息不灵，就会被竞争所淘汰。

（3）协调人际关系

人际交往是群体生活中不可缺少的调节工具。无论是要使群体内部的个体之间在行动上具有默契，在步伐和节奏上取得一致，还是要使群体活动与外界环境之间保持协调，取得效益，都需要依靠人际交往这一手段以不断取得外界环境变化的情报。

群体内部的人际交往形成群体的舆论、士气、风气、凝聚力，是个体之间协同工作不可缺少的。充分的人际交往能使群体关系结合紧密，把各方面的力量汇集在一起，成为统一的力量；反之，群体内部的人际交往不充分，人与人之间就会产生误会、隔阂、矛盾和纠纷，破坏群体气氛，导致人心涣散。

（4）调节自我意识

人的个性是在一定社会条件下，与他人接触，参与社会实践活动，通过交往逐渐形成和发展的。正是交往，才使人获得社会历史经验，掌握社会行为规范，不断自我调节，以适应社会生活的要求。例如，大学教师通过交往获得有关专业学术动态方面的信息，便可主动调整自己的学习、科研及教学方面的内容和方法；获得有关职称评定方面的信息，便可确定努力方向；获得学生反馈的信息，便可及时采取适应性行为以满足教学需要。

3. 人际交往的类型

在现实生活中，社会交往方式和类型是多种多样的。

根据交往双方的紧密程度，许多社会科学工作者将人际交往分为直接交往与间接交往。直接交往是指运用人类交际手段，如生动的语言、面部表情或体态开展"面对面"的交往；间接交往是指借助书面语言、大众传播或技术设备形成的"交往"。直接交往具有迅速而又清楚的反馈联系系统；间接交往反馈联系就有一定的困难，而且在时间上比较滞后。

根据交往双方的人际关系特征，人际交往可以分为血缘关系的交往、地缘关系的交往、业缘关系的交往。

根据交往的方向，人际交往可以分为上行交往、平行交往和下行交往。上行交往是指交往一方与领导、家长、老师及其他长辈尊者的交往；平行交往是指交往一方与同龄人、同辈人、同学、同事之间的交往；下行交往是指交往一方与下级，年龄较小的同事、亲属等的交往。

此外，一些研究者还根据人们交往的信息流向将人际交往分为单向交往和双向交往；根据交往时间将人际交往分为长期交往、间断交往和偶然交往；根据交往时使用的符号将人际交往分为口头交往和书面交往等。总之，从不同角度划分人际交往的种类相当多。值得注意的是，实际交往中往往是多种类型交叉、融合，共同发生作用，而不是简单割裂的。

（二）人际交往的原则与艺术

任何一个人在社会生活中都会受到种种关系的影响和制约，且常常因复杂的人际关系而困惑，为不善于交往而苦恼。因此，掌握人际交往的原则与艺术对每一个人来说都是非常必要的。

1. 人际交往的基本原则

（1）平等尊重原则

平等尊重是交往的基本前提。在人际交往中，我们都希望得到别人的尊重，任何以强欺弱、盛气凌人的做法都将严重阻碍人际交往的开展。在交往中，要尊重别人的个性和兴趣爱好，尊重别人的人格。一个不尊重别人的人就不可能得到别人的尊重。

（2）互利互惠原则

人们在交往中之所以要互利互惠，与人们的交往动机和交往目的是分不开的。人们的交往动机在于使社会了解自己、承认自己，同时获得个体需要的利益，交往目的就是维持一种"我为人人，人人为我"的互利关系。交往双方若在满足对方需要的同时，也得到了对方的报答，人际关系就能继续发展；若交往双方都只想获得而不给予，人际关系就会中断。互利互惠性越强，交往双方的关系就越稳定和密切；反之，就会疏远。因此，交往双方都必须坚持互利互惠原则。

（3）诚实守信原则

诚实是最受人们欢迎的美德之一。在人际交往中，只有诚恳待人，才能赢得别人的信任和尊敬，才有可能与别人建立和维持良好的关系。

守信，作为中华民族的古老传统，和诚实一样受到人们的推崇。它要求人们在与他人交往中说真话，言必信、行必果。一个人能否守信用，可以通过相互交往得到检验。守信者，能交真朋友、好朋友；不守信者，只能交一时的朋友。交友取信的准则有四个方面：一是守信，有约必按时到，借物必按时还；二是信任他人，不乱猜疑；三是不轻易许诺，不大包大揽，实事求是；四是要有自信心，待人诚实，不弄虚作假，不做表面文章，更不要在他人背后搞小动作。

（4）理解相容原则

理解相容原则是指在人际交往中对非原则性的问题以及遇到的冲突、矛盾有耐心，持

宽容忍让的态度，不用"放大镜"照对方的不足之处，而应以豁达、宽容和开阔的胸怀接纳别人的缺点。

（5）自我价值保护原则

大量的心理学研究证明，一个人心理活动的各个方面，从知觉信息的选择到信息的内部加工，从对行为原因的解释到人际关系，都具有明显的自我价值保护倾向。

在知觉信息的选择上，如观看中国球队与外国球队比赛时，总感觉裁判对中国队不公平，而事实上，每一个裁判都刁难中国队是不可能的；反过来，另一方球迷也是这样。原因就是人们看到的东西都经过了自己愿望的过滤，因而已经不是客观世界的本来面目。

在信息的内部加工上，人们总是对支持自己观点的信息记得多、忘得慢，而对反对自己观点的信息记得少、忘得快。

在对行为原因的解释上，自我价值保护的倾向更为明显。当自己获得成功时，人们会认为这是自己的努力所致，并非客观条件促成；当别人取得成功时，却认为他们是因为有机遇与条件。

在人际关系上，人际交往中的接纳与拒绝是相互的。人们只接纳那些喜欢自己、接纳自己的人，而排斥否定自己的人。

因此，要想同别人建立和维持良好的人际关系，就必须对别人的自我价值感起支持作用，避免自我价值保护的防卫倾向。一旦在人际关系中威胁到别人的自我价值感，就会激起别人强烈的否定情绪。在这种情况下，很难与别人建立并维持良好的人际关系，也会破坏已经建立起来的关系。

知识链接

"肥皂水"哲学

背景与情境：小约翰·卡尔文·柯立芝（1923—1929 年任美国总统）发现他的女秘书长得非常漂亮，但工作经常出现差错。一天早晨，柯立芝看见女秘书走进办公室，便对她说："今天你穿的这身衣服真漂亮，正适合你这样年轻漂亮的小姐。"女秘书受宠若惊。柯立芝接着说："但你不要骄傲，我相信你处理公文也能一样漂亮。"果然，从那天起，女秘书处理公文时很少出错。一位朋友知道了这件事，好奇地问柯立芝："这个方法很妙，你是怎样想出来的？"柯立芝说："这很简单，你见过理发师给人刮胡子吗？都要先给人涂肥皂水。这是为什么呀？就是为了刮起来不疼。"

2. 增进人际吸引的艺术

人际吸引是个体对他人给予积极和正面的认知与评价的倾向。怎样使自己成为人际交往中的宠儿？怎样让别人喜欢自己？哪些因素能促进良好人际关系的建立和维持？

（1）接近且相悦

陌生人最初的交往必须有外在条件，这就是时空的接近，一般情况下就会发展成相互喜欢，从而建立友谊关系，这就是接近且相悦。时空接近容易建立起良好的人际关系，在一起相处的时间久，交往的机会多，会最终建立友谊关系。心理学的一些研究证明，人们的居住地越接近，成为朋友的概率越大；另外，见面的机会越多，彼此越熟悉，越容易相互喜欢。不过，这种时空上的接近只是友谊建立的必要条件，而彼此的好感（起码无恶感）才是友谊建立的基础。有道是，"有缘千里来相会，无缘对面不相识"。友谊关系的建立和发展既需要时空的接近，也需要彼此的最初好感，这好感就是缘分。第一印象好就是彼此有缘分，不好就是无缘，"对面不相识"。如果一方对另一方的印象不好，那么被厌恶者单方面接近，试图建立友好关系，不但不易改变前者的态度，甚至可能招致更加强烈的反感。因此，要实现与他人建立友谊的良好愿望，就要全面理解规律，了解规律的运用受到原有人际关系状况的限制。时空因素在友谊关系建立的初始阶段作用很大，而随着时间的推延，它的影响会逐渐变小。一般而言，接近且相悦通常适用于陌生人之间的人际关系的建立。熟人之间的人际关系的发展变化很复杂，在此无法一一道清。

（2）个人特性的相似

在个人特性方面，双方若能意识到彼此的相似性，则容易相互吸引。这种相似性越多、越接近，越能产生好感，相互吸引，正是物以类聚、人以群分。相似性主要表现在社会性和心理特性上，如社会地位、种族职业、籍贯、宗教信仰、学历、年龄、性别、兴趣、爱好、态度、容貌等。心理学研究发现，在被要求指出自己最好的朋友时，被提到的人与指出者在教育水平、经济条件、社会价值等方面都很相似。

为什么相似性有助于人际交往？

第一，具有相同兴趣、爱好的人趋于参加类似的社会活动。在共同参加的社会活动中，他们有更多的交往机会，按照"接近且相悦"原则，具有相似性的人在时空上更接近，因而也就更容易相互吸引，变成朋友。例如，甲和乙都喜欢下围棋，他们可能因参加围棋比赛而获得较多的交往机会，最终成为朋友。

第二，在较多的交往机会中，如果发现彼此的价值观、社会态度相似或一致，双方就会产生一种社会增强作用。尤其是在大家因为某类问题发生争论时，这种社会增强作用会更加明显。在公共场合发生争论时，有人站出来支持你，与你持有一样或类似的观点，你会产生"英雄所见略同"的感觉，自己的自尊心因得到支持而受到保护和提升，由此产生对对方的感念之情，友谊因而发展就不足为奇。

第三，凡是在性别、年龄、学历、态度、社会地位等方面的相似者，在交往时，彼此间容易沟通意见，较少因意见传达困难而造成误会和冲突。顺畅无误的沟通是正常交往的前提条件。两个受过高等教育的人在一起交谈会很自如，而如果其中一个是文盲，交谈就会变得异常困难，也会使继续交往的可能性变得渺茫。

第四，在初次见面的陌生人之间，相似性能可在很大程度上消除彼此的陌生感，从而减少紧张不安，使交往成为一件轻松愉快的事情。

总之，相似性是影响人际关系的重要因素，有助于人们建立起友谊关系。心理学研究发现，在原本陌生的一群人走到一起的初期，时空接近对人与人之间的吸引起决定作用，后期则发生了变化。态度和价值观越相似的人，相互的吸引力越大。

（3）心理特性的互补

互补是指心理特性相反的双方在交往过程中获得互相满足的心理状态。例如，有强烈支配性格的人不容易与同样性格的人相处，但可能与具有顺从性格的人和睦相处，甚至建立密切的友谊关系。生活中许多自然形成的非正式的小团体都是由支配者和顺从者组成的。

正如"一山不容二虎"，通常情况下，人格特征突出且相似的人难以共处。例如，脾气急躁的人往往喜欢与性情温和的人相处，两者可以相互接纳、相互调剂补充。

有的人富有同情心，有着较强的关心、帮助别人的倾向，如果遇到依赖性强的人，双方就会一拍即合，容易建立密切关系，从而使双方的需要都得到满足。这类情况在异性朋友之间尤为明显，"刚柔相济"就是如此。

（4）令人喜欢的个人特质

在影响人际吸引的各种因素中，个人特质也是一个重要因素。在日常生活中，我们常见到一群人中，有的人受人欢迎，有许多朋友，是"明星"人物；有的人则遭人厌弃，没有朋友。个人特质在造成这种现象的过程中常常扮演着重要角色。

美国学者安德森研究了各类性格的人被喜爱或厌恶的程度，给出了排序。五种令人喜欢的性格类型依次是诚实而认真、通情达理又聪明、可信亦可靠、直爽而幽默、亲切而体贴。

3. 阻碍人际吸引的个人特征

在影响人际吸引的个人性格特征中，既有能够增进人际吸引的特征，也有妨碍人际吸引的特征。

（1）不尊重他人，对他人缺乏感情，不关心他人的悲欢情绪，甚至把他人当作使唤工具，所以缺乏吸引力。

（2）有着强烈的自我中心主义，只关心自己的兴趣和利益，忽视他人的处境和利益，只能和他人建立一般的人际关系。

（3）对人不真诚，一切为自己着想，不顾他人利益，只会破坏人际关系。

（4）过分服从且取悦他人，过分惧怕权威而不关心部下，前者不讨人喜欢，后者则招人厌恶。

（5）缺乏独立性，过分依赖甚至丧失自尊心，让人难以尊重，甚至避之不及。

（6）嫉妒心强的人不招人喜欢。

（7）怀有敌对情绪和猜疑性格的、情绪偏激的人，往往容易使自己与他人的关系陷入僵局。

（8）过分自卑、缺乏自信的人，对人际关系过于敏感的人，对他人尖刻以及过分自夸的人，都缺乏吸引力。

（9）孤独、内向，有自闭倾向的人没有吸引力。

（10）偏见、固执、防卫机制过强、报复心强的人缺乏吸引力。

（11）好高骛远、苛求他人的人不招人喜欢。

知识链接

仰巴脚效应

背景与情境：仰巴脚就是不小心跌了一跤，有时可能要跌个脊背着地、四脚朝天，所以叫作"出丑效应"，也称为"仰巴脚效应"。

美国心理学家做了一个实验研究：把四卷录像带分别播放给四组试看人员，让他们凭主观感觉评分，以表示对片中人物的喜欢程度。片中的人物由一人扮演，只是事先介绍和访问过程不同。

A录像带的内容是访问者在介绍受访者时，把他描述成一个能力杰出的大学生，是校刊编辑，也是运动健将，获得的荣誉较多。在访问过程中受访者表现出色，能毫不费力地答对92%的问题，给人的印象是完美无缺的。

B录像带的内容和A录像带的内容只有一点差异，即受访者表现有点紧张，不小心打翻了面前的咖啡，弄脏了新衣服，气氛较尴尬。

C录像带将受访者塑造成一个普通大学生，在访问过程中表现一般。

D录像带内容与C录像带大致相同，加入了B录像带中的插曲。

结果发现，受访者被喜欢的顺序依次是B、A、C、D。

（三）人际交往的技巧

人际交往大体上可分为语言交往和非语言交往。这两种交往都可以各自发挥传情达意的功能。语言交往通常以达意的功能为主，主要传递消息性信息和评价性信息，行为主体通常是自觉的；非语言交往一般以传情的功能为主，主要传递情感性信息，行为主体通常是不自觉的。掌握并结合这两种基本的交往技巧，就能更有效地交流思想、表达情感，增进人际关系。

1. 语言交往技巧

（1）说话的技巧

与人说话时表情要自然，语言要和气，表达要得体。成功的交谈，不仅需要讲究内容，

而且需要注意形式。交谈方式可以是倾泻式，以对听者最大的信赖为基础，敞开自己的心灵之窗，将自己的喜怒哀乐统统告诉对方，让其帮助疏通；可以是评判式，抓住对方谈话时的间隙，恰如其分地插话，以表明自己的看法或表示自己的关切，有益于促进思想感情的交流，但插话不是粗鲁地打断对方，不是妄加评论；可以是启发式，循循善诱，多方面启发那些拙于辞令的人，让其吐露心声；还可以是跳跃式，因为日常交往中的交谈大部分是聊天性的，没有固定的目的和题目，这就要注意适当转换话题，找到大家都感兴趣的话题。

在交谈中，有些话题是要小心避免的：对不知道的事情，不要充内行；不要向陌生人夸耀自己的成绩和富有；不要在公共场合谈论朋友的失败、缺陷和隐私；不要谈容易引起争执的话题；不要到处发牢骚；也不要像"祥林嫂"那般逢人就诉苦。总之，不要说不得体的话。

例如，某单位组织新年聚餐，一位刚参加工作不久的青年小伙子对一位即将退休的老同志说："老王，来，我敬您一杯。您跟我们不一样，我们今后聚餐的机会还有很多，您老可是吃一顿少一顿了。"老王的脸色顿时阴沉下来，旁边几位同事示意小伙子住口，可小伙子仍未领悟，继续说道："我这是真心实意敬您啊。自我进单位以来，您帮助了我不少。喝一杯吧，再不喝恐怕就没有机会了。"此时，老王脸色苍白，起身拂袖而去。

（2）说服的技巧

在学习、生活与工作中，没有人会有同样的想法。面对与自己意见相左的人时，一种自然的心理反应就是，试图通过争论战胜对方，但这并非明智的选择，因为争论往往是无结果的，争论的双方并不会因为争吵而改变自己的想法。如果你想让别人赞同你的看法，说服别人才是最好的办法。说服不同于争论，不会让对方成为对手，而是为了让对方接受那些对他们有益却因为种种原因还没理解的东西。

说服就是让双方的想法达成一致，让所有人都可以赢。如果不是每个人都赢，就没有人赢。说服能否成功主要看技巧高低，技巧运用恰当，说服对方的目的也就容易达到；反之，就容易失败。

鲁迅先生说："如果有人提议在房子墙壁上开个窗口，势必会遭到众人的反对，窗口肯定开不成。可是如果提议把房顶扒掉，众人则会相应退让，同意开个窗口。"当提议"把房顶扒掉"时，对方心中的"秤砣"就变小了，对"墙壁上开个窗口"这个劝说目标，就会顺利答应。冷热水效应可以用来劝说他人。如果你想让对方接受"一盆温水"，为了不被拒绝，不妨先让他试试"冷水"的滋味，再将"温水"端上，他就会欣然接受。例如，某化妆品销售公司的严经理因工作上的需要，打算让家住市区的推销员小王去近郊区的分公司工作。在找小王谈话时，严经理说："公司研究决定，让你去担任新的重要岗位。有两个地方，一个是在远郊区的分公司，另一个是在近郊区的分公司，你任选一个。"小王虽然不愿离开已经十分熟悉的市区，但也只好在远郊区和近郊区当中选择稍好点的近郊区。

（3）聆听的技巧

人们常说：善言，能赢得听众；善听，才会赢得朋友。善于言辞是一门艺术，善于聆听更能体现一个人的修养。善于聆听的人不仅能得到朋友的信任，而且较易受到领导的器重。

人们在沟通时，总是不由自主地用目光表达各种思想和感情。如果倾听者很认真地看着说话者，不仅有利于集中注意力，而且表明对所讲内容感兴趣，从而引起对方的谈话兴趣，而凝视或斜视往往会使说话者对倾听者产生不良印象。另外，聆听时不要中途打断对方，让对方把话说完，不急于做出评价或判断，要学会恰当地鼓励。

2. 非语言交往技巧

在交往过程中，人们常常通过面部表情、手部动作等身体姿态传达各种情绪或意图，这就是非语言交往。非语言交往是通过某些媒介而非语言或文字来传递信息的。有关资料显示，在面对面的交往过程中，来自语言文字的沟通不超过35%，而65%以上是以非语言方式沟通的。

非语言交往的方式主要有四种。

（1）表情

在非语言沟通中，表情是一种最常用的非语言符号。在表情中，眼神和微笑又是最常见的交际符号。

①眼神

"一身精神，具乎两目。"眼睛具有反映深层心理的特殊功能。眼神一向被认为是人类最明确的情感表现和交际信号，在面部表情中占据主导地位。因此，眼神与谈话之间有一种同步效应，忠实地显示着话语的真正含义。

与人交谈时，要敢于和善于同别人目光接触，这既是一种礼貌，又能帮助维持一种联系，使谈话在频频的目光交接中持续不断。更重要的是，眼睛能帮你办事。

研究表明，人们交谈时目光接触对方脸部的时间宜占全部谈话时间的30%～60%。超过这一限度，可认为对对方那个人比对谈话内容更感兴趣；低于这一限度，则表示对谈话内容和对对方都不感兴趣。因此，注视的时候要掌握好时间的长短。对不太熟悉的人，注视时间要短；对谈得来的人，可适当延长注视时间。交谈中，目光应投放在额头至两眼之间。

②微笑

微笑是一种令人感觉愉快的面部表情，可以缩短人与人之间的心理距离，为深入沟通与交往创造温馨和谐的氛围，因而有人把笑容比作人际交往的润滑剂。在笑容中，微笑最自然大方，最真诚友善。世界各民族普遍认同微笑是基本笑容或常规表情。在人际交往中，保持微笑，至少有四个方面的作用。

一是表现心境良好。面露平和欢愉的微笑，说明心情愉快、充实满足、乐观向上、善待人生，这样的人会产生吸引别人的魅力。

二是表现充满自信。面带微笑，表明对自己的能力有充分的信心，以不卑不亢的态度与人交往，使人产生信任感，容易被别人真正地接受。

三是表现真诚友善。微笑反映自己心中坦荡、善良友好，待人真心实意而非虚情假意，使他人在与其交往中自然放松，不知不觉地缩短了心理距离。

四是表现乐业敬业。在工作中保持微笑，说明热爱本职工作，恪尽职守。如在服务岗位，微笑更是可以创造一种和谐融洽的气氛，让服务对象备感愉快和温暖。

真正的微笑应发自内心，渗透着自己的情感，表里如一。毫无包装或矫饰的微笑才有感染力，才能被视作"参与社交的通行证"。

（2）身体态势

身体态势也是非语言沟通中的一种重要手段，主要包括手势、谈话姿势、站姿、坐姿等。

①手势

手势是人们交往时不可缺少的动作，是最有表现力的一种"体态语言"。俗话说："心有所思，手有所指。"手的魅力并不亚于眼睛，甚至可以说，手就是人的第二双眼睛。手势表现的含义非常丰富，表达的感情也非常微妙复杂。手势的含义，或是发出信息，或是表示喜恶、表达感情。能够恰当地运用手势表情达意，会为交际形象增辉。使用手势时应该注意三点。

一是在交往中，手势不宜过多，动作不宜过大，切忌"指手画脚"和"手舞足蹈"。

二是在任何情况下都不要用大拇指指自己的鼻尖或用手指指点他人。谈到自己时应用手掌轻按自己的左胸，显得端庄、大方、可信。

三是有些手势在使用时应注意区域和各国的不同习惯，不可以乱用。因为各地习俗迥异，相同的手势表达的意思，不仅不同，甚至大相径庭。如某些国家认为竖起大拇指、蜷曲其余四指表示称赞夸奖，但澳大利亚人认为竖起大拇指，尤其是横向伸出大拇指是侮辱的意思。

②谈话姿势

谈话姿势往往反映出一个人的性格、修养和素质。交谈时，双方要互相正视、互相倾听，不能东张西望、看书看手机、哈欠连天；否则，会给人心不在焉、傲慢无礼等不礼貌的印象。

③站姿

站立是人最基本的姿势。站立时，身体应与地面垂直，重心放在两个前脚掌上，挺胸、收腹、抬头，双肩放松，双臂自然下垂或在体前交叉，眼睛平视，面带笑容。站立时不要歪脖、斜腰、屈腿等，在一些正式场合不宜将手插在裤袋里或交叉在胸前，更不要下意识地做小动作，不但显得拘谨，给人缺乏自信之感，而且有失仪态的庄重。

④坐姿

坐也是一种静态造型。端庄优美的坐姿，会给人以文雅、稳重、自然大方的美感。正确的坐姿应该是腰背挺直，肩放松；女性应两膝并拢，男性膝部可分开一些，但不要过大，一般不超过肩宽；双手自然放在膝盖上或椅子扶手上。在正式场合，入座要轻柔和缓，起座要端庄稳重，不可猛起猛坐，弄得桌椅乱响，造成尴尬气氛。不论何种坐姿，上身都要保持端正，即"坐如钟"。

（3）空间距离

空间距离是指人与人之间交际时的空间间距。人与人之间存在着一条看不见但实际存在的界限，这就是个人领域的意识。每个人都需要属于自己的一定空间，不受侵犯。在个体空间内，人会产生安全感、舒适感和自由感。当然，个体空间具有伸缩性，不同的人需要的个体空间的范围也不同，这与人的心理、文化、地位以及人与人之间的关系等因素有关。

一位心理学家做过这样一个实验。当一个刚刚开门的大阅览室里只有一位读者时，心理学家就拿椅子进去，坐在他（她）的旁边。实验实行了整整80人次。结果证明，在一个只有一位读者的空旷的阅览室里，没有一个人能够忍受一个陌生人紧挨自己坐下。当心理学家坐在其身边后，被试者不知道这是在做实验，更多的人很快就默默地远离到别处，有人则干脆明确地问道："你想干什么？"

这个实验说明了人与人之间需要保持一定的空间距离。任何一个人都需要在自己的周围有一个自己把握的自我空间，它就像一个无形的"气泡"一样为自己"割据"了一定的领域，而当这个自我空间被人触犯时就会感到不舒服、不安全，甚至恼怒。

一般而言，交往双方的人际关系以及所处情境决定着相互间的自我空间范围。美国人类学家爱德华·霍尔博士划分了四种区域或距离，各种距离都与双方的关系相称。

①亲密距离

这是人际交往中的最小间隔或几无间隔，即常说的"亲密无间"。亲密距离的近范围在15cm之内，可能肌肤相触、耳鬓厮磨，以致能感受到对方的体温、气味和气息；远范围是15～44cm，身体上的接触可能表现为挽臂执手或促膝谈心，仍体现出亲密友好的人际关系。

就交往情境而言，亲密距离属于私下情境，只限于在情感上联系高度密切的人之间使用。在社交场合，特别是大庭广众之前，两个人（尤其是异性）如此贴近，就不太雅观。在同性之间，往往只限于贴心朋友，彼此十分熟识，可以不拘小节、无话不谈。在异性之间，只限于夫妻和恋人。因此，在人际交往中，一个不属于这个亲密距离的人随意闯入这一空间，不管用心如何，都是不礼貌的，会引起对方的反感，也会自讨没趣。

②个人距离

这是人际间隔上稍有分寸感的距离，以减少直接的身体接触。个人距离的近范围为46～76cm，正好能亲切握手、友好交谈，这是与熟人交往的空间，陌生人进入这

个距离会构成对别人的侵犯；远范围是 76～122cm，任何朋友和熟人都可以自由地进入这个空间。不过，在通常情况下，较为融洽的熟人之间交往时保持的距离更靠近远范围的近距离（76cm）一端，而陌生人之间的谈话更靠近远范围的远距离（122cm）一端。

在人际交往中，亲密距离与个人距离通常都是在非正式社交情境中使用，在正式社交场合则使用社交距离。

③社交距离

这已不属于熟人的人际关系，而体现出一种社交性或礼节上的较正式关系。社交距离的近范围为 1.2～2.1m，一般在工作环境和社交聚会上，人人都保持这种程度的距离；远范围为 2.1～3.7m，表现为一种更加正式的交往关系。公司的经理常用一个大的办公桌，将来访者的座位放在离桌子一段距离的地方，这样与来访者谈话时就能保持一定的距离。再如，企业或国家领导人之间的谈判、工作招聘时的面谈、教授和大学生的论文答辩等，往往都要隔一张桌子或保持一定距离，营造一种庄重的气氛。

在社交距离的范围内，已经没有直接的身体接触，说话时也要适当提高声音，需要更充分的目光接触。谈话者如果得不到对方目光的支持，会有强烈的被忽视、被拒绝的感受。这时，相互间的目光接触已是交谈中不可缺失的感情交流形式了。

④公众距离

这是公开演说时演说者与听众保持的距离。公众距离的近范围为 3.7～7.6m，远范围在 7.6m 之外。这是一个能容纳绝大多数人的"门户开放"的空间，人们完全可以对处于空间的其他人"视而不见"、不予交往，因为相互之间未必发生一定联系。因此，这个空间的交往大多是当众演讲等。当演讲者试图与一个特定的听众谈话时，必须走下讲台，使两个人的距离缩短为个人距离或社交距离，才能够实现有效沟通。

显然，相互交往时空间距离的远近，是交往双方之间是否亲近、是否喜欢、是否友好的重要标志。因此，人们在交往时，选择正确的距离是至关重要的。

人际交往的空间距离不是固定不变的，它具有一定的伸缩性，这依赖具体情境以及交谈双方的关系、社会地位、文化背景、性格特征、心境等。

了解交往中人们所需的自我空间及适当的交往距离，就能有意识地选择与人交往的最佳距离，而且通过空间距离的信息，可以很好地了解一个人实际的社会地位、性格以及人与人之间的相互关系，更好地开展人际交往。

（4）服饰礼仪

服饰反映了一个人文化素质的高低、审美情趣的雅俗。具体来说，它既要自然得体、协调大方，又要遵守某种约定俗成的规范或原则。

①TPO 原则

服装不但要与自己的具体条件相适应，还必须时刻注意客观环境、场合对人的着装要求，沟通者的服饰往往扮演着信息发送员的角色。TPO 是国际通行的服饰穿戴原则，分别代表时间（time）、地点（place）和场合（occasion），即着装应该与当时的时间、所处的地点和特定的场合相吻合。

第一，时间原则。在着装时要考虑时间因素，随"时"更衣。不同时段的着装规则对女士尤其重要。男士有一套质地上乘的深色西装就足够了，而女士的着装要随时间而变换。白天工作时，女士应穿正式套装、工作装、职业装，以体现专业性；晚上出席宴会、舞会等就应穿着正式的礼服；还要适合季节、气候的特点，不宜标新立异、打破常规。

第二，地点原则。地点、场所、位置不同，着装应有所区别。着装要考虑自己即将参加的主要活动的地点，尽量使自己的服饰与所处的环境保持协调。休闲时，可以穿着舒适随意的休闲服；去公司或单位拜访，穿职业套装会显得正规、专业；外出时要顾及当地的传统和风俗习惯，如去教堂或寺庙等场所，不能穿过露或过短的服装。西方许多国家都有一条规定：去歌剧院观看歌剧等演出时，男士一律穿深色晚礼服，女士着装也要端庄雅致，以裙装为宜，否则不准入场。

第三，场合原则。场合原则是指服装要与穿着场合的气氛相和谐。场合一般分为公务场合、社交场合、休闲场合三类。在公务场合的着装要庄重、保守、传统，不强调性别，不展示女性魅力。如参加签字仪式或重要典礼等重大活动，衣着应庄重考究、规范正统。社交场合，广义上是指除上班以外在公众场合与熟人交往、共处的情况；狭义上是指工作交往中的应酬活动。在这种场合，着装要典雅、时尚、有个性。休闲场合是指个人的自由活动场合，在这种场合，着装要舒适、方便、自然。出席宴会等喜庆场合时，服饰可以鲜艳明快、潇洒时尚，女士也可以穿中国的传统旗袍或西方的长裙晚礼服。在收到宴会请柬时，请柬的左下角通常会注有"正式的（formal）""非正式的（informal）"或"小礼服（black tie）"等字样，有时也注有"随意（casual）"，这些都说明宴会主人对着装的要求。人们一般会按通常的做法着装，有的客人会主动打电话询问要求。

②男士的着装

在交际活动中，突出整体性、个性、和谐感是男士着装的基本原则。合乎场合的穿着，是社交礼仪的重要体现。

整体性原则最重要的一点是整洁的着装，整洁的着装可表现出积极向上的精神状态。衣着整洁，除了体现出对交往的重视程度，还显示出交往的文明与修养水平。

个性原则是指根据不同年龄、身份、地位、职业与社会生活环境确定服装款式、面料、色彩与装饰物。只有个性化的服装，才能与个性协调一致，在交际活动中充分展示个人的礼仪风范。着装也是民族和文化的个性反映。

在国际交流中，着装的和谐感是最高原则。着装要与生活环境和谐相称。在特定的礼节性场合，如正规的会议、礼宾活动、谈判、典礼等，应穿礼服或深色西装。在正式场合

穿西装时必须打领带，但外出旅游时，不打领带更自然。此外，着装还要与形体、装饰和谐搭配。

西装是一种国际性服装。一套合体的西装，可以使穿着者显得潇洒、精神，风度翩翩。穿着西装时应注意：面料要根据季节和场合选择；在正式场合穿西装，最好要精心选择衬衫和领带；西装袖子的长度以到手腕为宜，西装衬衫的袖长应比西装袖子长出 1 ～ 2cm；袜子一般应穿与裤子、鞋子颜色相同或较深的颜色；穿西装一定要穿皮鞋，一般是黑色或棕色皮鞋，皮鞋要上油擦亮；西装在穿着时可以敞开，也可以扣上第一粒纽扣（也称"风度扣"），但不能扣上两粒纽扣；穿西装不扎领带的时候，不要扣上衬衫的第一粒纽扣；西装的袖口和裤边都不能卷起；西装的衣袋和裤袋里不宜放太多的东西，也不宜把两手随意插入衣袋和裤袋。

男士西装

③女士的着装

"云想衣裳花想容。"相对偏于稳重单调的男士着装，女士们的着装则亮丽丰富得多。得体的穿着，不仅可以显得更加美丽，还可以体现出一个现代文明人良好的修养和独到的品位。

首先，女士衣着要与场合协调。与顾客会谈、参加正式会议等时，衣着应庄重考究；听音乐会或看芭蕾舞表演时，应按惯例穿着正装；出席正式宴会时，应穿中国的传统旗袍或西方的长裙晚礼服；在朋友聚会、郊游等场合，着装应轻便舒适。试想一下，如果大家都穿便装，你却穿礼服，就稍显拘谨；同样，如果以便装出席正式宴会，不但是对宴会主人的不尊重，也会令自己颇觉尴尬。

其次，女士衣着要整洁平整。服装并非一定要高档华贵，但要保持清洁，并熨烫平整，穿起来大方得体，显得精神焕发。整洁并不完全为了自己，更是尊重他人的需要，这是良好仪态的第一要务。

旗袍

最后，配套要齐全。除了主体衣服之外，鞋袜手套等的搭配也要多加考究。如袜子以透明、近似肤色或与服装颜色协调为好，带有大花纹的袜子不能登大雅之堂；正式、庄重的场合不宜穿凉鞋或靴子，黑色皮鞋是适用最广的，可以和任何服装相配。

二、人际交往中自身形象的塑造

人格魅力是一个人心理素质和修养的外在表现，能反映一个人的道德品质、思想情感、性格气质、学识教养和处世态度等。一个人能否为别人所接纳，是否具有人格魅力，关键在于他在别人心目中的形象如何，个人形象直接影响与他人关系的性质、程度。

为了广泛建立良好的人际关系，展示自己的人格魅力，公共关系人员在人际交往中要塑造良好的自身形象。

（一）精神饱满，神情自然

在人际交往中始终保持旺盛的精力、饱满的热情、大方自然的神情是优化自身形象的首要因素。与人交往时神采奕奕、精力充沛，显得富有自信，能激发对方的交往热情，活跃交往气氛；如果萎靡不振、无精打采，表现得敷衍冷漠，就会使对方兴致索然乃至不快。一个精神饱满、神情自然的人往往会给人留下自信、乐观、进取和对生活充满热情的印象；神情倦怠、精神涣散或者神情紧张、手足无措，则会给人留下缺乏社交经验、不成熟、不专注、看不起人的印象。因此，在社会交往中始终要以极大的热情关注对方，对其感兴趣的东西表达关注，随对方的言谈举止做出自然得体的反应。也就是，想要别人喜欢自己，自己要先喜欢别人；想要吸引对方的注意，自己先要注意对方。

（二）仪表整洁，衣着得体

根据人际吸引的原则，一个风度翩翩、俊逸潇洒的人能使人产生乐于交往的魅力；不修边幅、肮脏邋遢的人是不会吸引他人的。公共关系人员的仪表包括身材、容貌、姿态、神情以及服饰等诸多方面。人的身材、容貌属于先天条件，无法改变，却可以通过良好的神情、态度及得体的服饰表现自身的长处，弥补自己的不足。衣着服饰还能反映一个人的审美情趣和修养。如果一个人的服饰能与自己的气质、职业匹配，与自己的形体、年龄协调，与当时的气氛和场合相符，将会显得更潇洒精神，更讨人喜欢。有一天，松下幸之助到一家理发店理发，理发师认出了他，大为惊讶这位闻名日本的大实业家竟是位衣冠不整的小老头。理发中，他告诫松下幸之助："你是公司的代表，却不注重衣冠，别人会怎样想？连人都这样邋遢，他公司的产品会好吗？"一席话把松下幸之助说得无言以对。他默默地接受了理发师的建议。这个故事告诉我们一个道理：认识别人，第一眼总是从对方的衣着外貌开始。尽管这种认识带有很大的局限性，但谁也不能不受这种认知习惯的影响。人靠衣装马靠鞍，就是这个道理。

（三）谈吐高雅，言语真诚

谈吐能反映一个人是博学多识还是孤陋寡闻，是接受过良好教育还是浅薄无知。一个不善言谈、沉默寡言的人很难引起他人的注意。在社交中侃侃而谈，用词恰当，言之有物，

对问题见解深刻，反应敏捷，应答自如，能简洁、准确、鲜明、生动地表达自己的思想与情感的人，能够表现出不同凡响的气质和风度。高雅的谈吐是无法伪装的。卖弄华丽的辞藻，只会显得浅薄浮夸；过于咬文嚼字，又会使人觉得酸味十足。公共关系人员应做到不背后议论人，不搬弄是非，不说人之短，不谈人隐私。树怕剥皮，人怕伤心，做人要口下留情。尤其要意识到说过头的话、刻薄话、挖苦或讽刺的话、伤害感情的话都会给别人的心灵留下创伤。

（四）自然大方，挥洒自如

朴素大方、温文尔雅的行为习惯，举止稳重，文明得体，坐、立、行的姿态大方雅观，都能表现一个人良好的教养，给人留下成熟、值得信赖之感；粗俗不雅的举动则令人生厌。分寸得当的交往距离使彼此感到舒适坦然，过度亲热和过分冷淡则容易引起对方的误会。一个人的行为举止能够做到自然洒脱、无拘无束，除了与其丰富的社交经验有关，也与其自信心有关。只有对自己充满信心，相信自己和自己能力的人，才能在社交中做到自然大方，挥洒自如。一个人的潇洒举止还来自平时的修养，应做到该行则行，该止则止，该坐则坐，该说则说，做事稳重又有分量，待人热情又有分寸，礼貌又不拘小节。

自身形象塑造，严格来说，是一种非规范、非格式的社交艺术，需要每个公共关系人员认真揣摩和体会，不断地总结经验，形成自己的独特风格和魅力。

第二节　人际交往中的语言艺术

一、赞扬的技巧

一个人不管是通过言语还是行为，只要表达出对别人的优点和长处的真诚肯定和喜爱，都可以称为赞扬或赞美，是一种堂堂正正、正大光明的处世艺术。

知识链接

没有人会拒绝真心的赞美，这是人的一种本能，也是自我价值的体现。人就是在赞美声中认识到自己存在的价值，从而获得社会满足感的。在婴儿期，孩子从父母的点头、微笑、拍手、抚摸等赞美性动作中获得满足；成人以后，更多的是在别人、社会舆论的赞许声中获得强烈的成就感。这在社会心理学上称为"社会赞美动机"。每个人都有优点和长处，这就是个人存在价值的生动体现；每个人都希望他人能看到和肯定自己的优点和长处，从而肯定自己的价值。因此，诚恳的赞美总能赢得对方的欢心，同时为自己打开局面，创造良好的契机。

任何人都要学会赞扬，这是获得别人喜欢的重要途径，是表达你对对方的尊重的最直接手段，同时也表现出你的宽广胸怀、你的自信和勇气以及你为人处世的成熟老练。社会心理学家艾略特·阿伦森的实验表明：在人际交往中，人们总是倾向于喜欢那些能给自己带来快乐的人，喜欢那些也同样喜欢自己的人，这是心理学中的相悦性。因此，赞扬在人际交往中起着举足轻重的作用，学会赞扬需要把握五个原则。

（一）真诚是赞扬的前提

人们常说，精诚所至，金石为开。赞扬也需要真诚。赞扬能够被对方接受的前提是发自内心，如果虚情假意地赞扬，就如一个人皮笑肉不笑，会让人感到不自在，甚至反感。举个简单的例子，为了迎合一个外貌欠佳的女子，你赞扬道："你长得太出众了，太美丽了！"恐怕，她只会感觉被羞辱，从此不再同你交往。这种没有诚意的赞扬会给人言不由衷、虚情假意的感觉，极易破坏人际关系。因此，赞扬要言由心生，要真实地欣赏对方，再赞扬对方。

（二）赞扬对方引以为荣的闪光点

每个人的成长发展过程中都有引以为荣的闪光点。对这些闪光点，每个人都渴望得到别人较高的评价，如果能够得到衷心的赞扬和肯定，会让人感到更加自豪。因此，找到并赞扬这些闪光点，将使对方更愿意与你交往。

例如，面对一个身材矮小、其貌不扬的商人，可以称赞其经商有道、头脑敏捷；面对一位军人或将军，其引以为荣的是赫赫战功。选择并赞扬闪光点，会让对方增强信心，感受到自己的价值。对一个人而言，其在外貌、身材、气质、品德、经历、业绩等某方面或某几个方面很优秀，这些优点便会是其闪光点，值得人们赞扬。

（三）赞扬要实事求是

赞扬要恰如其分，如果称赞不得法，即使是很真诚的赞扬，也会遭到排斥。任何人对自己的闪光点都有一个估计或预期，这是别人称赞他的最低标准。例如，一位很有名气的医生，他期望别人至少称赞他为"有名的大夫"或"权威"，如果你称赞他"小有名气"则不合适，但称赞又不能太离谱，称他为"国际知名的医生"也不合适，这实际上是给他定目标而不是称赞。因此，适当的赞扬应当是在对方原有期望的基础上略加提高，这样既不会贬低别人，又能使对方满意且不至于飘飘然，从而达到最佳的效果。

赞扬的言辞不能太笼统，太过笼统会给被赞美者虚假的感觉。例如，"你很不简单""你的能力很强"等，这些不能具体赞美某一方面的言语，很容易使被赞美者对你的赞美产生

怀疑，觉得你的赞美虚伪，有阿谀奉承之嫌。如果能具体到某一方面，更翔实一些，则说明你对对方了解至深，对他的为人、成绩、品德等敬仰已久，使其对你信赖并产生亲近感，拉近你们的心理距离。

（四）赞扬要适应环境

赞扬要与所处的特定环境相适应，要根据时间、地点、双方谈话内容等的不同，选择适当的语言和表达方式，寻求最佳的表达方式。如两个异性相遇，在相互问好后，男性说："认识你很高兴，你很漂亮！"对方会很高兴，可如果双方正在谈一个很严肃的话题，男性突然来一句"你很漂亮"，就让对方难以接受，因为这样的赞扬不符合语言环境。因此，赞扬的言辞要和谈话的内容相关，表现得要自然。

（五）间接赞扬可能收到奇效

赞扬也可以通过间接的方式给予，一个善于赞扬别人的人往往更加喜欢用间接称赞这种稍微曲折一点的方式。假借别人的口赞扬一个人，既传达了第三者的善意，也能表明自己的赞同立场。间接赞扬的另一种方式是通过赞扬与一个人有密切联系的人、事或物以表明对这个人的赞扬之意。间接赞扬往往让人认为你更加真诚，因而对你的感觉会更好，有可能收到意想不到的效果。

二、劝说的技巧

劝说是一门艺术。常言道，话有三说，巧说为妙。不同的谈话方式的效果往往大不一样。"触龙说赵太后"的故事就是巧用劝说的典范。

📱 知识链接

战国时期，秦国趁赵国国王去世、新王即位之际，大举攻赵，并占领了赵国三座城池。赵国形势危急，向齐国求援。齐国要求赵威后的儿子长安君为人质，才肯出兵。赵威后溺爱长安君，执意不肯，致使国家危机日深。左师触龙因势利导，以柔克刚，用"父母之爱子，则为之计深远"的道理说服赵威后，让其爱子出质于齐，换取救兵，解救国家于危难之中。

在现代社会里，我们虽然不需要像臣子劝说君王那样，但在工作、生活中，如能将婉言规劝用得恰到火候，则会对人与人之间的沟通、理解大有帮助。

（一）以退为进

在劝说难以奏效时，劝说者可以先绕开话题，做适当的让步，先消除对方情绪上的对立，使其没有戒备心，再因势利导，以退为进，陈述利害。正如古人所言"将欲取之，必先予之"，往往能达到预期的效果。我国春秋时期的齐相晏子最擅长使用这种方法。据《晏子春秋》记载，有人得罪了齐景公，景公大怒，命人将此人绑起来，置于殿下，召集武士肢解他，有敢劝谏的，定斩不饶。晏子左手扶着那人的头，右手磨着刀，仰面向齐景公问道："您知道古代贤明的君主要肢解人时，从哪里开始下刀吗？"齐景公顿时明白了，说："把这人放了吧，过错在寡人。"

（二）逻辑诱导

在劝说别人时，寻求双方态度上的一致性，往往是有效劝说的重要基础，这对减弱对方的戒备心、化解对方的对立情绪、增进相互间的理解起着关键作用。当双方有了相似之处后，再以此为前提，运用逻辑推理，层层递进，因势利导地说出令对方口服心服的结论，方能达到改变对方态度的目的。例如，电影《南征北战》里有一段高营长劝说张连长不要有急躁情绪的戏。高营长说："我也想打一个冲锋，一下子把蒋介石的800万军队都打败，可是不行啊。我们是小米加步枪，而敌人是飞机加坦克。这就要求我们饭要一口一口地吃，仗要一个一个地打。"这段话入情入理，说得张连长心服口服。

（三）类比借喻

在劝说时，采用类比借喻的方法，既可以使道理形象易懂，又往往能够避开对方的戒备心理，使其在不知不觉中受到暗示、获得启发，从而改变原有的态度。例如，春秋时期，晋国要借道虞国以伐虢国，虞国大夫宫之奇向虞公谏曰："虢，虞之表也，虢亡，虞必从之……谚所谓'辅车相依，唇亡齿寒'者，其虞、虢之谓也。"宫之奇用"辅车相依，唇亡齿寒"比喻虞、虢两国之间的关系，建议不要让晋国借道。无奈昏庸的虞公不听，最终导致虞国被晋国灭掉。"螳螂捕蝉，黄雀在后"，"鹬蚌相争，渔翁得利"等，都是很好的类比例子。

（四）分散注意

倘若劝说对象刚愎自用、固执己见，直接劝说往往很难叩开对方的心扉。在这种情况下，我们可以采取间接、迂回的方法，即直话曲说，转移对方的注意力，削弱对方的戒备心，使其在不知不觉、毫无防备的情况下，接受劝说者的观点。

例如，富兰克林·罗斯福当选美国总统前，曾任海军要职。一次，他的朋友询问他关于某军事基地的建设计划，这是个很让人为难的问题。当时，罗斯福环顾一下四周，低声问："你能保密吗？"朋友赶紧说："当然能。"罗斯福松了一口气说："那么，我也能。"那位朋友知趣地笑了笑，也就不再问了。

三、否决的技巧

在拒绝或否定别人时，往往容易伤害对方的自尊心。

在拒绝别人时，谈话的艺术表现在拒绝对方时能否保留对方的面子，维护对方的自尊心。

（一）选择好谈话的场合与环境

在拒绝或否定别人时，最忌讳在大庭广众之下或有第三者在场的情况，因为这样容易让对方难堪，伤及自尊心。一般来讲，倘若当众否决对方，不管否决者说得多么有道理，对方都会产生强烈的戒备和防卫心理，误认为否决者有意伤害和羞辱他，从而与否决者情感破裂，行为对立，甚至耿耿于怀。例如，有的妻子总是爱当着别人的面指责自己的丈夫，丈夫往往甚是恼火。再如，有些家长总是当着外人的面批评自己的孩子，这也是失策的举动，它会使孩子与家长之间产生一种对立的情绪。

（二）拒绝或否定之前，最好先肯定对方的优点

善意的拒绝或否定是为了让对方改正错误而不是为了刺伤对方、羞辱对方。因此，在否决对方时，要讲究方法，尽量把话说得婉转、迂回，富有人情味，使对方在没有戒备心的情况下接受你的观点。在有些场合，直接否决对方很容易伤害对方，如果先肯定对方的优点，在得到对方情感认同的情况下，再指出对方的不足，既使对方容易接受，又不至于招致对方的防范和反感。

（三）否决对方时，要给对方留个台阶

在否决对方时，要想避免使其难堪，自尊心不受伤害，就要设法给对方找个台阶。例如，一位顾客来到商店退西装，店员检查出西装有洗过的痕迹。聪明的店员没有当面揭穿，而是说："太太，是不是你的家人不小心搞错了，把这件西装送去洗了呀？我也有过类似的经验，我外出了，洗衣店的人来了，我丈夫稀里糊涂地让人把才洗过的衣服和其他衣服一起带走，和这情形完全一样，是吗？你看，这西装有洗过的痕迹。"顾客看了证据，无话可说，心里倒有些感谢店员给了她一个台阶。

四、道歉的技巧

在人际交往中，人们往往会在有意无意间得罪他人，伤害彼此间的情谊，造成不愉快，甚至产生感情上的疙瘩。

（一）勇于承担责任

道歉首先要有承担责任的诚心和勇气。道歉不是一件丢脸的事情，反而更能体现一个人良好的人品与修养。切记，道歉不是耻辱，而是真挚、诚恳和有勇气的表现。不仅普通人，就是一些历史名人，有时也需要道歉。英国首相丘吉尔一度对美国时任总统的杜鲁门印象很坏，但他后来找了个机会向杜鲁门道歉，形式很巧妙："总统先生，我以前低估了您，实在对不起。"丘吉尔以赞誉的方式道了歉。关于负荆请罪的典故，人们不仅佩服蔺相如的"有容乃大"，更佩服廉颇"有过则改"的勇气和负荆请罪的真诚。有人道歉时"犹抱琵琶半遮面"，左一个"因为"，右一个"假设"，强调种种客观因素，或将责任推到

他人身上，说"要不是他……我不会……"而很少扪心自问是否无愧。这样的道歉苍白无力，无法让人生出谅解之情。道歉要有廉颇式的诚意，有了诚意才会有说出"对不起，我错了，请原谅"的勇气。

（二）善于把握时机

道歉要善于把握适当的时机，应选在对方心平气和、有喜事等心情较好的时候。人逢喜事精神爽，对方这时更容易接受你的道歉，与你握手言欢、重归于好。当然，时间宜早不宜迟。道歉也要选准适当的地点，最好是亲自上门道歉，或约对方到一个环境幽雅安静的地方，这样双方都能平心静气，自然也就容易推心置腹、开诚布公地谈心，从而化干戈为玉帛。

（三）巧于借物传情

当岸与岸相隔时，聪明的人发明了桥和船，两岸相通非人能行也，善假于物也；当心与心相隔时，我们也应巧借外物表达心意。如果直接致歉不合适，不妨在适当时间打个电话或写封言辞诚恳的信向对方表示歉意。当然，也可以请一位彼此都信任的朋友、同事或领导代为转达歉意，待日后时机适宜时再登门致歉赔礼。甲不小心伤害了乙，他感到很内疚。于是，在乙生日当天，甲到学校广播站为乙点歌一首，说："乙，对不起，我真的不是故意的，你能原谅上周惹你生气的朋友吗？今天是你的生日，我祝你生日快乐，前程似锦！"乙听到广播后很感动，立刻与甲握手言和，两人和好如初。

（四）贵在持之以恒

也许你的失误给对方造成了刻骨铭心的伤害，这时你要有诚心，更要有耐心。一次不行就两次，两次不行就三次。快要失去耐心与信心时，站在对方的立场想一想：要是我，我能轻易原谅深深伤害过自己的人吗？水滴石穿，只要你敞开心扉真诚地对待对方，精诚所至，金石为开，就不会有解不开的心结。

第三节　人际交往中的心理障碍及克服方法

人际交往的过程，也就是人与人之间信息沟通、思想感情交流和行为互动的过程，有很多因素会成为人际交往的障碍，诸如职务、职业障碍，环境条件障碍，年龄、性别障碍，文化、种族障碍，等等。在这些障碍中，表现最为突出的是人际交往的心理障碍，给人际交往造成了不同程度的危害。

一、交往过程中的心理障碍

（一）知觉障碍

什么是知觉障碍？

人们在正常情况下，看到的不单纯是不同的形态、不同的颜色，而是一本书、一幅画；听到的不仅仅是高低不一或音色不同的声响，而是人的歌唱声和机器的轰鸣声：这些都是通过知觉获得的认识。

知觉与感觉有着紧密的联系，感觉的材料越丰富，知觉也就越完整、越正确。知觉障碍是人在把客观事物反映到意识中和反映事物的外部表现及事物之间的表面联系的过程中出现错误。

完全不符合刺激本身特征的或扭曲事实的知觉经验称为知觉障碍，常见的有错觉、幻觉和感知综合障碍。错觉是歪曲的知觉，也就是把实际存在的事物歪曲地感知为与实际不完全相符的事物。幻觉是一种虚幻的知觉，是病人在客观现实中并不存在某种事物的情况下，却感知到它的存在。感知综合障碍是一类较常见的感知觉障碍，病人在感知某一现实事物时，对其整体感知是正确的，但是对这一事物（包括个人躯体本身）的某些个别属性，如形象、大小、颜色、位置、距离等，产生与该事物的实际情况不相符的感知。

在人际交往中，我们在认知对象时经常会出现不同的心理障碍，最常见的有第一印象、晕轮效应和刻板印象。

1. 第一印象

第一印象是指在人际交往中，第一次经历的事件给人留下的特别深刻的印象，以后要改变这种印象往往很难。在日常生活中，人们都有这样的经验。与一个陌生人接触时，在没有任何对方背景材料可以参考的情况下，首先注意的是对方的细节，如表情、姿态、身材、仪表、服装等，并根据这些细节做出判断，形成对对方的最初主要印象。这种比较重视前面的信息，据此对人做出判断，在形成最初的印象之后，就不重视后来的信息或后的信息受到开始的信息的强烈干扰的现象，就是第一印象或首因效应。

💬 知识链接

> 心理学家做过这样的实验，让被试者看两种性格类型。
>
> 性格 A：聪明、勤奋、易冲动、爱批评人、顽固、嫉妒心强。
>
> 性格 B：嫉妒心强、顽固、爱批评人、易冲动、勤奋、聪明。
>
> 实验结果表明，被试者对性格 A 有好印象。其实性格 A 和性格 B 的内容完全一样，只是顺序不同罢了。这表明，当不同信息组合在一起时，我们总是倾向于关注前面的信息而忽视后面的信息；即使注意了后面的信息，也会认为后面的信息是非本质的、偶

然的。

　　由于第一印象，人们很容易在交往过程中产生错误的判断而出现心理障碍。当然，第一印象也不是不能改变，随着人与人之间的交往加深，还可以修正第一印象，最后给予对方客观、公正的评价。

2. 晕轮效应

　　晕轮效应是指在人际交往中，个体表现出的某一方面的特征掩盖了其他特征，从而给人际认知造成障碍，是认知主体对认知对象的一种偏差倾向。例如，当一个人对另一个人的某些或某一方面的主要品质有了良好印象，如认为这个人勤奋、诚实、聪明、热情之后，就会对这个人的缺点视而不见，认为这个人一切都很好；反过来，也是一样。爱之欲其生，恨之欲其死，就是这个道理。

　　在日常生活中，晕轮效应往往悄悄地影响着我们对他人的认知和评价。例如，有的领导者看到一些年轻人的个别缺点，或看不顺眼他们的衣着打扮和生活习惯，就认为他们一无是处。也有的年轻人由于关注自己倾慕的朋友的某一可爱之处，而把他们看得处处可爱，"一俊遮百丑"。

　　人的认知中存在的这种现象，可以称为月晕，又称晕轮。月晕是月光透过高而薄的白云时形成的一种特殊的光学效应。因为这种效应，人们就看不清月亮本身的模样了。不识月亮真面目，只因月在晕轮中。

　　晕轮效应告诉我们，人的认知是会发生偏差的。这就是为什么一些有吸引人的外表、良好的社会背景、迷人的微笑的人，总会被认为是友好的、好交际的人，或者被认为是灵巧的、聪明的、有创造性的人。

　　晕轮效应是一种以偏概全的主观心理臆测，其错误在于：第一，只看到了事物的个别特征，以个别推及一般，就像盲人摸象一样，以一点代替全面；第二，把并无内在联系的一些个性或外貌特征联系在一起，断言有这种特征必然会有另一种特征；第三，说好就全都肯定，说坏就整体否定，是一种受主观偏见支配的绝对化倾向。总之，晕轮效应是人际交往中对人的心理影响很大的认知障碍。

3. 刻板印象

　　刻板印象是指在人际交往中，对某一类人或事物产生简单的、固定的概括而形成笼统的看法。即使从未见过面的人，也会根据间接的资料与信息而产生刻板印象。有些人总是带着一定模式有选择地发现他人的各种特征，并选择与模式相吻合的特征而舍弃不符的特征。

　　长久以来，人们不知不觉地形成了这样一种认知习惯，用一种固定的看法去认识某一类人、某一群人，再把这种认识扩大到这群人中的每一个成员：这就是社会刻板印象。

　　刻板印象是一种容易以偏概全，产生认知偏差，造成先入为主的成见，从而阻碍人与

人之间正常认识和正常交往的认知方面的障碍。事实上，在日常生活中，人们总是不自觉地运用刻板印象对他人做最初的判断。

刻板印象的产生与我们在认知中的选择性有密切的关系。认知的选择性使人们在认知事物的过程中能抓住事物最明显或典型的特征。在人际认知中，选择性能使人们很快地归类一个人，判断出他的典型特征。但是，当人们用一种固定模式去认知事物而这种模式并不能反映事物的本质时，就会形成刻板印象。

刻板印象的表现形式多种多样，在年龄上，人们相信老年人稳重而保守，年轻人敢于创新而冒失；在职业上，知识分子似乎都是戴眼镜的书呆子，干部则一本正经、不苟言笑；在体形上，人们习惯于把胖人看作乐天派，把瘦人看作抑郁者；等等。

（二）语意障碍

在日常生活中，我们都有这样的体会：我们说出的话是一种意思，可是对听话人来说，它又变成了另一种意思。在人际交往过程中，民族、地域、文化背景、生活习惯以及性格、情绪、态度等方面的差异往往会形成语意障碍，使语言沟通产生困难。

例如，中国人使用"爱人"一词时指的是妻子或丈夫，西方人说的"爱人"是情人。如果你第一次见到一位西方人就问他爱人的情况，他会十分尴尬，认为你是一个很无礼的人，但在中国就是十分正常的事情。再比如，"媳妇"在北方指自己的妻子，在南方则指儿子的妻子。

有时，不同的语气和态度，不同的心态、情感、文化背景、时空环境等均可导致人际沟通中的语意障碍。例如，"先生"一词指男士，特别是在社交场合用于称呼初次见面或不知其姓名的男士。对在一个单位内的同事就不叫"先生"，如果同事偶尔称你一声"先生"，可能就有弦外之音了。另外，对有资历、有身份的女士也可称呼"先生"。因此，我们应该不断增强语言能力，提高自身的语言沟通素质，在交往中主动减少沟通误解和障碍，增强适应对方、理解对方的能力。

（三）心理障碍

心理障碍是由各种不良刺激引起的心理异常现象。我们可以从一个人行为上的偏离程度去判断这个人的"障碍"程度，也就是说，如果一个人的行为表现偏离社会生活的规范越厉害，他的"障碍"程度也就越深。在人际交往中，还有一些属于心理品质的因素，如嫉妒、猜疑、羞怯、自卑等，也会造成心理障碍。这些心理障碍给人际交往造成了不同程度的危害。

1. 嫉妒

嫉妒是一种极端消极和狭隘的病态心理，是通过将自己与他人对比而产生的一种消极心态。也就是说，当看到与自己有某种联系的人取得了比自己更高的地位或更好的成绩时，便产生了一种嫉恨心理；当对方面临灾难时，就隔岸观火、幸灾乐祸。正如斯宾诺莎所说：

"嫉妒是一种恨，此种恨使人对他人的才能和成就感到痛苦，对他人的不幸和灾难感到快乐。"

嫉妒往往具有针对性，对象往往是和嫉妒者的职业、层次、年龄相似而表现或成绩超过嫉妒者的人。此外，嫉妒有时埋藏在一个人的内心深处而没有表现为任何具体的行动，往往具有潜伏性和隐秘性。

预防和控制嫉妒心理，首先要做到客观地看待别人的长处；其次要有博大的胸怀，有容人之量；最后要广交朋友，开阔视野，增强容纳他人、理解他人的能力。

2. 自卑和羞怯

自卑是指个人由于某些生理或心理缺陷及其他原因（如智力、记忆力、判断力、气质、性格、技能等欠佳）而产生的轻视自己、认为自己在某个方面或某几个方面不如他人的心理。从社会心理学的角度看，个体自卑感的形成主要是社会环境长期影响的结果。例如，有的是因为常常受到过多的指责和惩罚，有的则是在家庭中遭到父母的长期训斥或父母教育不当、父母离异等。自卑感易使人孤独、离群，抑制自信心和荣誉感，不利于正常的人际交往。

羞怯心理是绝大多数人都会有的一种消极心理。具有这种心理的人往往在交际场所或大庭广众之下羞于启齿或害怕见人。由于过分的焦虑和不必要的担心，他们在言语上支支吾吾，行动上手足无措、瞻前顾后。长此以往，就会变得越来越羞涩，越来越自卑，不利于同他人正常交往。

要克服自卑与羞怯心理，首先，要对自己有信心。一个人一旦失去了自信，便会在交往中茫然无措。因此，要克服自卑心理，就要找回自信。其次，要从小事做起，注意成功的积累。只要经历了成功，哪怕是小小的成功，都能为克服自卑、树立自信奠定基础。最后，要鼓起勇气，大胆实践，不能害怕失败。要知道，任何成功都是以失败为基础的。害怕失败的人总是失去机遇，也就永远不会获得成功。

3. 猜疑

猜疑是人际交往中的大忌，是人际关系的一大心理障碍，往往毫无根据地乱起疑心。猜疑心重的人往往仅凭自己的主观猜测、主观想象判断别人。有这种消极心理的人往往戴着有色眼镜看人。在他们看来，人性是虚伪的、丑恶的，没有什么可以令他们相信。在这种思想的支配下，他们总是处处防范别人，戒备心非常强，有时甚至口是心非。猜疑心重的人往往心胸狭隘、疑神疑鬼，与周围的人格格不入，结果是既不利于他人，又不利于自己。猜疑是阻碍人际沟通和理解的一大障碍，是现代人际关系的暗礁，我们必须防止和克服这种消极心理的滋长和蔓延。

4. 自私

自私是一种以个人为中心的消极心理，建立在"人不为己，天诛地灭"的价值观基础之上，是影响建立和谐的人际关系的一大障碍。在人际交往中，一些人总是事事从私欲出

发，甚至为满足一己私利不择手段。例如，在现实生活中，那些假冒产品的生产者，那些短视的经营者，那些走后门、拉关系，损公肥私、慷国家之慨，建立各种相互利用的庸俗关系的人，都是以自私的心理为基础的。自私不仅损害社会和他人的利益，最终也会使自私者自己受到应有的惩罚。要建立新型的人际关系，必须克服这种消极的心理。

二、克服交往中的心理障碍的方法

每个人都希望善于交往，建立起和谐的家庭关系、朋友关系、同学关系、同事关系等，这些良好的社会关系可以使人在温馨的环境中愉快地学习、生活和工作。在实际交往的过程中，或多或少总是存在一些不尽如人意之处，影响人际交往的正常开展。"知人者智，自知者明"，能否正确地认识和了解他人，关系到人际交往能否顺利开展。要走出对他人认知的心理误区，应掌握三个方法。

（一）认识和完善自我形象

要克服各种心理障碍，成功地与人交往，首先应了解自己。许多人之所以在交往中产生自卑、羞怯等消极心理，主要是对自己缺乏了解。人要从两个方面认识和了解自己：其一，可以通过与别人比较以认识自己；其二，可以通过对自己的行为以及他人对自己的评价认识自己。在充分认识自己的基础上，要不断地完善自己。完善自己就是克服自己身上存在的短处和不足，发扬自己的长处。这样，在正确认识自己和不断完善自己的过程中，就会逐渐克服各种心理障碍。

（二）严于律己，宽以待人

为人处世，需要有宽广的胸怀。要想获得对方的尊重和信任，就要首先尊重和信任别人。在与他人交往的过程中，我们要想得到理解，减少误解，首先要将心比心，才能真正地体谅他人；其次要严于律己。在日常交往中，要有良好的修养，善于把别人的优点同自己的缺点比较。如果发生矛盾，先检查自己，对自己严格要求。

倘若在人际交往中真正做到严于律己、宽以待人，就会以积极向上的形象感染他人，从而打破人际交往中的障碍，为建立融洽的人际关系奠定基础。

（三）树立新型的交往观念和交往意识

随着社会主义市场经济体制的建立和不断完善，人们逐渐从传统的行政隶属关系中解脱出来，发展出以市场为纽带的新型人际关系。在交往中，人们更加渴求平等与互助、信任与理解、真诚与和谐，人们的交往方式也在逐渐地从封闭型交往向开放型交往转变，从被动型交往向主动型交往转变，从单一型交往向多样型交往转变。这些都要求我们抛弃无事与人"老死不相往来"的思想，崇尚自我尝试、自我表露、自我推销的观念；抛弃个人本位、自我中心的思想，崇尚助人为乐、大公无私的观念。总之，要跟上时代的步伐，积极主动地适应当代人际关系变化和发展的新趋势，这也是克服人际交往心理障碍的先决条件。

思政之窗

　　构建和谐社会，和谐的人与人之间的关系是重中之重。由于人与人的空间距离越来越小，人与人的心灵空间距离却越来越大，阻碍了人际关系的和谐发展。克服人际交往障碍，提升人际交往能力是当前教育的重中之重。聆听对公共关系中的人际交往和人际交往中的公共关系的详细解读，学会解析公共关系、透视人际交往，提高公关能力，优化公共关系，激发社会责任感，奉献社会、发展自己。

案例思考

　　赵太后刚刚执政，秦国就加紧攻赵。赵国向齐国求救，齐国说："一定要把长安君作为人质，才派兵。"赵太后不肯答应，大臣们极力劝说，太后对左右的人说："有哪个再来说要长安君为人质的，我就要把唾沫吐在他的脸上。"

　　左师触龙觐见赵太后，赵太后气冲冲地等着他。触龙来到宫中，慢慢地小跑着到了太后跟前谢罪道："我脚上有毛病，竟不能快步跑。好久都没见您了，还请您原谅我哩。我怕您玉体欠安，所以想来看望您。"赵太后道："我靠车子才能行动。"触龙又问："每日饮食该没减少吧？"赵太后道："不过吃点稀饭罢了。"触龙说："我近来不想吃东西，却勉强自己散散步，每天走三四里，稍稍增加了一些食欲，身体也舒畅了些。"赵太后说："我做不到啊。"赵太后的怒色稍稍地消了些。

　　触龙又说："老臣的贱子舒祺年岁最小，不成器得很，而我已经衰老了，心里很怜爱他，希望他能当一名卫士，来保卫王宫。我特冒死来向您禀告。"赵太后答道："好吧。他多大了？"触龙道："十五岁了。虽然他还小，我希望在我没死之前把他托付给您。"赵太后问道："男人也爱他的小儿子吗？"触龙答道："比女人还爱得很哩！"赵太后答道："女人格外疼爱小儿子。"触龙说："我私下认为您对燕后的爱怜超过了对长安君。"太后道："您说错了，我对燕后的爱远远赶不上对长安君啊！"触龙言道："父母疼爱自己的孩子，就必须为他考虑长远的利益。您把燕后嫁出去的时候，拉着她的脚跟，还为她哭泣，不让她走，想着她远嫁，您十分悲伤，那情景够伤心的了。燕后走了，您不是不想念她，可是祭祀时为她祝福，说：'千万别让她回来。'您这样做难道不是为她考虑长远利益、希望她有子孙能相继为燕王吗？"太后答道："是这样。"

　　左师触龙又说："从现在的赵王上推三代，直到赵氏从大夫封为国君，历代赵国国君的子孙受封为侯的人，他们的后嗣继承其封爵的，还有吗？"太后答道："没有。"触龙又问："不只是赵国，诸侯各国有这种情况吗？"太后道："我还没听说过。"触龙说道："这大概就叫作，近一点呢，祸患落到自己身上；祸患来得晚，就会降临到子孙头上。难道是这些子孙一定都不好吗？是因为他们地位尊贵，却无功于国；俸禄优厚，却毫无劳绩。而

他们又有许多珍宝异物（这就难免危险了）。现在您使长安君地位尊贵，把肥沃的土地封给他，赐给他很多宝物，可是不趁现在使他有功于国，有朝一日您不在了，长安君凭什么在赵国立身呢？我觉得您为长安君考虑得太短浅了，所以认为您对他的爱不及对燕后啊！"太后答道："好了，任凭您把他派到哪儿去。"随即为长安君准备了上百辆车子，派长安君到齐国做人质。于是齐国派兵救赵。

思考：结合劝说的技巧谈谈触龙如何做到成功说服赵太后的。

第十章
公共关系的危机管理策略

章前导读

危机是市场经营活动的影子，也是公共关系活动的伴随物。一项调查指出，世界500强企业约80%的董事长和总经理，认为现代企业面对的危机就像死亡一样，是不可避免的事情。既然危机不可避免，那么有效应对危机事件，就成为公共关系的日常业务。本章引导学生树立科学的危机意识，掌握危机管理的三维范式，了解危机管理的程序，掌握应对危机的策略，从而清除危机的消极影响，并利用危机事件的资源，有效塑造良好的品牌形象。

学习目标

知识目标
◆熟悉危机管理的理论基础。
◆了解危机管理的宗旨和原则。
◆熟悉危机管理的程序。
◆理解处理危机事件的基本策略。

能力目标
◆正确应对不同类别的危机事件。

素质目标

◆培养学生较强的职业和社会责任感。

◆培养学生处事不惊、迎难而上的精神品质。

 思政目标

◆危机公关的学习，对学生的应变能力、处理问题的组织能力都有很大的提高作用。而且，危机事件本来就是不可避免的，学习危机公关处理，对年青一代来说，是一项富有挑战性、充满激情的事业。

第一节　公共关系危机及危机管理

一、公共关系危机概述

任何一个社会组织在发展过程中，都不可避免地会遇到许多突发的、对本组织发展不利的意外事件，如环境污染、产品质量被投诉、严重的交通事故、组织内部的安全事故、社会舆论的负面报道等。正所谓天有不测风云，这类事件一旦发生，对组织的生存和发展就是一次严峻的考验；若处理不当，对组织的打击就是致命的。

（一）公共关系危机的含义

当今社会瞬息万变，人们在享受着科技发展和进步所带来的便利和舒适的同时，也面临着越来越不稳定的社会环境，突发事件和危机的发生在所难免。按照《辞海》的解释，危机指的是"潜伏的祸机；严重困难的关头"。

公共关系危机是指由于突发事件或重大事故的出现，社会组织面临强大的公众舆论压力和危机四伏的社会关系环境，组织形象严重受损，组织的公共关系处于危机状态。

危机公共关系是指组织对危机事件进行预测与防范、发现与处理以及修复与完善组织形象的一系列活动过程。公共关系危机是一种状态，是对所出现的问题的描述，而危机公共关系强调的是一种行动过程。

美国某机构对全球500名大公司董事长和总经理进行了一项关于危机的调查，结果显示：

（1）80%的被调查者同意现代企业面对危机就好像面对死亡一样不可避免，在寄回调查问卷的公司中，74%认为曾接受过严重危机的挑战。

（2）57%的被调查者表明，过去一年在企业内潜伏的危机最近有爆发的可能；38%的人表示，过去一年内在企业潜伏的危机已经爆发了。在他们所讲的这些已经爆发的危机中：72%日益严重；72%日益受到新闻媒体的密切关注；32%受到政府的关注；55%影响公司的正常运转；52%的公司利益和利润受到损失。

可见，就像在战场上没有常胜将军一样，在现代社会中也没有永远一帆风顺的企业，任何一个企业都有可能遭遇挫折和危机。从某种程度上来讲，企业在经营与发展过程中遇到挫折和危机是正常和难免的，危机是企业生存和发展中的一种普遍现象。

（二）公共关系危机的特点

（1）必然性和普遍性

危机的必然性是指危机是不可避免的，只要有公共关系就会有公共关系危机。首先，由于人们主观认识的局限性和客观规律的隐蔽性，人们认识规律、驾驭规律的能力必然会存在偏差，所以任何的错误都可能变为现实。其次，信息传播是公共关系不可或缺的因素，公共关系过程是一种信息传播过程，更是一种控制过程，从信息论的角度看，就是信源通过信道向信宿传递并引发反馈的过程。信息在传递的过程中由于噪声的干扰势必产生失真现象，失真即有误差，误差导致错误，错误导致危机。最后，任何策划和决策都以信息为基础，方案的执行过程也是一个信息传播的过程，信息经过多层次、多渠道、多阶段的传输之后，失真现象必趋严重，减弱系统的稳定性，一旦震荡度加大，危机便接踵而至。因此，任何一个社会组织在它的发展过程中都会遇到性质不同、表现形式各异的危机。

（2）突发性和渐进性

公共关系危机事件是一种突发性事件，往往是渐进式的。它常常是在意想不到、没有准备的情况下突然发生的，是不可预见的或不可完全预见的。由于公共关系大系统是开放的，每时每刻都处在与外界的物质、能量、信息的交换和流动之中。其任何一个薄弱环节都可能因某种偶然因素而失衡、崩溃，形成危机。它具有突发性特征，也具有不可预测性的特征。如1993年发生在美国的百事可乐罐中有注射针头事件（事后查明是一对老年夫妇在用完注射器后顺手将针头放进空百事可乐易拉罐中），由于传媒报道造成谣言四起，一周内在美国竟然出现7例同类针头事件。加之公司反应不够及时，在一周后才平息事件，导致百事可乐公司损失了2500万美元。

从本质上讲，公共关系危机的爆发是一个从量变到质变的过程，从其自身发展来说，一般有四个阶段：前兆期—加剧期—处理期—消除期。

前兆期：危机的隐患初露端倪，向组织发出警告。大量事实表明，它是一个转折点，这时危机处在一个不稳定的状态，重要的是如何使这种状态向好的方面转化，遏制住向坏

方向转化的可能，化险为夷，转危为安。如果对前兆期的危机信号熟视无睹，它就会膨胀，到一定程度后，就会导致组织公共关系危机的爆发，并迅速蔓延，产生连锁反应，使公众与组织的关系突然恶化，使企业措手不及。

加剧期：危机的加剧期已经到来，就不会自行消失。这时，问题暴露，公众投诉，媒介追踪，声誉大降。这个时期，企业或社会公众已较清楚地了解到发生了什么事情。有关当事人介入行动，同时安排抢救工作。一旦进入危机加剧阶段，就只能使任何控制危机的努力变成对损失程度的控制。

处理期：危机灾难发展到顶峰的时期，抢救工作进入关键阶段。在此时期，公关机构设立信息中心，按时把抢救工作的最新消息传送给媒体人士。抢救期短则一两天，长则持续几个星期或更长时间。在发表各种消息时，一定要坚持"公开事实真相"的原则，以避免新闻媒体和社会公众的猜疑、质询。危机的处理期一般包括调查情况、自我分析、安抚公众、联络媒体等工作。

消除期：评估工作开始，抢救工作告一段落的时期。在这一时期，除着手准备详细的调查报告外，主管部门和公关部门都还需要做一些具体的事，以妥善处理危机后期工作，安抚人心。同时，依靠公共关系手段消除影响，矫正形象。

（3）严重性和建设性

危机事件作为一种公共事件，任何组织在危机中采取的行动和措施失当，都可能使企业的品牌形象和信誉受到致命打击，甚至危及生存。由此，为了应对各种突发的危机事件，西方现代企业一般都将其纳入管理的内容，形成独特的危机管理机制。例如，伦敦证券交易所为避免企业危机对股市的冲击，就提出了新规定，要求上市公司必须制订危机管理计划，建立危机管理机制，定期提交危机预测分析报告。

危机在本质上或事实上对社会组织产生的破坏性是巨大的，必须尽力防范和阻止。危机爆发了，暴露了组织存在的问题，同时也给组织提供了一个检视自我应对风险能力的机会，危机的恰当处理也会带给组织新的收获。从辩证法的角度看：危机＝危险＋机遇。

公共关系危机爆发之后，组织的公共关系系统处在不稳定的状态中。有效的公共关系工作必定会在原本无序的公关状态中构建更牢固的公共关系大厦，使无序走向有序。认识危机的建设性，才会采取主动姿态，沉着冷静、满怀信心地面对危机，从中寻找和抓住任何可能的机会；认识危机的建设性，才有可能认识到公共关系危机在破坏公共关系良好状态的同时，也为组织建立富有竞争力的声誉、树立形象和为组织重大问题的解决创造了机会。

（4）紧迫性和关注性

公共关系危机总是在短时间内突然爆发，使组织立刻处于紧急状态，要求公关人员第一时间全面掌握事件真相。危机爆发造成的巨大影响，又令人瞩目，常常会成为社会和舆论关注的焦点和讨论的话题，成为新闻界争相报道的内容，成为竞争对手发现破绽的线索，成为主管部门检查批评的对象。总之，组织公共关系危机一旦出现，就会像一颗突然爆炸的炸弹，在社会中迅速扩散开来，对社会造成严重的冲击；就会像一根牵动社会的神经，迅速引起社会各界的不同反应，令社会各界密切注意。

（5）危害性和冲击性

危机事件由于事发突然，内容往往又与公众直接相关，一经传媒报道，其冲击力是惊人的。如果没有预先的应急方案和及时灵敏的反应，事件一旦被知晓，公众就会迅速从潜在状态转向行动状态，当事的社会组织往往会因这突如其来的冲击而无所适从，而一旦错过事件处理的最佳时间，就会导致该事件的恶性发展。

（三）公共关系危机的类型

社会组织在运营中会遇到各种各样的危机，有来自外部的自然灾害，也有来自供应链、生产、销售以及人力资源、财务等各个环节的危机。无论是哪种危机，一旦发生，组织内部和外部都会产生恐惧和怀疑，在组织公共关系上导致危机的产生。

1. 按公共关系危机发生的性质分类

（1）信誉危机

信誉危机也称形象危机，是指组织由于在经营理念、组织形象、管理手段、服务态度、组织宗旨、传播方式等方面出现失误而造成的社会公众对组织的不信任，甚至怨愤的情绪。这种危机尽管看上去是软性的，但直接影响组织的经济效益和可以量化的其他收益。因此，信誉危机是真正意义上的公共关系危机，会使组织形象在公众心目中倒塌，是公关工作的重大失误，如不及时想办法挽救，很快就会波及组织的其他领域，给组织带来灾难性的损失。

（2）效益危机

这种危机是指组织在直接的经济收益方面面临的困境，如同行业产品价格下调、原材料价格上涨，行业恶性竞争，产品市场疲软、产品过剩，组织的投资出现了偏差等。

（3）突变危机

突变危机主要是指遭遇灾害而造成较大生命财产损失的危机。在这类危机中，一部分是自然灾害，如地震、风暴、洪水、泥石流、雪崩、火灾、流行病等；另一部分是人为灾难，如抢劫、盗窃、破坏、爆炸等。

（4）潜伏危机

潜伏危机是指危机的因素已经存在，却没有被人们意识到的危机，如安全防火设施破坏、缺乏防火意识，或设备本身不过关、缺乏质量意识等。潜伏危机比显在危机具有更大的危险性。犹如一座冰山，显在危机是浮在水面的部分，所占比重小，容易被人重视；潜伏危机犹如处于水下的冰山本体，不容易被发现，但危险性更大。

2. 按公共关系危机的表现形式分类

（1）点式危机

这种公共关系危机事件的出现是独立的、短暂的，和其他方面的联系不大，产生的影响比较有限，往往是产生在一定范围内的局部性危机，也是一种程度较轻的危机状况。在实际的公关工作中，这种危机属于一般性危机的范围，大部分情况下处在隐性危机状态，可能是组织内部某些局部或一些具体因素由于控制不严造成具体的失控和混乱。而这种危机是大危机到来的征兆，如不及时将问题消灭在萌芽状态，就会酿成大祸。

（2）线性危机

这是指由某一项危机出现的影响而造成的事物沿着发展方向出现的一系列危机连锁现象。这种状况往往造成的是一个危机流，如不尽快控制发展的势头，就会造成大的灾难。线性危机的根本原因在于事物之间的联系。当组织在公关某一方面的工作中出了问题，面临危机时，一定要措施得当，力度适当；如果在某一环节上出现偏差，不及时处理而造成失控，那么困难的局面会像多米诺骨牌一样发生连锁反应，最终由一次危机演变成一系列的危机。

（3）周期性危机

这是一种按规律出现的危机现象，也就是由于事物的性质和发展规律造成了某些公关工作在经过一段时期后，有节律地出现困难现象的危机状态。例如，某些产品的销售有旺季，也有淡季。进入淡季后，就要有相应的处理措施，以应付不利的局面。这种周期性困难是一种可以预测、能够预防的危机。也就是说，公关人员经过几次危机的锻炼后，就会找到危机出现的规律。积累了一定经验后，就能够把握其规律，控制这种危机的出现频率，避免危害的发生。

（4）综合性危机

这种危机是指在一个社会组织中，突然出现了由以上几种危机汇成的"爆炸性"危机，是一种迅速蔓延的危机状态，也是一种最严重的危机状况。它一般先是点式危机处理不当造成了线性危机，再加上其他因素的作用，使危机的事态急剧恶化，短期内迅速发展成一种一败涂地的重度危机局面。这种危机的程度最深，挽救和扭转相当困难。一般而言，必须组织内部群众群策群力、上下同心去面对，必要时聘请相关方面的专家，提供专业的意见和建议，或者汇集公关专业人士协同组织的管理和决策者对危机事态开展紧急会诊，及时找到解决的突破口，不然就会彻底葬送已经建立的事业。

（四）公共关系危机的成因分析

美国危机管理专家诺曼·奥古斯丁形容说："危机就像普通的感冒病毒一样，种类繁多，难以一一列举。"的确，经营管理不善、市场信息不足、同行竞争，甚至遭到恶意破坏等，或其他自然灾害、事故，都可能使得现代组织处于危机四伏之中。

引起组织公共关系危机的原因很多，大体上可以分为组织内部原因和组织外部原因。

1. 组织内部原因

由组织内部原因引起的公共关系危机主要有五个方面。

（1）组织行为不当引起的危机

组织行为不当引起的危机是指社会组织在运行过程中，由于自身行为不得当或工作失误，而给社会公众带来了损失和危害，引发公共关系危机。对一个组织来说，生产工艺设计欠科学、财务管理不善、产品质量与广告宣传不相符、不能实现对消费者的承诺、随意提高产品价格、服务不周等引起的危机，都属于此类危机。危机发生后，组织的社会声誉严重下降，经济活动受到很大影响，甚至导致生产经营活动全部停滞。

由组织行为不当引起的危机是社会组织主观原因造成的，所以它具有两个特征。

一是可预见性，即公共关系危机的发生是可以预见的。社会组织在经营活动中，由于自己的行为不当而损害了社会公众的利益，必然会引起社会公众的强烈不满，使社会组织处于尴尬状况，组织公共关系危机必然发生。

二是可控制性，即公共关系危机的发生是可以控制的。既然危机是由组织的行为不当引起的，是组织自身的原因造成的，那么组织如果平时就能够采取有效的措施且加以防范，危机在一定程度上也是可以控制的。

（2）经营管理者决策失误引起的危机

管理的最终目的是使企业的经营目标、公关目标与企业的内外部环境、条件相适应，达到动态的平衡。一旦决策失误，企业的经营行为势必受挫，产生危机。如20世纪70年代的石油危机冲击着汽车制造业，迫使许多汽车商生产节能型汽车。而克莱斯勒公司的高管坚持生产大型的豪华车以"保持自己的风格"，这一错误决策使企业一败涂地，出现了严重的亏损。

（3）员工素质低下造成的危机

组织是由员工组成的，而员工素质低下也常常给组织带来危机。这方面的例子有很多。如宜家危机是由于一位北京消费者向媒体反映，其在宜家购买的商品两周都没有送到，随后类似的众多投诉引发了宜家来华后的首次危机。

（4）缺乏正常有序的传播沟通渠道引发的危机

许多企业在传播沟通意识上还存在两大盲点：一是无限制地扩大组织的机密范围；二是只知道信息的单向发布，而不知道信息的及时反馈，如广告效果的测评。

（5）产品质量问题或违法行为引发的危机

产品质量问题或违法行为引发的危机更容易引起公众的关注。如光明牛奶危机，郑州市食品药品安全委员会发表书面调查文件称，郑州光明乳业使用了在保质期内的库存奶，再加工后售卖。肯德基的"苏丹红"危机是质检部门在其售卖的新奥尔良烤翅和新奥尔良烤鸡腿堡中检出了"苏丹红"成分。

2. 组织外部原因

由组织外部原因引起的公共关系危机主要有五个方面。

（1）自然灾害等突发事件引起的危机

突发事件是指突然发生的危及公众生命财产，给公众带来重大损失，给组织形象造成严重损害，影响组织公共关系的事件。对一个组织来说，诸如飞机失事，火车脱轨，轮船沉没，毒气泄漏，食物中毒，火灾，爆炸，坍塌，产品漏电、漏水、漏油等恶性事故，均属于突发事件。突发事件使组织陷入巨大的舆论压力和危机之中。因此，突发事件的处理是关系到组织生死存亡的大事。

在市场经济条件下，竞争激烈，社会环境错综复杂。社会组织在这样的环境中从事经营活动，突发事件在所难免。突发事件一旦发生，必然会给社会组织带来灾难性的打击，而要处理好突发事件，重新恢复组织的声誉，则要通过组织开展行之有效的公共关系活动实现。

（2）体制和政策因素引起的危机

国家的经济管理体制和经济政策是企业难以控制的外部因素，对企业的经营和发展产生着重大影响和制约作用。一般来讲，任何企业都希望国家经济管理体制和经济政策有利于本企业的生存和发展，如果体制不健全，政策对企业的发展不利，那么企业可能在经营活动中遭遇很大风险，出现严重问题，甚至陷入一种欲进不能、欲退不忍的困境。在这种情况下，出现公共关系危机是完全有可能的。

（3）媒介对组织的负面报道引起的危机

舆论的负面报道有两种情况：一种是对组织损害社会利益行为的真实报道，如违章排污，生产的产品有质量问题或不符合卫生标准，内部员工有伤害消费者的言行等；另一种则是对组织情况的一种失实报道，往往是由部分公众向媒体投诉而引起的，也有部分是因为组织与传媒界的个别记者交恶而受到中伤。

面对前一种负面报道，组织应该首先以负责的态度向公众表明改正此类事件的决心，并主动采取行动，解决引起负面报道的有关问题，并给予因此而受到伤害的目标公众某种补偿；再进一步告诉公众，组织将以此为鉴，在健全内部制度、提升员工素质及承担社会责任各方面，完善下一步计划与决策安排。

后一种负面报道，通常是社会组织在运行过程中由于疏忽或其他原因造成工作方面局部失误而被新闻媒体夸大或渲染报道，使社会组织处于困境之中。社会组织在工作中出现局部失误是不可避免的，失误出现后，对社会的危害并不大。不过，由于新闻媒体对事实的了解不够全面，或记者听取一面之词，或主观判断，继而加以报道，结果使一件本不严重且可以纠正的事情被报道得过分严重，使公众哗然，事态恶化，即使组织纠正了失误，仍处于危机之中。这种危机的处理是一件非常棘手的事情，因为新闻媒体的报道影响力大，公众印象深刻，而且可信度大，纠正已经报道出去的消息是有相当大的难度的。因此，及时有效的公共关系活动就成为处理危机的重要途径。

（4）竞争对手或个别敌对公众的故意破坏而引起的危机

由竞争对手或个别敌对公众的故意破坏而引起的危机，通常被称为竞争危机或敌对危机。这类危机通常表现为商业竞争中的恶意行为、诽谤、谣言传播、侵权行为、不正当竞争手段等，旨在损害另一方的声誉、利益或市场地位。

这种危机的根源在于商业环境中存在的竞争关系和利益冲突。竞争对手可能为了获得市场份额、提高自身地位或出于其他商业利益考虑，采取不道德或非法的手段来损害另一方的声誉和利益。

面对这种危机，受害方须迅速采取行动来应对。首先，要收集证据，证明对方的恶意行为和不当手段。其次，通过法律途径维护自身权益，寻求公正和赔偿。同时，还要加强公关工作，及时澄清事实真相，恢复公众信任。

预防这类危机的发生同样重要。企业或个人应建立良好的商业道德和诚信体系，遵守法律法规，避免使用不正当手段参与竞争。此外，加强危机预警和应对机制的建设，提高应对危机的能力和效率，也是预防竞争危机的重要手段。

（5）民族情结引发的危机

民族是人们在历史上形成的一个有共同语言、共同地域、共同经济生活以及表现于共同文化上的共同心理素质的稳定的共同体。同一民族使用共同语言文字，共育出民族文化，也共享着民族潜意识的心理内容。民族情结是人们有意或无意地在语言和行为上集中地表现出的民族自我意识。任何一个民族的人们都热爱本民族的历史和优良的文化传统，习惯于本民族的习俗、生活方式，且关切本民族的存在和发展，这种表现通常也被称为民族感情。

2021 年 3 月 24 日，网上掀起了抵制 H&M 的热潮。原因是 H&M 发布声明，表示 H&M 不与位于新疆的任何服装制造工厂合作，也不从该地区采购产品或原材料。中国网民们愤怒了，央视新闻发表评论，批评 H&M "在中国赚个盆满钵溢，却中伤中国、肆意栽赃，这种企业毫无基本商业伦理，逾越底线"， "只会换来中国消费者'自卫'，用脚投票，用抵制教训不守规矩的企业"。 "新疆棉"事件爆发后，H&M 被国内电商、点评网站，甚至地图 App 屏蔽拉黑，全国各地的门店生意一夜入冬，关店的、退租的新闻不断见诸媒体。

二、公共关系危机管理的含义与意义

公共关系危机管理是现代管理领域的一个新的研究课题。现代组织的公共关系人员必须了解公共关系危机产生的原因，树立公共关系危机意识，做好公共关系危机的预防工作，并能根据公共关系危机管理的原则、程序、策略，妥善处理各种危机事件，使组织转危为安。

（一）公共关系危机管理的含义

从广义的角度看，公共关系危机管理是指公共关系从业人员针对自身情况和内外部环境分析预测可能发生的危机，再制定出针对性措施，一旦发生危机，就能有条不紊地化解危机，重新恢复信誉和市场的一套机制。从狭义的角度看，危机管理就是危机处理，指处理已经发生的公共关系危机事件的过程。

（二）公共关系危机管理的意义

由于公共关系危机事件影响重大而又涉及面广，甚至会危及组织的生存，因而公共关系危机管理具有五大重要意义。

1. 在公众心目中重塑良好形象

公共关系危机的实质就是信誉危机。对组织来说，无论由何种因素或事件引发公共关系危机，都会影响其在公众心目中的良好形象。危机公关能控制事态的发展，使形象损失降到最低限度，还可以塑造比危机前更好的形象。

某母婴品牌在 2023 年初因质量问题遭受公众批评。消费者对产品的安全性提出了质疑，导致该品牌的销售额和股价大幅下降。为了应对这一危机，该品牌实施了一系列细致而有效的公关策略。

首先，该品牌积极与消费者沟通，及时召回了问题产品，并向公众致以真诚的歉意。此外，他们还宣布将追加投资，加强对产品质量的把控，确保类似问题不再发生。

其次，该品牌与权威媒体合作，发布了对产品的专业评测和整改成效等相关内容，通过媒体的权威性和公信力，重新获得了消费者的信任。此外，该品牌还借助 KOL（关键意见领袖）和网红妈妈的影响力，传播正面口碑，进一步提升了品牌形象。

最后，该品牌加强与母婴社群、论坛等平台的合作，参与各类母婴相关活动，借此提高品牌在目标消费者群体中的知名度和好感度。

通过以上策略的实施，该母婴品牌在短短几个月内成功扭转了公众形象。据统计，该品牌销售额和股价均已恢复到危机前的水平，而且品牌的知名度和美誉度也有了显著提升。

2. 降低或挽回经济损失

给组织带来直接或间接的经济损失是公共关系危机的后果之一，及时并认真地处理公共关系危机，可以尽可能降低或挽回经济损失。

四川某地的一位消费者购买了一台重庆某工厂生产的电风扇，在使用的时候触电身亡。此事在报纸上曝光以后，立刻引起了消费者的恐慌。大多数人认为，这家工厂生产的电风扇一定有质量问题。一些购买了该工厂产品的消费者要求退货，原打算购买该工厂产品的消费者转而放弃了这一念头。这导致该工厂产品的销售额直线下降，企业陷入困境。为了克服这种形象危机，该工厂开展了一系列公关活动。首先，请有关部门和专家认真调查此事，科学地鉴定该企业的电风扇的质量。通过调查和鉴定，发现该顾客触电身亡不是电风扇的质量问题（漏电）造成的，而是顾客不懂电工知识，乱接电线造成的。其次，该工厂立即通过新闻媒体把事实真相公之于众，消除消费者的恐慌情绪。同时，也一并公布了专家对该工厂电风扇质量的鉴定意见，利用消费者对专家的信任来化解这场危机。经过积极努力，该工厂终于消除了消费者的不信任，挽救了企业的形象危机，企业产品的销售额也出现回升趋势，避免了巨大的经济损失。

3. 更好地协调与公众的关系

面临公共关系危机时，组织与公众的关系处于不协调的状态。在这种情况下，审慎地处理公共关系危机，目的在于尽力协调组织与公众的关系，形成组织发展的良好环境。

4. 为组织的发展带来机遇

从字面上看，"危机"中既包含"危"（危险和危难），也包含"机"（时机和机遇），危机的危险性和机遇性是同在的。中国的一句古语"祸兮福所倚，福兮祸所伏"，辩证地阐明了危机本质的双重性。危机的危险性不言而喻，危机的机遇性在于：首先，危机可以暴露企业的弊端，使企业能够对症下药，为进一步发展清除障碍；其次，企业在危机中往往会成为公众关注的焦点，如果处理得当，可以比在常态下更为有效地提高企业的知名度和美誉度，是提升企业公众形象的一次机遇。危机的危险性是固有的，而危机的机遇性必须基于企业成功的危机处理。

5. 为组织处理重大问题创造了机会

正如加拿大企业危机管理专家唐纳德·B.斯蒂芬森指出的："危机往往突然而至，立刻为人瞩目并将高层管理人员卷入。当然，危机越严重，越有可能创造出更大的机会。因而危机有三个方面的重要影响：第一，所有人的注意力集中于此，要求大家通力合作；第二，给公司以机会显示其能力，表明对受影响的人们和所危及的社区利益的关心；第三，使负责处理危机的经理们有机会给上级留下印象。"因此，危机经常成为组织的一个转折点，为组织建立富有竞争力的声誉、处理重大问题创造了机会。

第二节　应对危机事件的策略与方式

一、应对危机事件的策略

在危机事件中，企业主要面临四个方面的问题，即顾客利益问题、心理矛盾问题、社会舆论问题和工作改进问题，因而相应的处理策略主要有利益倾斜策略、情谊联络策略、

如实宣传策略和亡羊补牢策略。

（一）利益倾斜策略

公众之所以反抗企业，给企业"制造"出危机事件，最基本也是最重要的原因就是公众感到在利益上受到了一定程度的损害，所以要运用新闻、法律武器，保护自己的合法利益。利益，是公众关心的焦点所在。因此，在危机事件中，如果企业能灵活运用利益倾斜策略，遵循人道主义原则，以公众利益代言人的身份出现，给公众一种感觉——公共关系人员是公众利益的保护者、争取者，是公众的利益代表——那么，就为整个危机事件的处理奠定了良好的基础。

在危机事件中，由于利益是公众最关心的问题，因而维护公众利益就成为最基本的要求。实施利益倾斜策略的前提是企业坦诚承认问题，切实改正错误，勇于承担责任。

公众利益有两种基本类型，即实际利益和心理利益。在实际利益方面，公众受到损害，如产品出现质量事故、高价购买劣质商品等，他们必然以种种手段抨击企业的经营管理活动，破坏企业的商业形象。此时，企业若能在诚恳致歉的基础上，及时、适度地弥补公众的利益损失，就可以赢得公众的谅解，重新获得好评。

在心理利益方面，如果公众觉得受到愚弄、损害，同样也会对抗企业。有时，一则宣传口号、一个承诺未兑现，尽管没有利益上的付出，甚至没有花一分钱，但公众仍会觉得企业愚弄了自己，同样是一种利益侵害。这种由心理利益而造成的危机事件，企业应该及时给予合理的精神赔偿，才能消除公众的怨恨，平息危机事件造成的不良影响。

（二）情谊联络策略

在危机事件中，公众除了利益抗争外，还存在强烈的心理怨怒，想无情地砸烂给他们带来损失、灾难的商店或疯狂地踏平企业。因此，在危机事件的处理过程中，企业不仅要解决直接的、表面的利益问题，而且要根据人的心理活动特点，理智对待公众不理智的过激反应，巧妙运用情谊联络策略，解决深层次的心理、情感关系问题。

情谊联络策略主要是配合利益倾斜策略而运用，在解决问题的同时有意识地施加情感影响，从而弥补、强化企业与公众的情感关系。其实，施加的前提是企业做好人，即心正、真诚、善良和宽容。心正就是真心为顾客着想；真诚就是不说假话；善良就是要富有良知和同情心，强调善意表达；宽容就是包容公众的过失和过激言行。在危机管理中，情谊联络策略的基本要求有六个方面：第一，表现出诚恳的态度，以诚意求理解，做到诚实不说谎；第二，在第一时间关心危机事件，先关注人员伤亡，后关注财产损失；第三，真诚表示同情、慰问，关注公众的健康权和生命权；第四，及时向受害公众表达深深的歉意，在先行致歉的基础上陈述事件；第五，使用富有人情味的语言，讲究温情表达；第六，尊重公众的心理感受。

（三）如实宣传策略

在危机事件中，尤其是处在事件的初发阶段，社会上的舆论往往是一面倒的，公众抨击、指责企业，而且越是反对企业的信息，越是容易传播，越是容易被接受。因此，企业在采取种种行为措施消除危机事件影响的基础上，还要针对不利的舆论环境，采取宣传措施扭转舆论环境，通过针对性、真实性的宣传，使公众获得新的信息，改变自己的态度。

如实宣传策略，就是针对危机事件中的不利舆论，组织各种真实的材料，通过大众传媒的广泛宣传来改善企业的舆论环境。

在市场经营活动中，有些危机事件是由于公众误解造成的，运用如实宣传策略就是解决这种危机的一种处理手段。向公众提供了真实的信息，流言、误解自然就会消失。常言道：事实胜于雄辩。企业如果能拿出最权威、最有说服力的事实，公之于众，就能直接消除危机事件的影响。

在其他危机事件中，如实宣传策略同样能产生较强的作用，主要表现在通过公布真相、告知处理等措施和手段，为解决危机事件创造顺意的、合作的、谅解的舆论环境。

（四）亡羊补牢策略

从严格意义上讲，任何形式的危机事件都起源于企业内部，与企业的科研、开发、生产、管理、市场经营行为有着千丝万缕的联系。危机发生后，各方面的问题都暴露出来了，企业应该"亡羊补牢"，本着"有则改之，无则加勉"的原则，及时从严地审视自己，采取果断措施解决相关问题。只有解决了自身的问题，企业才能真正消除危机、远离危机。亡羊补牢策略是处理危机事件的根本方略。美国的约翰·兰高斯曾经说过："我宁愿把钱投入到设施及服务上，而不愿花费每小时300美元的律师费，聘请律师与监管机构打官司。"

对企业来说，亡羊补牢不是简单的"修牢"，而是以危机事件为事由，举一反三，全面整顿、改进企业工作。在实际运用中，主要涉及两个环节的工作：一是诊断，根据理想化标准和科学性原则，找出企业在经营理念、内外经营行为中存在的问题、隐患，以发现问题为目的而开展自我剖析、比较分析。二是整顿，制定出行之有效、具体实用的规章制度。整顿工作的核心问题是全面设计、推行企业的行为形象工程，从实用角度规划企业的科研、开发、生产、管理、市场经营行为，引导企业以一流科研、一流工艺、一流管理和一流营销为目标，为公众提供一流服务，从根本上杜绝危机事件，强化企业的可持续发展形象，为企业的发展创造出具有发展前途的可持续性市场卖点。常言道，发现问题就意味着解决问题。所以说，诊断即发现问题是推行亡羊补牢策略的关键，而整顿是亡羊补牢策略产生效应的保证。

二、应对危机事件的方式

企业遇到危机事件，应及时调查，迅速了解事件全貌，判明危机事件的来源、性质与影响，认真听取公众的意见，选用恰当的方式，恢复企业的良好形象。

（一）单枪匹马快速处理

有些危机事件主要是由公众误解引起的，企业自身没有实质性问题，不涉及人身、财产等重大问题，影响范围比较小。这种危机，企业完全能够独立解决，可采用单枪匹马快速处理的方式。

单枪匹马快速处理，顾名思义，一则强调只依靠自己，通过企业自身的努力工作消除危机事件的影响；二则强调速度上的"快"。"快"的要求有六个方面，即发现危机问题快、调查危机事件快、确认危机性质快、深入危机公众快、控制事态发展快和通报情况反馈快。

（二）协商处理

协商处理适用于出现了意见领袖或者涉及公共权益的危机事件。运用协商处理方式，关键是争取第三方组织和意见领袖的支持，核心是争取权威证实。具体要求有四个方面：第一，选择的第三方组织和意见领袖与危机事件本身有较大的相关性，或者是受害者，或者是发起者，能够给其他公众一种"当事人""代言人"的感觉，这样，其他公众才能相信他们，在他们的引导下改变自己的消极态度；第二，选择的第三方组织和意见领袖在公众中要有较高的威望，否则就不能有效说服其他公众；第三，充分尊重第三方组织和意见领袖，这样才会赢得他们的倾心相助，帮助企业度过危机；第四，切实改进工作，这是争取第三方组织和意见领袖支持的基本前提。

协商处理的实施路径有四条：第一，邀请行业协会表达意见；第二，邀请意见领袖演讲；第三，开展小组会见，即安排意见领袖与媒体异议者小规模会谈，通过沟通达成共识；第四，开展一对一交流，即安排意见领袖会见重要官员或媒体，回答质询。

（三）依托处理

依托处理适用由科技水平低下或不合理社会体制造成的危机事件。依托处理就是指依托市场机制的完善、科技的进步和政府的力量，逐步消除危机。这种处理方式强调"以静制动"，但不是消极等待。相反，它要求我们在"静"的表面下，一方面，努力改进企业的工作，加强管理，力求尽善尽美；另一方面，积极与有关部门、有关公众沟通联络、交流情况、改善关系，为最终从根本上消除危机创造条件。

由于科学水平的限制，有些产品目前确实具有副作用。这种副作用一旦被披露，自然会引起公众的恐慌，甚至引发围攻。这时，公共关系人员要沉着冷静稳住阵脚，主动承认问题，严格执行政策法令，同时加强科研工作，尽早实现技术上的突破，并加强沟通，争取重新赢得公众的支持。

社会管理体制不合理，往往表现在与颁布的行业管理法规发生冲突而造成的危机，看似简单，好像能速战速决，然而由于涉及政府管理部门，一般不宜图快，只能逐步解决，否则就会事与愿违。化解因法规冲突而引发的危机，基本途径有五种：一是游说，即通过直接接触立法者和政府官员，影响待决议案或法规的投票或决策；二是信息交换，即游说者向立法者和官员提供资料、数据，诉说利害关系，从中了解议案的讨论情况；三是款待，即与立法者和官员进餐，开展社交活动；四是开展写信运动，让官员了解民意对公共问题的看法；五是开展公共关系广告宣传，挽回民意。

小贴士

危机事件出现的情形、背景、原因以及面临的逆意公众不同，必须具体问题具体分析。只有选择适当的工作策略、方式、方法，才能取得良好的效果。

三、公共关系危机预防的意义

公共关系危机的预防对组织来说具有很重要的意义，虽然有时危机难以预料，但有效的预防能及时发现危机的萌芽；即使危机真的出现了，企业也能相对从容地采取有效的措施。

公共关系
危机管理

1. 有助于培养全员的危机意识

现代的社会组织所处的社会环境复杂，面临的公众对象多样，各种因素层出不穷且变化莫测，因而出现危机的可能性日渐增大。为了保证组织公关系统的良性运行，就必须对全体员工开展危机意识的培养教育，培养员工的服务意识、形象意识、公众意识、忧患意识，通过各种方式帮助员工找到解决危机的方法，提高对危机的应变能力。

2. 有效地减少危机的形成

危机预防管理工作，实际就是一种有组织、有计划、有科学规程的公共关系危机控制工作。预测了社会组织可能发生的危机，开展了有针对性的工作，就会消除很多隐患，减少危机；即使是危机到来，组织也不会没有准备。

3. 有利于提高公关危机的处理水平

公关危机事件和事件带来的危害都需要组织处理、消除。但是，同样的危机，处理水平的高低决定危机影响的大小。做好了危机的预防，对全体员工开展危机教育，实行有计划的预防实践，设立领导小组指挥协调，制订应变计划与应变对策，做好物质技术和经费

准备以应对不测，并通过对公关系统长期的、持续不断的监测与诊断，为危机处理打下良好的基础，对提高社会组织的危机处理水平有积极的促进作用。

思政之窗

　　企业危机公关的处理策略不是一天能够想出来的，需要企业在日常工作中注重危机公关的举措和预案，在危机发生时，及时做出应对，坚定地引导公众舆论，真正做到自救即救人，实现提升自身价值和防范危机风险的目标。

案例思考

"狗不理"的"霸道"公关

　　背景与情境：2020 年 9 月 8 日，博主谷岳在大众点评上找到一家评分最低的店——狗不理包子王府井店，带着众多网民的疑惑去试吃了这家店。随后发表探店评价，大意是 60 元和 38 元的包子味道没有达到预期，不值如此高的价格。视频本身并没有多少人看，本来就是顾客的正常"吐槽"行为。

　　没想到的是，狗不理包子王府井店发布声明称，视频"恶语中伤言论不实"，已"向北京市公安网安支队报警"，要 UP 主和转载者停止侵权并"在国内主流媒体公开道歉"。如此强硬的态度立即引发轩然大波。虽然狗不理包子王府井店发现苗头不对迅速删掉了微博账号，但于事无补，事件迅速在互联网上发酵，网友纷纷吐槽："狗不理"硬是凭一己之力，将自己送上了热搜。

　　"狗不理"作为百年老字号，品牌具有极高的辨识度，不仅是包子界的"网红"，还是国家级非物质文化遗产，光是"狗不理"这一品牌就价值 7.57 亿元。多年来，"狗不理"接待过很多国家领导人和外国政要，拥有丰厚的文化底蕴和品牌故事。这么一个历尽沧桑、见识过无数大风大浪的品牌，怎么会犯这么低级的公关错误呢？一家有着 100 多年历史的餐饮品牌，居然以如此高傲和蛮横的态度对待它的消费者，显然是不明智的。

　　当然，王府井店犯众怒的原因，不是因为东西难吃——毕竟也难吃了这么多年。王府井店上热搜的真正原因是报警了，难吃还不让说。尽管从"狗不理"的角度来看，我的包子没问题，也很重视食品安全，历史也很悠久，你不能主观臆断说我难吃，但事实上，它的逻辑漏洞是，从始至终一直把自己作为主体，丝毫没有把消费者的体验放在心上。

　　《光明日报》评论："能成为老字号，就必然要有平静解决问题的智慧，也要有接受批评虚心改正的气度。"很多人走进"狗不理"，不只是为了吃个名气，更为了吃个舒服。

思考：

（1）本案例中存在哪些思政问题？

（2）试对上述问题做出你的思政研判。

（3）通过上网或去图书馆调研等途径搜集你做思政研判所依据的行业规范。

第十一章
公共关系的 CIS 策略

章前导读

CIS 是公共关系的核心策略之一。公共关系只有在科学的 CIS 指导下，从内容主题到形式风格，形成强大的整体感，才能创造出公共关系的规模效应，持续而深刻地影响公众，实现公共关系的终极目的。因此，在公共关系中应该自觉引入 CIS 理念和 CIS 方法，积极探索 CIS 指导公共关系、公共关系 CIS 化的模式。本章引导学生正确理解 CIS 的含义、基本结构和特点，初步了解 CIS 的发展趋势和应用领域的拓展，掌握策划 MIS 的基本要求和技巧，理解 BIS 作为一种制度建设应该包含的指标，掌握 VIS 的设计对象和基本方法。

学习目标

知识目标
◆理解 CIS 的含义、基本结构和特点。
◆了解 CIS 的发展趋势和应用领域的拓展。
◆理解 BIS 作为一种制度建设应该包含的指标。
◆掌握 VIS 的设计对象和基本方法。

能力目标
◆掌握策划 MIS 的基本要求和技巧。

素质目标
◆提高精神境界，努力做到"慎独"。
◆要做一名品行优秀、素养较高、技能过硬的"能人"。

思政目标

◆通过学习，了解企业公关的重要性。学生必须努力学习公共知识，提升自己的职业素养，积极参与公共关系的策划活动，为以后的工作打下坚实的基础。

第一节 CIS 的基本概念

CIS 是英文"corporate identity system"的缩写，意思是企业识别系统。其作为一种朴素的社会现象，可以说古已有之，如古代军队统一着装，这多少带有些 CIS 色彩。作为一种科学的经营策略，CIS 最早出现在 20 世纪初，而得以广泛推广是 20 世纪 50 年代的事情了。当时，美国的 IBM 公司率先推行了以统一视觉形象为中心的 CIS：提出"IBM 意味着服务"的经营理念，开展"24 小时限时售后服务"制度，设计全新的"IBM"标志。推行 CIS 方案后，IBM 获得了巨大的发展：20 世纪 60 年代的年营业额迅速提高到 60 多亿美元，70 年代的年营业额飞跃为 200 多亿美元，80 年代的年营业额高达 600 多亿美元。由于 IBM 的巨大成功，美国企业纷纷看好 CIS 的商业效应。因此，20 世纪 60、70 年代，美国企业界出现了人类第一个 CIS 热潮。此后，CIS 作为一种经营思想和策略，传向欧洲各国、日本等，再传向中国，CIS 热此起彼伏，影响颇大。由于其特殊的功效，CIS 成为一种现代市场经济条件下全新而极其重要的策略。国外专家研究现代企业发展后认为：20 世纪 70 年代是商品质量的竞争，80 年代是营销与服务的竞争，90 年代则是品牌形象的竞争，而品牌形象竞争集中体现为 CIS 的竞争。

一、CIS 的含义

正确理解 CIS 的含义，是强化 CIS 意识、发展 CIS 文化、完善 CIS 技术的基础，也是在公共关系工作中科学运用 CIS 的前提。

CIS 就是将企业理念和企业文化通过同一的视觉识别设计，予以视觉化、规范化、个性化和系统化，通过整合营销传播（integrated marketing communication，IMC），使公众产生一致的认同感和价值观，从而创造出最佳的经营发展环境。

（一）CIS 的核心：建立企业的文化式市场运作机制

根据形式，企业的市场运作机制分为三种，即生产式、经营式、文化式。

生产式市场运作机制受传统推销观念的支配，其运行模式是：企业生产出产品后，交由市场拓展部门实行广告宣传和促销，企业的中心工作是生产，推销部门的中心工作则是推销。如果企业盲目生产的产品正巧符合公众需求，促销任务就能顺利完成，这种成功取决于偶然。大多数的情形是：企业盲目生产的产品不符合公众要求，因而产品严重积压。

这种市场运作机制主要适用于市场经济不发达、商品总格局供不应求的社会。

经营式市场运作机制受现代营销观念的指导，企业积极开展前期调查，针对公众需求特性设计、生产产品，再开展宣传和促销。这显然是市场观念的巨大飞跃，依次强调了公众意愿在产品开发、设计中的决定性作用，提出了"顾客就是上帝""顾客永远是对的"等口号，这无疑是极其重要的。但是，在市场宣传作业阶段，依然以推销商品为己任，带有明显的现场劝购色彩，针对的只是公众的功能需求，缺乏文化色彩和心理意义上的消费氛围，所以营销有时也难以奏效。

文化式市场运作机制的基本依据是 CIS。CIS 包括三个基本要素，即 MIS（mind identity system，理念识别系统）、BIS（behavioral identity system，行为识别系统）和 VIS（visual identity system，视觉识别系统）。CIS 在吸收了现代营销观念中"公众至上"等思想的基础上，提出了一整套以文化为中心、力求全方位整合的主张，这主要体现在 MIS、BIS 和 VIS 三者的有机统一上，在操作上表现为整合性，如图 11-1 所示。也就是说，在 CIS 的构成要素中，MIS 具有指导作用，规范着 BIS 和 VIS；BIS 和 VIS 则分别从管理制度、视觉宣传作品两个角度表现着 MIS。

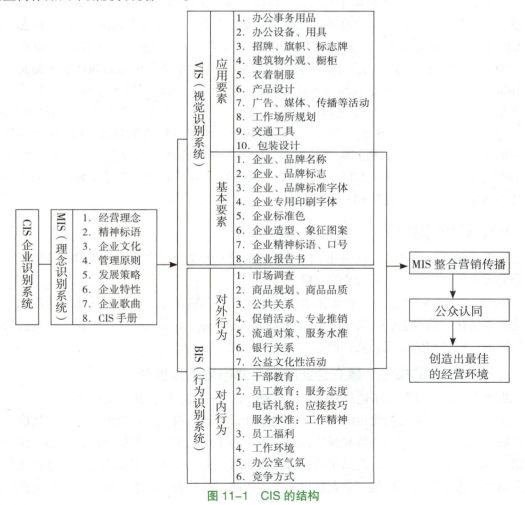

图 11-1　CIS 的结构

从图 11-1 可以看出，企业的所有方面都受制于企业文化，都表现着企业文化。这样，在 CIS 指导下，企业的所有行为，尤其是市场运营行为，都带有浓厚的文化特色，力求创立"文化美的企业、文化美的经营、文化美的公众、文化美的社会"四联机制。企业的市场行为不仅可以满足公众的功能性需求，而且可以满足公众的心理性需求；不仅可以淡化纯商业色彩，而且可以渲染商业领域中的文化氛围，在展示企业文化的同时，向社会输出了一种全新的文化形式，从而创造出良好的消费文化氛围。公众在文化氛围中受到感染，就会产生"以消费某种牌号、某种商品为荣"的心态，进而增加市场需求量，为企业创造出良好的宏观经营环境。企业文化式市场运作机制，如图 11-2 所示。

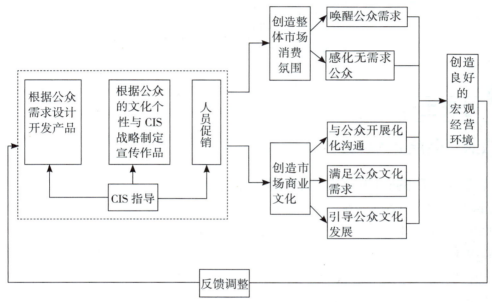

图 11-2　企业文化式市场运作机制

生产式、经营式、文化式市场运作机制的指导思想是不相同的。

（二）CIS 的目标：塑造企业的整体形象

企业形象是一个整体。如果说，一般意义上的公共关系因人力、物力限制，而局限于某一个方面的话，CIS 则在"大设计观"的指导下，运用"大思维""大手笔"，全方位地塑造企业形象，强调整体性。这主要表现在它的"两个追求"和"一个归口"上。两个追求，是指追求企业内在形象与外在形象相统一，追求企业视觉形象与非视觉形象相统一。"一个归口"，是指 CIS 的所有努力，最终归口于 BI（brand identity）上，即品牌形象的统一上，以创造出新的驰名品牌。CIS 目标的作用机制，如图 11-3 所示。

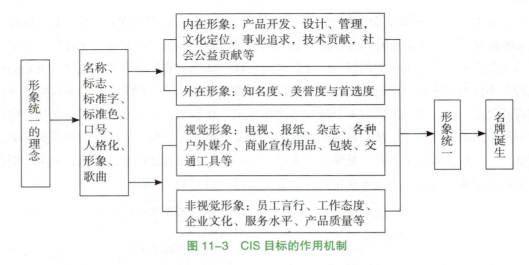

图 11-3　CIS 目标的作用机制

CIS 的目标定位于塑造企业整体形象。

（三）CIS 的心理机制：强化记忆与引发联想

CIS 具有深刻的心理机制，主要表现在强化记忆与引发联想两个方面，由此产生巨大的市场感染力和冲击力。

在强化记忆方面，CIS 充分利用了人的"视觉认知优势"和"简单多次重复"的深刻机制。在心理学看来，人们接受和识别外界信息，大约 85% 依赖于视觉感知。根据这个理论，可以得出这样一个结论：相同的宣传费投入，假设策划水平一致，如果用于视觉型媒体，如电视、路牌、印刷品，产生的宣传效能远远大于纯听觉型媒体。正因为这样，CIS 为了充分吸引公众的视觉，历来都强调图案、字体和色彩的运用，这是 CIS 的重要环节。在"简单多次重复"方面，人们对比较简单和多次重复的内容往往记忆牢固。在 CIS 中，反复突出宣传企业的品牌形象，自然能给公众留下深刻的印象。

引发联想有两个方面：一方面，在 MIS 中，CIS 运用文化美学原理提出了一整套具有内在联系的文化性口号，描绘的是一个符合文化美学要求的意境，能够引导公众由此产生美好的联想，对企业产生好感；另一方面，在 VIS 中，CIS 运用设计美学、应用美学知识，制作出了符合美学要求、赏心悦目的作品，无论是字体、图案还是色彩运用，都能给公众一种美的享受，也能引导公众产生美好的联想，对企业及其产品产生好感。

由于 CIS 既能有效强化公众的记忆，又能有效引导公众形成美好的遐想，具有良好的心理机制，因而能产生巨大的市场冲击力。

第二节 MIS 和 BIS 的策划

CIS 策划的实质性作业程序涉及三个方面的内容，即 MIS（理念识别系统）的策划、BIS（行为识别系统）的规划和 VIS（视觉识别系统）的设计。

一、MIS 的策划

企业理念识别系统主要由经营理念、精神标语两个方面构成。经营理念是社会组织根据自身特性和历史，高度概括出的经营思想，或者是社会组织追求的哲学境界、思想境界、文化风格，一般表现为精神标语。

（一）MIS 的定位

企业既需要科学精神，又需要人文精神。MIS 可以从科学精神和人文精神两个角度定位。

1. 从科学精神角度定位

社会的进步取决于科学技术的发展。在人类发展历史上，就曾多次出现过"科学救国、技术救国"的思想。对企业来说，科技是第一生产力，是企业的立业之本。虽然在现代市场竞争中，技术优势已不是企业制胜的唯一法宝，但始终是最基本的竞争武器。因此，谋求技术优势总是现代企业家的首要战略。

为了创造企业的技术优势，形成重视技术、强调革新、不断创新的企业氛围，应该从科学精神角度定位企业的理念文化。

从理论上讲，科学精神是人类理性化认识、解释各种自然现象和人类现象的探索精神，以物为尺度，追求真实、崇尚理性，相对人文精神而言，具有解构性、真理性、客观性和积累性的特点。由于物质世界本身的宽泛性，科学精神也随之变得丰富多彩。对一个企业来说，在企业理念文化策划与构建的过程中，不可能也无须全面吸纳人类科学精神，而应该选择适当角度，确定具有行业特色和企业特点的科学精神。

具体而言，企业的科学精神作为一种特殊的价值观，具有五个方面的内在构件，即价值认识、价值取向、实现价值的行为准则、价值评判的准绳和价值理想。策划企业理念文化时，应该围绕这五个方面分别开展指标设计，并提炼出相应的精神口号与标语，使企业精神本身体系化、指标化、规范化，形成企业文化一体化的市场冲击力。

 小贴士

> 企业的科学精神包括价值认识、价值取向、实现价值的行为准则、价值评判的准绳和价值理想。

2. 从人文精神角度定位

人文精神是相对于科学精神而言的。在我国古代，"人文"一词是指诗书礼乐。在国外，"人文"这个词的内涵比较丰富，涉及的指标性内容有仁道、仁慈、慈爱的行为，人道主义，关心人，热衷人类的福利事业，博爱等。在现代，"人文"的内涵大大拓宽了，凡是相对于自然科学而存在的、有关人本身的各种现象都属于"人文"内容。

人文精神涉及的内容十分丰富，人的多重属性，如自然属性、社会属性、精神属性，以及人的多重关系，如人与人、人与社会、人与机器、人与自然，都是人文科学的研究对象，当然也是人文精神的基本构成指标。根据企业的市场需求，策划、设计企业的人文精神时，可以从四个角度定位。

第一，从人与人的关系角度定位。人是世界的主宰，也是构成社会最为基本的因素。构建一个人人平等、互尊互爱的人际关系网络，是人们内心的一种渴望。从一定意义上讲，人文精神的根本任务就是协调、处理人与人的相互关系。为了接近公众，使公众对企业产生好感，企业应该本着团结互爱精神、集体主义精神和革命人道主义精神，策划具有独特意义的企业人文理念。这不仅可以提高企业文化的感染力，增强商品的市场冲击力，还可以强化企业的文化色彩。

第二，从人与社会的关系角度定位。人与动物的区别就在于人的社会性。人既然是社会性动物，处理好人与社会的关系便构成了人类社会的重要内容。基于这种背景，企业应该在尊重个人利益的基础上，本着个人利益服从集体利益、国家利益的原则，提出具有鲜明民族特色、社会特点的企业理念，指导企业在为国家、为社会作贡献的同时，追求合法的商业利益。

第三，从人与自然的关系角度定位。人类生存在大自然之中，从20世纪60年代开始，人们就十分重视自然保护问题，谋求人类社会、经济与自然环境的协调发展。因此，在现代社会，如何处理人与自然的关系就成为一个全新的课题，为策划企业理念系统提供了一个绝好的入口。企业应该以绿色文明、环境保护文化为指导思想，设计旨在保护自然的企业理念文化，勾画出保护自然、珍惜地球、人与大自然和谐发展的美丽画面。

第四，从人与机器的关系角度定位。人与机器的关系是现代文明需要重点研究的课题之一。现代科学技术成果在许多领域中的运用，虽然提高了劳动生产率，却也使人类付出了代价，人成为机器的一个"零配件"，服从于机器的需要，出现了异化现象。在这种背景下，如何处理好人与机器的关系，便成为一个企业经营管理中需要解决的重要问题。从人与机器的关系角度定位企业理念，本着以人为本的原则，策划出人与机器和谐化、机器服从于人的企业理念文化，对强化企业的文化品位具有重要的作用。

　　企业的人文精神可以从人与人的关系、人与社会的关系、人与自然的关系、人与机器的关系四个角度进行定位。

（二）MIS 的策划

　　MIS 的构成项目主要包括两个方面，即经营理念和精神标语。

　　经营理念是 MIS 的核心。在 MIS 中，企业经营理念的确定，具有至关重要的作用。经营理念是一种简化了的经营思想，包括经营宗旨、经营方针和经营价值观三个方面，反映了企业最高经营决策者的世界观与方法论，是其人生文化的一种体现。企业所有的经营方式、经营策略都围绕经营理念而展开。可以说，经营理念是企业发展的导向仪。在 CIS 策划中，要善于观察社会，积极思索人类、社会与环境的哲学问题，并归纳、提炼自己的思想火花，以确定企业的经营哲学。

　　经营理念包括经营宗旨、经营方针和经营价值观三个方面。

　　建立了经营哲学理念之后，就可以确定企业的精神标语。精神标语是经营哲学、经营理念的具体展现，是企业最高经营决策者的理想追求境界的简化描述。有时精神标语表现为口号的形式，有时则表现为经营准则、企业纲领、"企业箴言"等形式，像"座右铭""守则"一样规范着员工的思想与言行。策划企业的精神标语时，从内容上应涵盖最高经营决策者的理想追求与企业目标，符合行业特性；从形式上应谋求特色和文化感召力，力求直观而规范、简短而朴实，做到意蕴丰富而又朗朗上口，以便员工记诵，充分发挥 MIS 的文化渲染作用和教育规范作用。

二、BIS 的规划

　　BIS 表现为岗位管理制度。制定 BIS 就是从制度方面围绕 MIS 来设计管理企业职能行为、企业公益行为和员工行为的基本制度，再通过教育、培训，使员工全面遵循 BIS 要求，以此塑造企业的行为形象，直观展示 MIS 的文化境界和企业风貌。如果说，MIS 带有较大的抽象性的话，那么 BIS 则直接以员工具体、实在的举止形象作用于公众，在塑造整个企业形象中具有特殊的意义。MIS 规划的内容、提出的理想追求无论多么动听，如果缺乏员

工相应的行为展示，都会没有说服力，也不可能产生形象效应。

　　BIS 是一个系统工程，由多个元素构成。从行为发生地上看，企业行为分为内部行为和外部行为；从属性上看，企业行为分为职能性行为和非职能性行为。其中，职能性行为主要是指企业为达到创造市场利润而必须履行的行为，包括生产管理行为和市场经营行为。生产管理行为可以说是一种内部性企业行为，围绕企业的生产工作而演绎，主要有市场调查、科研开发、产品生产、质量管理、人力资源管理与开发等。市场经营行为的发生地主要是在市场，是一种外部性企业行为，以占领市场、赢得顾客为中心，需要解决的关键问题是销售商品，主要有市场营销、广告宣传、公共关系、接待、竞争、服务和危机管理等。非职能性行为是企业出于社会责任心和人类爱心而选择的公益性行为，这种行为虽然不能为企业创造利润，但能够有效地塑造良好的形象，影响公众的购买心理和消费心理，为企业占领更大的市场、赢得更大的利润奠定市场基础。企业行为系统的各个要素彼此影响、相互作用，构成一个有机的整体，其模型如图 11-4 所示。

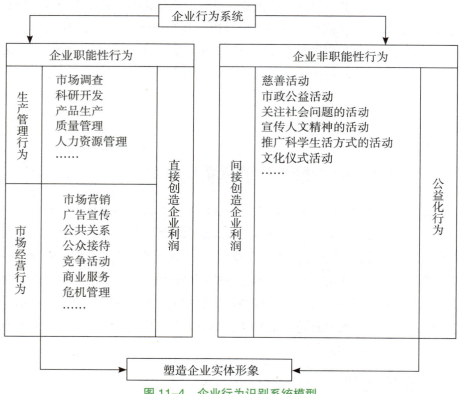

图 11-4　企业行为识别系统模型

 小贴士

　　BIS 表现为岗位管理制度，涉及企业内外的所有方面。

第三节　VIS 的设计

VIS 即视觉识别系统，作为一个整体，主要包括标志、标准字和标准色三个基本要素，三者在形态、功效上是存在鲜明差异的，因此，其设计模式、技巧也不尽相同。

一、标志的设计

标志是社会组织根据自身特性，借助线条和颜色组合，用以表示某种寓意，并区别于其他社会组织的图案或字体。企业标志经过法律注册后，便成为具有法律意义的商标。现代公众在消费方面存在鲜明的品牌意识，标志成为引导公众购买商品的重要符号。设计意境美好、寓意深刻、色调鲜艳的标志，对企业开拓公众市场具有积极的促进作用。

（一）标志的基本形态

从理论上讲，任何图案、符号都可以加工为企业的标志。但是，由于标志强调实用功能，力求表意化、注目化和市场化，期望通过标志符号展示企业的经营项目、引起公众的注意，并开拓公众市场，因而比较注重形态设计。标志的形态常见的有三类，即文字符号、图案符号和几何符号。

所谓文字符号，就是直接用企业名称的中文、英文符号作为标志的创作素材，适当艺术化加工后形成的标志，如"SONY"标志。这种标志就其实质而言，是企业名称及其第一个词、字、字母的简化或变形，可以有效地提高企业的知晓度。常见的形式有单字型（如"雄"牌标志）、词组型（如"永久"标志）、单字母型（如"V"牌标志）、双字母型（如"KK"标志）、多字母型（如"YKK"标志）等。

所谓图案符号，就是根据公司名称包含的自然环境造型、动植物图案、人物图案、矿物图案、产品典型原料图案、典型用户图案和企业所在地的图案，适度抽象、简化后形成的标志。如"熊猫"标志，主要是取材于熊猫图案。

几何符号是企业根据行业、产品的性能、用途与理念，借助几何图形，如三角形、四方形、圆形、椭圆形等加以变换组合，艺术化地创作出的某种寓意化的图画。这种标志具有简洁、明快的特点，富有个性，艺术感强，因而深受企业界欢迎。

小贴士

标志的常见形态有文字符号、图案符号和几何符号。

（二）标志设计的程序

标志的设计，一般包括五个环节。

第一，分析企业所属行业的传统文化、代表性文化，找出标志行业的特色指标。

第二，审视企业的经营理念，确定企业自身的文化理念形象。

第三，提取创作素材。为了更好地接近公众生活、展示企业形象，设计标志时，应本着实用的原则，从公众的实际生活、心理需要（特别是公众情感需要）、企业经营理念从行业文化中提取创作素材。

第四，开展创作设计，把素材简化、抽象为某种图形、图案。

第五，着色图案、图形，以强化标志的视觉影响力。

（三）标志设计的基本要求

标志设计是一项技巧性很强的工作，在操作中应该遵循八项原则。

第一，独特。使标志从主题创意、创作题材到图案形式、色调组合等方面，均区别于其他行业、企业，新颖而独特，鲜明而有感染力。例如，中国银行的"中"形标志，取材于我国古钱币的图形，使人从直觉上便能识别出这是与钱有关系的单位，是某个银行的标志。

第二，简洁。力求简练、概括、明快，一目了然，以便公众识别和记忆。例如，"李宁"牌运动标志，以"李宁"的英文首写字母"L"为设计定位，这既代表李宁，又似一只运动鞋、一条飘逸的领带，寓意这是一个与体育运动、服装有关的企业。"L"被放大、强调、渲染、夸张后，显示了一种列形的力量与气势。"L"下方设计了一排以李宁名字的拼音字母组成的斜体空心字和"L"相呼应，便于公众识别和记忆。这个标志个性强、时代色彩浓，很好地促进了"李宁"牌系列产品的市场促销。

第三，准确。做到寓意准确、名实相符，让公众从标志中直接分辨出企业的经营内容和服务项目。

第四，美观。标志应该具有一定的艺术气息，造型美观、巧妙、精致，满足人的审美要求，尤其是要符合公众色彩心理、线条心理要求，给公众以美的享受。

第五，合法。标志的主题、题材和表现形式，都要符合法律、宗教等社会文化的要求，包括国家法律、国际商业法律等。

第六，实用。即企业的标志设计要符合企业理念的要求，突出企业形象的宣传与展示。

第七，稳定。标志不能经常更换，应有一定的持续性，以便持久地影响公众，形成标志在市场宣传方面的规模效应。

第八，通俗。标志是一种大众性设计艺术，只有取得公众的认同，才能产生实际意义。因此，在设计标志时应该面向大众，遵循通俗化的设计原则，以最大限度地扩大公众范围。

二、企业标准字与标准色的设计

（一）企业标准字的设计

在现代消费市场上，对企业来说，知名度就意味着市场占有率，代表着企业及其产品受欢迎的程度。企业有了一流的产品，还应该策划、设计与产品、公众消费心理相吻合的、稳定化的名称，即标准字。企业标准字的策划与设计包括两方面的工作：一是确定企业名称，二是设计具体字形。

1. 企业名称的确定

确定企业名称，常见的方式主要有六种。

第一，行业法。从行业文化、行业典故中提取字眼作为企业、公司的名称，如"百草堂"药店。

第二，地理法。直接用企业、公司所在地的名称或简称、地理特征给企业命名，如北京饮料公司。

第三，信念法。从企业经营理念、经营宗旨、企业文化中提取字眼以确定企业的名称。

第四，创始人法。直接用企业、公司创造人的姓氏姓名，或者为企业发展作出过特别杰出贡献的员工姓氏、姓名作为企业、公司的名称，如松下电器公司、迪士尼乐园。

第五，产品法。直接用已经具有市场知名度的产品名称做企业的名称，如春兰集团。

第六，文字法。选择富有个性色彩、吉利祥和、联想美丽的汉字、数字、外文及字母，适当组合、处理后，作为企业、公司的名称，如长虹电器、柯达公司。

企业名称和产品名称的确定是一项融技巧性、实用性与法律性于一体的工作，在具体工作中应该注意八个基本要求。

第一，准确。即语意准确，名称要与企业的行业特点、事业领域、经营内容和产品特性有密切的联系。

第二，新颖。即名称要富有时代感，符合社会发展潮流，特别是公众的消费文化潮流。

第三，个性。从词汇选择到字体造型应力求独特而有个性，切忌雷同。

第四，品位。产品名称既要有诗意美感，富于故事和典故色彩，寓意深刻，又要表现企业理念，具有较高的艺术品位，使名称成为经营哲学意境的生动展示和形象化的表达。

第五，易记。产品的名称要简短，应力求易读易认、易写易记，以便公众记忆和传达。

第六，吉利。产品的名称要给公众以吉祥、吉利之感。

第七，力度。产品名称的用词要响亮而朗朗上口，以振奋人心。

第八，合法。产品的名称要符合我国各项法律规定和国际上的商业法规，同时还应考虑民族风俗和涉外文化问题，为企业开拓各种公众市场奠定良好的基础。

2. 具体字形的设计

企业名称确定后，就要确定书写字体，即设计具体的字形。企业标准字形设计的内容，除了企业、品牌名称外，还有精神标语、口号等。应该说，凡是企业用于宣传的文字字形，都应规范其书写字体。

从一定意义上讲，字形设计就是选择标准字体或规范字形书写名称等文字内容。可供选择的字形有很多种，汉字主要有楷书、草书、隶书、篆书、行书等，在此基础上，又演化出印刷体和美术体，较为丰富。英文字体也比较多。

设计企业标准字形时，应该充分考虑企业的行业特性和产品的主要特色。选择字体时，应该注意到每一种字体的结构和形态特点，在此基础上，借助象征、寓意手法对字形做简化、变形或夸张等艺术化处理，加以布局、组合后，使字体大小、字形方圆、线条粗细等呈现出美感效果，从而恰到好处地展现企业的风采。常用字体的形态特征，具体见表11-1。

表 11-1　常用字体的形态特征

字体类型	字体形态特征
宋体	横细竖粗，笔画严谨，字形方正、典雅，严肃大方
仿宋体	笔画粗细一致，讲究停顿，挺拔秀丽
小篆	笔画横竖粗细等匀、布局均匀对称、整体结构环抱紧密、章法平正划一、排列方正、横竖成行，给人以整齐美
隶书	字体灵活多样，厚实严谨
楷书	字体呈长方形，笔画丰满，章法多直行纵势，结构紧密，用笔变化多端，呈现出一种广受欢迎的大众美感
草书	体势放纵、变化多端、飘逸灵秀，或春风拂柳、婀娜多姿，或沙场征战、万马奔腾，或风起云涌、波涛翻滚，给人以豪迈美
行书	既有楷书的体势点画，又有草书的简易，形体灵活多变，给人以洒脱美
黑体	笔画单纯，庄严醒目，视觉效果强

（二）企业标准色的设计

企业标准色是企业视觉形象体系中最具有视觉效果的部分。因此，根据色彩原理和公众色彩心理，设计好富有企业个性的标准色，就成为 CIS 策划中的重要任务。

1. 企业标准色的设计原则

企业标准色的设计不是单纯的艺术用色，比较强调视觉效果和市场促销效果。在具体操作中，应遵循四项原则。

第一，突出企业风格，直接用色彩、色调展现企业的行业性质、经营宗旨、服务方针等企业文化内容。

第二，制造色调差别，以特色化的色彩组合方式展示企业的独特个性。

第三，符合公众色彩心理需要。

第四，符合国际化潮流。在国外，企业一般都有自己的企业色。所谓企业色，就是用标准色号把企业常用的主色和辅色按照一定的面积百分比和色彩技术参数固定。在通常情形下，主色以 1 个或 2 个高纯度色为多见，辅色由 1～3 个或更多低纯度色或白色构成，老企业多选用红、白为企业色主色，现在则强调差异感，多以蓝、绿、棕作为企业色的主色，由红色系转向蓝色系。

小贴士

设计企业标准色应该遵循突出企业风格、制造色调差别、符合公众色彩心理需求和符合国际化潮流四项基本原则。

2. 企业标准色的设计策略

企业标准色的设计是一项策略性很强的工作。为了提高企业标准色的市场刺激效应，应该讲究设计策略。在设计企业标准色方面，常用的有三种策略：①鲜明化策略，即选用的色彩多以高亮度色彩为主，有些色彩亮度比较低，则采用提高纯度的方法强化企业标准色的视觉效果；②专业化策略，即选用与原料色彩、产品色彩相同的色彩，组合和变形后作为企业标准色，以突出专业性；③大手笔策略，即选用单一的大面积色彩，组合出大格调的色彩布局，作为企业的标准色，以强化标准色的鼓动效果。

小贴士

设计企业标准色至少有鲜明化策略、专业化策略、大手笔策略三种。

3. 企业标准色的设计步骤

企业标准色的设计，具有很强的创意性和创造性，其操作程序有六个步骤。

第一步，透视企业理念和企业文化，从文化的角度理解好标准色的立意与主题，使标准色富有文化品位。

第二步，解剖企业形象，根据公众对企业的期望形象和实际形象，理解标准色的设计意图，组合色彩的布局。

第三步，设计色彩，包括选择主体色彩、辅助色彩，搭配、组合、对比颜色，明确主体色彩与辅助色彩、背景色彩与标准色彩之间的面积比例，创作出具体的标准色作品。

第四步，把标准色作品指数化、标准化，使企业标准色的构图成为可复制的设计图，以便批量化地印制。

第五步，规定出不可违章使用的色彩图案，并按章实行标准色管理。

第六步，开展市场反馈调查，了解公众对企业标准色的基本评价，并适当地修正，使企业标准色更加符合公众的心理需要，提高企业标准色的市场冲击力。

三、VIS 的应用要素

确定 VIS 基本要素（即标志、标准字、标准色）以后，即可进入应用要素的制作、推广阶段。在这个阶段，实际上就是根据标志、标准字和标准色的设计样式、技术参数，围

绕经营系列、制服系列、产品系列、管理系列、广告宣传系列等 11 个基本方面，制作各种具体的应用要素，把企业视觉形象设计作品转换为视觉冲击媒体。

VIS 的应用要素的内容很多，其构成一览表见表 11-2。

表 11-2　VIS 的应用要素一览表

基本类型	应用要素
办公系列	名片、识别证、信封、信纸、便条纸、邀请函、贺卡、文具用品、公文卷宗、公函、笔记本、资料夹、单据、发票、证书、奖牌、明信片、书笺、旗帜、入场券、文件夹、贵宾卡、工作证、介绍信、公章、通信录等
经营系列	商标、合同文本、财务单据、产品目录、陈列品、印花券、优惠券、贵宾卡等
管理系列	生产计划图表、调度表、生产进度表、物质卡、质量卡、信息资料卡等
产品系列	产品外观、产品装潢、产品造型、产品标识、说明书、质量保证书、专用箱包等
广告宣传系列	报纸广告、杂志广告、DM 广告、车船广告、墙壁广告、日历广告、挂历广告、海报广告、户外广告、户外指示牌、手拎袋、电视广告、电台广告、样品模式广告、厂区宣传画、标语牌、板报专栏、刊物手册等
运输系列	运输车、工程车、客车、货车、轿车、旅行车、飞机、火车、集装箱、传送带等
制服系列	工作服系列、运动服系列、休闲服系列、礼仪服系列、服饰设计、公文包、领带、纽扣、厂徽、领花、帽子、帽徽、胸卡等
装潢系列	建筑物装饰、雕塑、盆景、门面装饰、办公室设备、室内装饰、橱窗布置、标示牌、部门牌、会议牌、记事表牌、公告栏等
展示系列	会场设计、展示牌、指示牌、线路标志等
包装系列	胶带、即时贴、封套、包装纸、瓶、罐、盒、品质标签等
用品系列	桌子、椅子、水桶、热水瓶、茶具、毛巾、烟灰缸、废纸篓、文具盒、报架等

 小贴士

VIS 的应用要素遍布企业内外的各个方面。

 第四节　CIS 的内容体系及导入

一、CIS 手册的内容体系

CIS 手册作为策划结论的记录，一般包括四个部分的内容。

第一部分　前言

主要介绍推行 CIS 的必要性、重要性和注意事项。

（1）董事局主席、董事长、总经理的致词；

（2）推行企业形象战略的背景介绍；

（3）企业形象定位；

（4）使用 CIS 手册的注意事项。

第二部分　MIS

主要阐述企业追求的文化境界、经营理念、价值观念以及企业特色文化等。

（1）企业理念；

（2）经营哲学思想；

（3）企业发展目标战略文化；

（4）企业文化特质；

（5）企业价值观体系；

（6）企业精神标语、口号。

第三部分　BIS

BIS 以各种规章制度的形式规范企业的生产管理行为模式、市场经营行为模式、社会公益化行为模式。在 CIS 手册中，这部分的内容是十分重要的。

1. 生产管理行为模式

（1）市场调查规则；

（2）科研开发规则；

（3）生产管理制度；

（4）质量管理制度；

（5）人力资源开发、管理制度。

2. 市场经营行为模式

（1）市场营销模式；

（2）广告宣传模式；

（3）公共关系模式；

（4）竞争模式；

（5）商业服务制度；

（6）危机管理模式。

3. 公益行为模式

（1）慈善活动模式；

（2）市政公益活动模式；

（3）宣传人文精神的活动模式；

（4）推广科学生活方式的活动模式；

（5）文化仪式活动模式。

第四部分　VIS

主要借助各种参数图、样本图，准确地介绍企业视觉形象。

1．VIS 的基本要素

（1）标志及其变体的设计图、释义；

（2）企业标准字及其变体（含简体、繁体、外文）的设计图、释义；

（3）企业标准色及其应用变体的设计图、释义、色彩管理模式；

（4）标志、标准字的技术参数体系、制图方法；

（5）标准色的技术参数体系、组成方法；

（6）附属基本要素（含字体、企业造型、象征图案、版面编排样式）的技术参数体系；

（7）基本要素的组合规定、变体设计，以及每种组合样式的具体运用情形；

（8）禁例，包括禁用的变异标志图案、变异标准字体形式、变异标准色图例。

2．VIS 的应用要素

（1）办公事务用品样式及禁例，如信封、名片、办公用品、通信录、旗帜、证章、证件、标牌；

（2）经营用品的样式及禁例，如合同文本、单据、发票等；

（3）管理用品的样式及禁例，如调度表、物质卡、质量卡等；

（4）产品形象设计的样式及禁例，如外观造型、产品包装图式、产品责任标签等；

（5）广告媒体样式及禁例，包括内外用印刷广告主题及样式、内外用视频音频广告主题及样式、户外广告样式、POP 广告样式等；

（6）员工制衣样式及禁例，如工作服、运动服、休闲服等；

（7）企业运输工具的外观样式及禁例；

（8）环境形象设计样式及禁例，如标志性建筑物、雕塑、室内装潢等；

（9）导示系统样式及禁例；

（10）礼品样式及禁例，包括礼品及其包装的设计、礼品管理条例。

不难看出，CIS 手册的内容是十分丰富的。当然，在实际运用中，究竟需要多少内容，应根据 CIS 的具体要求来确定，可以有所取舍，也可以根据具体情形适当增加一些内容。

二、CIS 的导入

CIS 手册编制结束后，即可开展 CIS 实施的动员、教育工作，同时组建 CIS 执行委员会，全方位地推行 CIS。在实施过程中，既要发挥 CIS 执行委员会的主导作用，又要充分调动所有员工的积极性，严格执行 CIS 手册的规定，推动企业健康发展。

思政之窗

　　中国经济发展迅速，越来越多的企业着眼未来，致力于长期、可持续发展，力争打造百年品牌。然而，企业规模越大，影响力越大，公共属性就越强，社会责任就越重。此时，公共关系就成为企业管理者的"必修课"。企业管理者应具备正确的公共关系意识和优秀的公共关系管理能力，才有可能真正构建起广泛、良好而且可持续的企业公共关系，为企业发展保驾护航。

案例思考

"娃哈哈"的由来

　　当杭州娃哈哈食品集团公司还是一个规模不大的普通食品厂时，厂长宗庆后便产生了开发当时市场上的冷门产品——儿童营养液的想法。

　　工厂一边和有关院校开展产品开发研究，一边为产品名称费尽苦心。他们通过新闻媒体向全社会有奖征集名称，但如雪片一般飞来的应征信中没有一个让人完全满意的答案。最后还是宗庆后独具慧眼，一下子看中那首广为流传的新疆民歌中的三个字——"娃哈哈"。这三个字的元音都是 α，是孩子学说话时最先掌握的音，而且发音响亮，音韵和谐，朗朗上口，而"哈哈"二字又有很高兴的意思，娃哈哈不正好可以借这首传唱多年的歌一炮打响吗？从此，一个广为人知的商品名称诞生了。工厂又精心设计了两个活泼可爱的小娃娃形象作为商标图案。

　　宗庆后认为：没有娃哈哈的商标策略就没有今天的娃哈哈集团公司。要创造一个名牌，至少要抓好打出名牌、宣传名牌、保护名牌、发展名牌四个环节，而宗庆后正是很好地兼顾了这四个环节，才使娃哈哈取得了如此巨大的成功。

　　思考：

　　（1）你认为娃哈哈成功的原因有哪些？

　　（2）通过案例，谈谈企业形象的规范化及其意义。

参考文献

[1] 栗玉香. 公共关系 [M].6 版. 大连：东北财经大学出版社，2019.

[2] 肖立，陈艳，朱元秀. 公共关系学 [M]. 北京：清华大学出版社，2021.

[3] 束亚弟，陈小桃. 公共关系学 [M].2 版. 北京：机械工业出版社，2021.

[4] 张耀珍. 公共关系学：理论、方法与案例 [M].3 版. 北京：人民邮电出版社，2021.

[5] 李雅茹，李占才. 公共关系学概论 [M].3 版. 上海：上海交通大学出版社，2021.

[6] 林祖华. 公共关系理论与实践 [M].2 版. 北京：高等教育出版社，2021.

[7] 杨加陆. 公共关系学 [M].2 版. 上海：复旦大学出版社，2021.

[8] 李欣人. 公共关系学 [M]. 济南：山东大学出版社，2021.

[9] 荣晓华，张燕. 公共关系学 [M].3 版. 大连：东北财经大学出版社，2022.

[10] 周安华，林升栋. 公共关系理论、实务与技巧 [M].8 版. 北京：中国人民大学出版社，2022.

[11] 何修猛. 现代公共关系学 [M].4 版. 上海：复旦大学出版社，2020.

[12] 赵英，罗元浩. 公共关系与现代礼仪 [M]. 北京：清华大学出版社，2020.

[13] 范晓莹，白艳丽. 公共关系与现代礼仪 [M]. 北京：清华大学出版社，2020.

[14] 严成根. 公共关系学 [M]. 北京：北京交通大学出版社，2019.

[15] 孙冬英，陈金花. 现代公共关系学 [M]. 南京：南京大学出版社，2019.

[16] 胡百精. 公共关系学 [M].2 版. 北京：中国人民大学出版社，2018.

[17] 吴晓红，帅宁. 公共关系学 [M]. 北京：科学出版社，2020.

[18] 邵光. 公共关系理论与实务 [M]. 北京：机械工业出版社，2023.

[19] 胡百精，宫贺. 公共关系学教程 [M]. 北京：高等教育出版社，2022.

[20] 陈先红. 公共关系学原理 [M]. 武汉：武汉大学出版社，2023.